ES TAN SENCILLO

Es tan sencillo

por Harold Thomas

Es tan sencillo

Copyright © 2003, Harold Thomas

Citas bíblicas tomadas de *La Santa Biblia, Nueva Versión Internacional* (Copyright © 1999 por la Sociedad Bíblica Internacional. Usadas con el permiso de la SBI.)

ISBN 1-55306-584-0
Previously published as *It's So Simple*, 1-55306-101-2

Para másdatos,
o para solicitar ejemplares adicionales,
favor contactar:
Harold Thomas
P O Box 5365
Somerset NJ 08875-5365 EEUU
Correspondencia electrónica:
itssosimple@hotmail.com

Printed in Canada by

Guardian B O O K S

Guardian Books is an imprint of *Essence Publishing.*
20 Hanna Court, Belleville, Ontario, Canada K8P 5J2
Phone: 1-800-238-6376 • Fax: (613) 962-3055
E-mail: publishing@essencegroup.com • Internet: www.essencegroup.com

Dedicatoria

Para mi esposa:
Dios, desde el principio del tiempo,
ungió a esta mujer especial
para que fuera «uno en espíritu» conmigo.
¡Gracias sean dadas a Dios!
¡¡Él no podría haber hecho una mejor elección!!

Para los «José» y los «Luis» del mundo:
Que sus ojos sean abiertos por el Espíritu Santo
para que comprendan la diferencia entre
el mundo espiritual y el secular.

Contenido

Introducción

Este libro se escribe porque me preocupo de que la mayoría de las personas en el mundo hoy día no tienen conocimiento del hermoso plan de salvación que Dios nos ofrece.

La adoración a Dios ya no es asunto de prioridad para una mayoría de individuos y familias. Si hay tiempo, pudiera ser que asistamos a alguna clase de institución religiosa u ofrezcamos a Dios una oración simbólica, sobre todo cuando deseamos sus bendiciones.

La vida en este mundo moderno está centrado en la diversión. Hay mucho que hacer que es más emocionante que el adorar a Dios. Deportes, el cine, programas de televisión, libros, computadoras, oficio o empleo y la bolsa de valores llenan nuestras vidas las veinticuatro horas del día.

La Biblia —que este libro apoya como la Palabra de Dios— raras veces es leída o estudiada. Por sorpresa, ella cuenta de la vida eterna a quienes creen en el plan salvador de Dios. Sin embargo, la mayoría parece más interesada en una vida que brinda satisfacción superficial instantánea más bien que la lectura y el estudio de las palabras mismas de su Creador.

Es la opinión de este escritor que las «religiones» de hoy han sido diluidas. El mensaje que fue presentado por un hombre llamado Jesús hace unos 2.000 años ha sido diluido. La filosofía del día de hoy es «si te emociona, hazlo». Las declaraciones de Jesús, según aparecen en la Biblia, están en desacuerdo con tal pensar.

A manera de informar al lector, el escritor del presente libro no es teólogo. No siempre leo mi Biblia todos los días. Aveces falto en mi asistencia a la iglesia. Sin embargo, ten por cierto que amo a mi Dios.

Me gustan los deportes. Me fascina el golf y la pesca. Veo la televisión y el cine…

Por oficio soy gerente general en una industria muy interesante. He viajado bastante por todo el hemisferio occidental. Tengo una maravillosa esposa, dos hijas hermosas, dos formidables yernos y, hasta la fecha, dos nietos muy especiales.

A los ojos del mundo tengo una buena vida, pero el mundo secular no sabe realmente lo buena que es. Afortunadamente, se me presentó un hombre que se llama Jesús quien me salvó de mis pecados y me ha otorgado la vida eterna.

Jesús dijo:

«¿De qué sirve ganar el mundo entero si se pierde la vida? ¿O qué se puede dar a cambio de la vida?» (Mateo 16:26).

Espero que este libro te ayude a comprender que hay más en este mundo que sólo las diversiones y las posesiones.

También dijo Jesús:

«No acumulen para sí tesoros en la tierra, donde la polilla y el óxido destruyen, y donde los ladrones se meten a robar. Más bien, acumulen para sí tesoros en el cielo, donde ni la polilla ni el óxido carcomen, ni los ladrones se meten a robar. Porque donde esté tu tesoro, allí estará también tu corazón» (Mateo 6:19-21).

Ruego que este libro te abra los ojos al plan de salvación. Es tan sencillo.

1 | Presentación del Plan de Salvación

El hacer muchos libros es algo interminable y...
el mucho leer causa fatiga (Eclesiastés 12:12).

Si el mucho estudio causa fatiga, ¿por qué publicar este libro?

Lo escribo por la sola y única razón que quiero que todos y cada uno de mis lectores conozca y acepte a Jesucristo como su Salvador personal. Es la decisión más importante de tu vida. Es más importante que la elección de un cónyuge. Es más importante que la decisión respecto a tu oficio. Es, en efecto, una decisión entre vida eterna y condenación eterna.

¿Quién es Jesús? Habiendo leído este libro, confío en que estarás de acuerdo que Él es el Hijo único de Dios; que Él es Dios; que Él es la verdad; y que, al entregar tu vida a Él, tendrás la vida eterna.

El capítulo dos trata de nuestra naturaleza pecaminosa y de cómo perdimos comunión con Dios el Padre. Documenta que, por motivo de nuestra naturaleza pecaminosa, Dios el Padre envió a su Hijo Jesús para pagar el costo de los pecados de la raza humana. Describe la hermosa relación que existe entre Dios Padre y su Hijo, Jesús. Te mostrará que cuando Jesús estuvo en la tierra, vivió en completa obediencia a la voluntad de su Padre (capítulo 4).

Trata la muerte de Jesús, su resurrección de entre los muertos, su ascensión de regreso al cielo, y su promesa de volver por segunda vez para recoger a todos los que creen en Él.

El capítulo 3 trata del Espíritu Santo, parte tercera —parte igual— de la trinidad de Dios. Demuestra que Él fue enviado a la tierra para recordarnos de todo lo que Jesús hizo.

El capítulo 5 trata tres testigos de Jesús y el plan de salvación. Estos tres hombres, Juan, Pedro y Pablo, escribieron veinte libros (o cartas) que se encuentran en el Nuevo Testamento de la Biblia.

El capítulo 6 detalla las palabras textuales de Jesús. Al leer este libro, tendrás que decidir si este hombre, llamado Jesús, es un fanático o si es Alguien que te guía a la vida eterna.

Constantemente el libro mostrará que la vida eterna te es alcanzable al creer sencillamente en Jesús como tu Salvador personal.

Si este libro ofreciera la sanidad cien porciento del cáncer, millares lo comprarían porque ofrecería vida a quienes se mueren.

Este libro no ofrece la sanidad cien porciento de una enfermedad física, sino la de aquellos que se están muriendo de una enfermedad que amenaza su vida eterna, que se llama el pecado.

Fue muy difícil escribir un libro como este ya que la mayoría de la gente se desinteresa en seguida frente a tales palabras como Dios, Jesús, Espíritu Santo, pecado, la cruz, la salvación, el infierno y la vida eterna.

Puede ser que tu pienses cerrar este libro tras leer solamente la primera página. Tal vez en este momento ya te sientes incómodo porque encierra términos religiosos acerca de los cuales abrigas una opinión predeterminada.

Pero, ¡hazte el favor de seguir la lectura! Creo que encontrarás que este libro es diferente y revelador.

En un promedio, los seres humanos vivimos unos setenta a ochenta años. ¿Sabes cómo puedes obtener la vida eterna después de que se acabe tu vida terrenal? *Sin lugar a dudas experimentarás la muerte terrenal.* No importa qué tantas dietas y ejercicios haces, tu vida terrenal por fin terminará. ¿No te parece sabio tomar unas cuantas horas de entre tus setenta años para investigar la posibilidad de la vida eterna? Piensa: ¡unas dos o tres horas de lectura pueden llevarte a la vida eterna!

Lo único que te pido es que leas este libro y tomes tus propias conclusiones. Respuestas respecto a la vida eterna no pueden darse en unos pocos párrafos. Este libro tiene muchas páginas, pero la premisa en todo es sencilla; hasta puede resumirse en un sólo versículo de la Biblia:

«Porque tanto amó Dios al mundo, que dio a su Hijo unigénito, para que todo el que cree en él no se pierda, sino que tenga vida eterna» (Juan 3:16).

Te digo desde el comienzo que este libro enfoca exclusivamente a la Biblia.

Los versículos citados son de la Nueva Versión Internacional de la Biblia. En ningún momento tendrás que abrir una Biblia, ya que todos los versículos están claramente escritos. Las conclusiones que se toman se basan solamente en las palabras mismas de Dios, según se encuentran en la Biblia. En toda mi vida, no he hallado una fuente de referencia superior a las palabras de Dios, así que no hay ni notas explicativas al pie de la página ni otro material citado como fuente.

Sencillamente pido que leas lo que está escrito y, después de leer el libro entero, que tomes tu propia conclusión.

La Biblia ha sido el libro más comprado en la historia de la humanidad. La gente se halla fascinada por ella. Muchos, yo mismo incluso, creen que la Biblia contiene las palabras mismas de Dios, sin embargo muy pocos toman el tiempo para leerla.

La Biblia reposa en los archivos de la biblioteca o sobre mesas en los hogares recolectando polvo. Tal parece que fuera un objeto de coleccionismo exhibido más bien que un libro a leer.

En los tribunales, las personas se juran a decir la verdad colocando la mano sobre la Biblia. Puede hallarse escondida en las gavetas de las habitaciones de hoteles. Más sorprendente aún, se halla en los bancos de las iglesias sin jamás abrirse ni estudiarse.

Pocas personas la leen, sin embargo todo el mundo parece tener su opinión en cuanto a su contenido. Muchos de sus comentarios son negativos y expresan dudas en cuanto a su autenticidad. Aún así, la mayoría de tales comentarios vienen de quienes se niegan a leerla.

¿Qué si la Biblia de veras contiene las palabras mismas de Dios? Creo que debemos atender a las declaraciones de la Biblia. Sencilla y claramente dice que somos pecadores y que Dios Padre envió a su Hijo único, Jesús, a venir a la tierra y morir en una cruz por los pecados tuyos. Dice que si crees esto, tendrás la vida eterna. Es tan sencillo.

Tras haber leído y releído la Biblia, estoy convencido que Dios nos ofrece a ti y a mí la vida eterna mediante su Hijo, Jesucristo. No soy ningún erudito brillante, pero no precisa que uno sea intelectual para comprender el plan de Dios. No se puede entrar al cielo por el «poder del cerebro».

Favor leer lo que Pablo declara:

El mensaje de la cruz es una locura para los que se pierden; en cambio, para los que se salvan, es decir, para nosotros, este mensaje es el poder de Dios. Pues está escrito:

> *«Destruiré la sabiduría de los sabios;*
> *frustraré la inteligencia de los inteligentes».*

¿Dónde está el sabio? ¿Dónde el erudito? ¿Dónde el filósofo de esta época? ¿No ha convertido Dios en locura la sabiduría de este mundo? Ya que Dios, en su sabio designio, dispuso que el mundo no lo conociera mediante la sabiduría humana, tuvo a bien salvar, mediante la locura de la predicación, a los que creen. Los judíos piden señales milagrosas y los gentiles buscan sabiduría, mientras que nosotros predicamos a Cristo crucificado. Este mensaje es motivo de tropiezo para los judíos, y es locura para los gentiles, pero para los que Dios ha llamado, lo mismo judíos que gentiles, Cristo es el poder de Dios y la sabiduría de Dios. Pues la locura de Dios es más sabia que la sabiduría humana, y la debilidad de Dios es más fuerte que la fuerza humana (1ra Corintios 1:18-25).

La sabiduría secular de este mundo nos dice que Jesús no es quien se dijo ser. Sin embargo, la sabiduría de este mundo no es más que mentiras inventadas por el diablo para desacreditar la verdad acerca de Jesús.

Dios ha hecho tan sencillo su plan salvador que frustra la inteligencia de los sabios. Como se dijo arriba, *«la locura de Dios es más sabia que la sabiduría humana.»*

Jesús dijo:

«Te alabo, Padre, Señor del cielo y de la tierra, porque habiendo escondido estas cosas de los sabios e instruidos, se las has revelado a los que son como niños» (Mateo 11:25).

En Mateo 18, Él dijo:

—Les aseguro que a menos que ustedes cambien y se vuelvan como niños, no entrarán en el reino de los cielos (Mateo 18:3).

Uno simplemente tiene que acercarse a Dios con fe como la de un niño.

No puedo ni comenzar a explicar a cada versículo en la Biblia, pero he seleccionado algunos que revelan el mensaje de salvación. Cuando ya la hayas recibido, mi oración es que tengas una sed de beber a plenitud del contenido de la Biblia.

En un tiempo yo leía capítulos en la Biblia. Luego comencé a emocionarme acerca de versículos particulares. Ahora me emociono por palabras individuales. Estoy cien porciento convencido de que estas son las palabras mismas de Dios. Oro que tu también te emociones acerca del plan que Dios tiene para tu vida.

El apóstol Juan dijo en el evangelio que él escribió:

Jesús hizo también muchos otras cosas, tantas que, si se escribiera cada una de ellas, pienso que los libros escritos no cabrían en el mundo entero (Juan 21:25).

La Biblia provee suficiente información como para conducirte a la salvación mediante Jesucristo. ¡No necesitas más! Las palabras son claras. Espero que este libro, mediante el obrar del Espíritu Santo, ilumine las palabras precisas que traerán a Cristo a tu vida. En un capítulo posterior, hablaremos del Espíritu Santo, quién es, y cuál es su parte en el plan de la salvación. A ti también se te introducirá a una recompensa abundante mientras buscas a Dios en la Biblia.

Sin embargo, antes de seguir adelante, necesito dirigirme al hecho de que el mundo tiene muchas distintas religiones y creencias. Muchas personas sabias han buscado la verdad y han llegado a una variedad de conclusiones. Este libro no promueve ninguna denominación religiosa! Sencillamente ofrece declaraciones de la Biblia que señalan a Jesucristo como el único camino a la vida eterna.

Muchos declaran que la «verdad» que han encontrado contradice la «verdad» de la Biblia. Favor leer lo que Jesús dijo:

—*Yo soy el camino, la verdad y la vida. Nadie llega a (Dios) el Padre sino por mí (Juan 14:6).*

La mayoría de las personas en el mundo han desechado las «verdades» declaradas por Jesús. Otros han mezclado las enseñanzas de Jesús con otras enseñanzas para así promover sus propias interpretaciones de la «verdad».

Yo reconozco que mis creencias son minoritarias. El mundo secular piensa que la «verdad» puede hallarse en «muchos lugares» y por medio de «muchas y variadas personas».

Veamos algo de la confusión que existe en las religiones del mundo.

La gente ordinaria así como los eruditos de todo el mundo han estudiado no sólo la Biblia, sino otros libros que provocan pensamiento. Todos han llegado a opiniones muy variadas y diferentes entre sí en cuanto a Dios, quién es, y hasta si realmente existe.

Cada una de estas personas investigadoras—todas, posiblemente, con inteligencia comparable—ha llegado a la conclusión de que ella es la que tiene las respuestas correctas. ¿Cómo puede ser?

Favor considerar los siguientes párrafos confusos:

La Iglesia Católica cree que tiene las respuestas correctas y ha construido grandes estructuras por todo el mundo para promover sus creencias.

Los protestantes, de acuerdo a la nación en donde sus religiones se han desarrollado, se han organizado en varios grupos tales como los presbiterianos, los metodistas, los luteranos, los reformados, y muchas otras denominaciones. Aunque todos, supuestamente, están centrados en Cristo, cada cual tiene sus propias reglas y normas.

Algunas iglesias creen en el bautismo de los niños. Otros creen en el bautismo sólo después de que uno llegue al conocimiento de Cristo como Salvador. Algunas iglesias creen en el bautismo por aspersión con agua. Otras creen que para bautizar hay que sumergir al individuo en el agua.

La Iglesia Católica cree que cuando uno toma la comunión (o la hostia) el pan y el vino de alguna forma milagrosamente se vuelven literalmente cuerpo y sangre de Cristo. La mayoría de los protestantes, por otra parte, creen que el pan y el vino son solamente símbolos del cuerpo y la sangre de Jesús.

Los Mormones creen que a ellos se les ha dado una revelación adicional de Dios mediante los libros escritos por José Smith, hijo, en el siglo diecinueve. Él, según se cree, recibió varias visiones desde el cielo que le revelaron datos adicionales acerca del reino de Dios. El Libro de Mormón, publicado en 1830, documenta la versión mormón de la verdad.

Los Testigos de Jehová se originaron tarde en el siglo 19. Un tal Sr Carlos Taze Russell formuló una revista llamada *The Herald of the Morning* («El heraldo de la mañana») [ahora *Watchtower*, o, *La torre del vigía*] en la cual se declara su interpretación de la verdad.

Mientras la mayoría de los católicos y protestantes creen en la Trinidad que encierra el Padre, el Hijo y el Espíritu Santo, los Testigos de Jehová no creen en la existencia del Espíritu Santo de Dios. También creen que Jesús es un «ser creado», y que no es Dios. Los mormones también creen que Dios Padre y Jesús son seres creados.

Las iglesias cristianas creen que Jesús es el Mesías prometido, conforme a las profecías del Antiguo Testamento de la Biblia. Los judíos creen que Él es solamente un gran profeta, y siguen esperando el Mesías.

Hay el budismo, el islam, y el hinduismo, cada cual con su versión de la verdad.

La sigilosa Iglesia de Cientología fue fundada por L. Ron Hubbard. Su libro *Dianética*, publicado en 1950, promueve su versión de la verdad.

Algunos católicos se están convirtiendo para hacerse «cristianos nacidos de nuevo» uniéndose a iglesias protestantes fundamentalistas. Algunos protestantes se han convertido al catolicismo.

Algunos católicos se han convertido al judaísmo.

Hay organizaciones de judíos que se han convertido al cristianismo.

Algunos se declaran agnósticos, concluyendo que hay un Dios o alguna «fuerza», pero no saben ni quién ni qué cosa es!

Algunos se dicen ser ateos y no creen en la existencia de Dios.

Algunos hacen sus cultos los sábados. Algunos lo hacen los domingos. La mayoría ni adoran siquiera.

Algunos cristianos declaran que la Versión Reina Valera Antigua, o la de 1909, es la mejor traducción de la Biblia. Otros creen que la Nueva Versión Internacional es la mejor. Otros aún insisten en la Biblia de las Américas como la mejor.

Muchos declaran que la Biblia fue escrita por hombres fanáticos que siguieron ciegamente a Jesús. Otros creen que la Biblia fue escrita por hombres ordinarios que fueron inspirados a escribir bajo la dirección del Espíritu Santo.

Algunas personas e iglesias creen que «otros escritos» son iguales a la Biblia en su percepción espiritual.

La Biblia católica tiene más libros que la protestante.

Y muchas «religiones» tienen su propia literatura que interpreta la Biblia de manera que «se ajuste» a sus creencias y hasta para negar las enseñanzas de la Biblia.

Hay judíos conservadores. Hay judíos ortodoxas. Hay judíos reformados.

Algunas personas no creen en una vida más allá de la muerte en esta tierra. Otras creen en una vida eterna. Otras más creen en la reencarnación.

¡Y hay muchos que se vuelven a la adoración a Satanás!

Yo podría enumerar cientos de otras «religiones» de todas partes del mundo cada una de las cuales insiste en que ha encontrado «la verdad».

¿No es sorprendente que gente de todas partes del mundo gaste toda una vida buscando y en fin todos llegan a diferentes conclusiones?

Librerías y bibliotecas contienen innumerables libros religiosos o filosóficos, cada uno de los cuales documenta una versión de «la verdad».

No sorprende, pues, que Eclesiastés 12:12 diga:

El hacer muchos libros es algo interminable y...el mucho leer causa fatiga (Eclesiastés 12:12).

¿Quién tiene razón? ¿Quién ha hallado la verdad?

Mi oración es que este libro te ayude a concluir que la verdad puede hallarse sólo en Jesucristo. Sólo pido que guardes la mente abierta al considerar su contenido.

En otro capítulo más adelante, se te demostrará que Dios se revela a sí mismo a aquellos que le buscan. Con toda razón puedes preguntar por qué hay tantas diferentes versiones de «la verdad» en el mundo. Mi respuesta procede de algunos versículos muy reveladores de la Biblia. Te pido que leas estas palabras con sumo cuidado y que intentes comprender lo profundo de su significado. Es más, te recomiendo con urgencia que leas estos versículos repetidas veces hasta que comprendas plenamente lo que dicen.

¿Quién conoce los pensamientos del ser humano sino su propio espíritu que está en él? Así mismo, nadie conoce los pensamientos de Dios sino el Espíritu de Dios. Nosotros no hemos recibido el espíritu del mundo sino el Espíritu que procede de Dios, para que entendamos lo que por su gracia él nos ha concedido. Esto es precisamente de lo que hablamos, no con las palabras que enseña la sabiduría humana sino con las que enseña el Espíritu, de modo que expresamos verdades espirituales en términos espirituales. El que no tiene el Espíritu no acepta lo que procede del Espíritu de Dios, pues para él es locura. No puede entenderlo, porque hay que discernirlo espiritualmente (1ra Corintios 2:11-14).

En efecto, aquellos que se han formulado tantas «opiniones», contradictorias a las enseñanzas de Jesús, hablan por el «espíritu de este mundo», no por el Espíritu Santo de Dios. El espíritu que procede de este mundo es el diablo. El es el enemigo de Dios y es el autor de la confusión.

Favor leer lo que dijo el apóstol Juan:

Queridos hermanos, no crean a cualquiera que pretenda estar inspirado por el Espíritu, sino sométanlo a prueba para ver si es de Dios, porque han salido por el mundo muchos falsos profetas.

En esto pueden discernir quién tiene el Espíritu de Dios: todo profeta que reconoce que Jesucristo ha venido en cuerpo humano, es de Dios; todo profeta que no reconoce a Jesús, no es de Dios sino del anticristo. Ustedes han oído que éste viene; en efecto, ya está en el mundo.

Ustedes, queridos hijos, son de Dios y han vencido a esos falsos profetas, porque el que está en ustedes es más poderoso que el que está en el mundo. Ellos son del mundo; por eso hablan desde el punto de vista del mundo, y el mundo los escucha. Nosotros somos de Dios, y todo el que conoce a Dios nos escucha; pero el que no es de Dios no nos escucha. Así distinguimos entre el Espíritu de la verdad y el espíritu del engaño (1ra Juan 4:1-6).

Lo anterior sencillamente declara que todo espíritu que reconoce que Jesucristo ha venido de Dios Padre ha recibido tal conocimiento por medio del Espíritu Santo de Dios. Sencillamente, no puedes reconocer que Jesucristo es el Hijo de Dios sin la obra del Espíritu Santo en tu interior.

Por otra parte, quienes no reconocen a Jesucristo como el Hijo de Dios y Salvador de todos los que creen son dirigidos por el espíritu del anticristo, o sea, el diablo.

Como leímos en 1 Corintios 2:11-14, no podemos conocer a Dios Padre, ni a Jesús su Hijo sin que el Espíritu Santo nos los revela.

Como lo declara Juan:

Ellos son del mundo; por eso hablan desde el punto de vista del mundo, y el mundo los escucha (1ra Juan 4:5).

Es por esta razón que hay tantas religiones y creencias en el mundo. La gente no está descubriendo «la verdad» mediante el Espíritu Santo de Dios.

Favor leer lo siguiente:

Por último, fortalézcanse con el gran poder del Señor. Pónganse toda la armadura de Dios para que puedan hacer frente a las artimañas del diablo. Porque nuestra lucha no es contra seres humanos, sino contra poderes, contra autoridades, contra potestades que dominan este mundo de tinieblas, contra fuerzas espirituales malignas en las regiones celestiales (Efesios 6:10-12).

Se libra una batalla espiritual entre las fuerzas de Dios y las del diablo. La Biblia tiene mucho que decir sobre este tema. La Biblia dice que el bien triunfará sobre el mal. En realidad, Dios ya ha triunfado sobre el mal cuando Jesucristo, el Hijo de Dios, murió en la cruz por nuestros pecados.

Como te pedí anteriormente, favor mantener una mente abierta. El apóstol Pablo declara:

Cuídense de que nadie los cautive con la vana y engañosa filosofía que sigue tradiciones humanas, la que va de acuerdo con los principios de este mundo y no conforme a Cristo (Colosenses 2:8).

Al leer este libro, tendrás que decidir por ti mismo si creer la filosofía y la sabiduría de este mundo secular, o si creer que las palabras de Jesús son la verdad máxima.

Pablo dijo:

Quiero que sepan qué gran lucha sostengo por el bien de ustedes y de los que están en Laodicea, y de tantos que no me conocen personalmente. Quiero que lo sepan para que cobren ánimo, permanezcan unidos por amor, y tengan toda la riqueza que proviene de la convicción y del entendimiento. Así conocerán el misterio de Dios, es decir, a Cristo, en quien están escondidos todos los tesoros de la sabiduría y del conocimiento (Colosenses 2:1-3).

Yo te digo lo mismo a tí, que quiero que todos los que leen este libro conozcan el misterio de Dios, es decir, que en Jesucristo yacen escondidos todos los tesoros de la sabiduría y del conocimiento.

Como Jesús dijo:

—*Yo soy el camino, la verdad y la vida. Nadie llega al Padre (Dios) sino por mí (Juan 14:6).*

El solo propósito de este libro es que reconozcas a Jesús como el único camino, la única verdad y la única vida. Su camino conduce a la vida eterna.

Jesús dijo también:

«Ciertamente les aseguro que el que oye mi palabra y cree al (Padre Dios) que me envió, tiene vida eterna y no será juzgado, sino que ha pasado de la muerte a la vida» (Juan 5:24).

Este libro trata de Dios y un plan de salvación que lleva a la vida eterna. Mi oración es que leas el libro entero. Favor no le dé una lectura «relámpago». Avalúa con cuidado cada versículo bíblico. La materia es de suprema importancia. Quiero que comprendas lo que Pablo escribió:

Yo pido que...puedan comprender, junto con todos los santos, cuán ancho y largo, alto y profundo es el amor de Cristo; en fin, que conozcan ese amor que sobrepasa nuestro conocimiento, para que sean llenos de la plenitud de Dios (Efesios 3:17-19).

Yo quiero que tú seas «lleno de la plenitud de Dios» y que comprendas la sencillez del plan de salvación que lleva a la vida eterna.

Es tan sencillo.

2 | ¿Por qué se necesita un plan de salvación?

«Tanto amó Dios al mundo, que dio a su Hijo unigénito, para que todo el que cree en él no se pierda, sino que tenga vida eterna.»
(Juan 3:16)

En el capítulo anterior con frecuencia se nombra a Jesús y se menciona que la salvación es posible solamente por creer en él como tu Salvador personal.

Este capítulo trata un tema que es común en toda la gente. La Biblia dice que todo ser humano nacido en esta tierra es pecador.

...todos han pecado y están privados de la gloria de Dios (Romanos 3:23).

Así está escrito: «No hay un solo justo, ni siquiera uno; no hay nadie que entienda, nadie que busque a Dios. Todos se han descarriado, a una se han corrompido. No hay nadie que haga lo bueno; ¡no hay uno solo!» (Romanos 3:10-12).

—Ah, —dirán algunos—, yo soy una buena persona.

A los ojos del mundo pudieran ser «buenas personas». Pueden dar de su tiempo en bien de las organizaciones caritativas. Pudiera ser que ayuden a los pobres. Pueden ser buenos padres. Y pudieran estar intensamente entregados a actividades religiosas.

Sin embargo, Dios dice que todas tus «buenas» obras no son suficientes como para «ganarte» la vida eterna. Pudieras no estar de acuerdo con Dios, pero él habla la verdad y dice que todas nuestras obras justas son como trapos inmundos.

Todos somos como gente impura; todos nuestros actos de justicia son como trapos de inmundicia. Todos nos marchitamos como hojas: nuestras iniquidades nos arrastran como el viento (Isaías 64:6)

Entre todos los nacidos en esta tierra, sólo Jesucristo nació sin pecado por cuanto su madre, María, quedó encinta por el Espíritu Santo de Dios. Un ángel le dijo a María, madre terrenal de Jesús:

—El Espíritu Santo vendrá sobre ti, y el poder del Altísimo te cubrirá con su sombra. Así que al santo niño que va a nacer lo llamarán Hijo de Dios (Lucas 1:35).

Favor leer los versículos que siguen que también describen este evento maravilloso:

El nacimiento de Jesús, el Cristo, fue así: Su madre, María, estaba comprometida para casarse con José, pero antes de unirse a él, resultó que estaba encinta por obra del Espíritu Santo (Mateo 1:18).

Pero cuando él estaba considerando hacerlo, se le apareció en sueños un ángel del Señor y le dijo: «José, hijo de David, no temas recibir a María por esposa, porque ella ha concebido por obra del Espíritu Santo» (Mateo 1:20).

Este libro te mostrará que este Jesús, nacido sin pecado, murió en una cruz por tus pecados para que pudieras ser hecho «santo» a los ojos de Dios, su Padre, y que, creyendo esto, tengas la vida eterna.

Por tanto, así como una sola transgresión causó la condenación de todos, también un solo acto de justicia (la muerte de Jesús en la cruz) produjo la justificación que da vida a todos (Romanos 5:18).

Quiero enfatizar que las «buenas obras» no te han de «ganar» suficientes méritos como para entrar en la vida eterna con Dios. Favor leer los siguientes versículos:

Por lo tanto… no depende del deseo ni del esfuerzo humano sino de la misericordia de Dios (Romanos 9:16).

¿Qué concluiremos? Pues que los gentiles, que no buscaban la justicia, la han alcanzado. Me refiero a la justicia que es por la fe. En cambio, Israel, que iba en busca de una ley que le diera justicia, no ha alcanzado esa justicia. ¿Por qué no? Porque no la buscaron mediante la fe sino mediante las obras, como si fuera posible alcanzarla así. Por eso tropezaron con la «piedra de tropiezo» (Romanos 9:30-32).

Pero cuando se manifestaron la bondad y el amor de Dios nuestro Salvador, él nos salvó, no por nuestras propias obras de justicia sino por su misericordia. Nos salvó mediante el lavamiento de la regeneración y de la renovación por el Espíritu Santo, el cual fue derramado abundantemente sobre nosotros por medio de Jesucristo nuestro Salvador. Así lo hizo para que, justificados por su gracia, llegáramos a ser herederos que abrigan la esperanza de recibir la vida eterna (Tito 3:4-7).

Y si es por gracia, ya no es por obras; porque en tal caso la gracia ya no sería gracia (Romanos 11:6).

Pablo resume así este tema de «las obras» contra «la gracia»:

En otro tiempo ustedes estaban muertos en sus transgresiones y pecados, en los cuales andaban conforme a los poderes de este mundo. Se conducían según el que gobierna las tinieblas, según el espíritu que ahora ejerce su poder en los que viven en la desobediencia. En ese tiempo también todos nosotros vivíamos como ellos, impulsados por nuestros deseos pecaminosos, siguiendo nuestra propia voluntad y nuestros propósitos. Como los demás, éramos por naturaleza objeto de la ira de Dios. Pero Dios, que es rico en misericordia, por su gran amor por nosotros, nos dio vida con Cristo, aun cuando estábamos muertos en pecados. ¡Por gracia ustedes han sido salvados! Y en unión con Cristo Jesús, Dios nos resucitó y nos hizo sentar con él en las regiones celestiales, para mostrar en los tiempos venideros la incomparable riqueza de su gracia, que por su bondad derramó sobre nosotros en Cristo Jesús. Porque por gracia ustedes han sido salvados mediante la fe; esto no procede de ustedes, sino que es el regalo de Dios, no por obras, para que nadie se jacte (Efesios 2:1-9).

Hago énfasis en esa última frase. NINGUNA persona en este mundo, no importa que sea ministro, sacerdote, rabino, maestro de escuela dominical, o cualquier otro puesto de importancia en una organización religiosa —nadie puede ganarse la entrada a la vida eterna.

Ni todos los millones de personas «buenas» en esta tierra pueden reclamar la vida eterna mediante sus buenas obras.

La vida eterna es obtenible únicamente mediante Jesucristo.

¿Quién es este hombre que se llama Jesús?

No te puedo mostrar ninguna foto de él. Tampoco hay videos que graban su vida.

Fundamentalmente, todo lo que tenemos es un libro que se llama la Biblia. La Biblia se divide en dos partes, el Antiguo Testamento y el Nuevo. El Antiguo Testamento predice la venida del Mesías. El Nuevo Testamento dice que el Mesías ya vino y que su nombre es Jesús.

Enfocaremos principalmente al Nuevo Testamento, que presenta a Jesús, sus palabras y sus obras.

Hay treinta y nueve libros particulares en el Antiguo Testamento. Todos ellos ponen el fundamento de la posterior venida de Jesús como el Mesías. Según vas creciendo en la fe irás apreciando y gozando del plan de salvación que se profetiza en el Antiguo Testamento.

Las siguientes páginas proveerán un breve resumen del Antiguo Testamento con respecto a nuestra naturaleza pecaminosa. Esperamos que, al presentar este breve resumen del Antiguo Testamento, comprendas por qué Jesús dijo e hizo las cosas que se describen en el Nuevo Testamento.

Comenzamos con la historia de la creación en el libro de Génesis.

Dios, en el principio, creó los cielos y la tierra (Génesis 1:1).

Reconozco que a muchos de ustedes se les hace difícil creer la historia de la creación. En realidad, algunos de ustedes probablemente creen en la evolución o una mezcla de creación y evolución. De nuevo, sencillamente pido que guardes la mente abierta antes de formular ninguna conclusión.

No es importante saber si la tierra tiene 15 mil millones de años o 4.000. Demasiadas organizaciones religiosas y ministros pierden demasiado tiempo procurando persuadir a otros de su creencia en una teoría de tierra antigua o de tierra joven. Mi oración es que se gaste más tiempo hablando del plan de salvación a un mundo moribundo, muriendo de la plaga mortal que se llama el pecado. Es muy importante que uno sea salvo. No es importante que uno tenga todas las respuestas antes de ser salvo.

En el evangelio se revela la justicia que proviene de Dios, la cual es por fe de principio a fin, tal como está escrito: «El justo vivirá por la fe» (Romanos 1:17).

El primerísimo versículo del Antiguo Testamento declara:

Dios, en el principio, creó los cielos y la tierra (Génesis 1:1).

En comparación, en el Nuevo Testamento el apóstol Juan nos habla de la vida de Jesús al declarar:

En el principio ya existía el Verbo, y el Verbo estaba con Dios, y el Verbo era Dios. Él estaba con Dios en el principio.

Por medio de él todas las cosas fueron creadas; sin él nada de lo creado llegó a existir (Juan 1:1-3).

Juan, escribiendo palabras inspiradas por el Espíritu Santo, declara enfáticamente que Jesús estuvo con Dios Padre desde el principio del tiempo, que él es Dios, y que él creó todas las cosas!

¿Quién es Jesús?

La Biblia declara enfáticamente que Jesús es el unigénito Hijo de Dios, y que él ha existido desde el principio del tiempo. En otras palabras, cuando Jesús «nació» en la tierra hace unos 2.000 años, ese no fue el primer día de su existencia.

El capítulo 8 del evangelio por Juan menciona una de aquellas «conversaciones profundas» que Jesús sostuvo con los líderes religiosos de aquel tiempo. Favor notar que Jesús dice haber existido a través de toda la eternidad.

—¿No tenemos razón al decir que eres un samaritano, y que estás endemoniado? —replicaron los judíos.

—No estoy poseído por ningún demonio —contestó Jesús—. Tan sólo honro a mi Padre; pero ustedes me deshonran a mí. Yo no busco mi propia gloria; pero hay uno que la busca, y él es el juez. Ciertamente les aseguro que el que cumple mi palabra, nunca morirá.

—¡Ahora estamos convencidos de que estás endemoniado! —exclamaron los judíos—. Abraham murió, y también los profetas, pero tú sales diciendo que si alguno guarda tu palabra, nunca morirá. ¿Acaso eres tú mayor que nuestro padre Abraham? Él murió, y también murieron los profetas. ¿Quién te crees tú?

—Si yo me glorifico a mí mismo —les respondió Jesús—, mi gloria no significa nada. Pero quien me glorifica es mi Padre, el que ustedes dicen que es su Dios, aunque no lo conocen. Yo, en cambio, sí lo conozco. Si dijera que no lo conozco, sería tan mentiroso como ustedes; pero lo conozco y cumplo su palabra. Abraham, el padre de ustedes, se regocijó al pensar que vería mi día; y lo vio y se alegró.

—Ni a los cincuenta años llegas —le dijeron los judíos—, ¿y has visto a Abraham?

—Ciertamente les aseguro que, antes de que Abraham naciera, ¡yo soy! (Juan 8:48-58).

Jesús declaró que él existía antes que Abraham, hombre que vivió miles de años antes de que Jesús naciera.

Favor pensar en lo que Jesús dijo.

—*Abraham, el padre de ustedes, se regocijó al pensar que vería mi día; y lo vio y se alegró (Juan 8:56).*

—*Ciertamente les aseguro que, antes de que Abraham naciera, ¡yo soy! (Juan 8:58).*

En el último libro del Nuevo Testamento, llamado el Apocalipsis, Jesús —para ese tiempo ya resucitado de su muerte terrestre sobre la cruz y ascendido nuevamente al cielo— dijo:

—*Yo soy la raíz y la descendencia de David, la brillante estrella de la mañana (Apocalipsis 22:16).*

En esta sola frase Jesús se declara ser la Raíz de David, que así existió antes de David —otro que vivió mucho tiempo antes que el hombre Jesús. El Antiguo Testamento profetizó que el Mesías vendría por el linaje de David. Aquí, Jesús dice que él es el Mesías, el descendiente de David, que, sin embargo, existía mucho antes de que David naciera.

En el primer capítulo de Juan un hombre que se llamaba Juan el bautista también declara que Jesús existió antes que él, aun cuando Juan bautista era mayor en edad que Jesús en la tierra:

—*De éste hablaba yo cuando dije: «Después de mí viene un hombre que es superior a mí, porque existía antes que yo» (Juan 1:30).*

Por lo anterior vemos que Jesús ha existido desde el principio del tiempo. Pero, ¿por qué tuvo que venir a la tierra? Pues, tuvo que venir para morir por nuestros pecados.

Volvamos a Génesis:

Y dijo (Dios): «Hagamos al ser humano a nuestra imagen y semejanza. Que tenga dominio sobre los peces del mar, y sobre las aves del cielo; sobre los animales domésticos, sobre los animales salvajes, y sobre todos los reptiles que se arrastran por el suelo.»

Y Dios creó al ser humano a su imagen; lo creó a imagen de Dios. Hombre y mujer los creó [Adán y Eva] (Génesis 1:26-27).

Por alguna razón Dios decidió crear a seres humanos para que rigieran sobre sus otras criaturas tales como los peces, las aves y los animales terrestres.

Dios el Señor plantó un jardín al oriente del Edén, y allí puso al hombre que había formado.

Dios el Señor hizo que creciera toda clase de árboles hermosos, los cuales daban frutos buenos y apetecibles. En medio del jardín hizo crecer el árbol de la vida y también el árbol del conocimiento del bien y del mal (Génesis 2:8-9).

A Adán le dio el encargo de este jardín.

Dios el Señor tomó al hombre y lo puso en el jardín del Edén para que lo cultivara y lo cuidara (Génesis 2:15).

Sin embargo, Dios le dijo a Adán:

Y le dio este mandato: «Puedes comer de todos los árboles del jardín, pero del árbol del conocimiento del bien y del mal no deberás comer. El día que de él comas, ciertamente morirás» (Génesis 2:16-17).

No sé explicar por qué esos dos árboles fueron plantados allí. Hay muchas cosas que los humanos no podemos explicar. Por ejemplo, ¿por qué un Dios perfecto permitió la existencia del mal en un principio?

Este libro no se va a ocupar de preguntas que no se pueden contestar. Su propósito principal es sencillamente de enfocar el mensaje de salvación por medio de Jesús. El apóstol Pablo dice:

Ahora vemos de manera indirecta y velada, como en un espejo; pero entonces veremos cara a cara. Ahora conozco de manera imperfecta, pero entonces conoceré tal y como soy conocido (1ra Corintios 13:12).

No te puedo decir por qué existían los árboles, pero la Biblia dice que estos dos árboles sí existieron. Dios dijo que el hombre no debiera comer del árbol del conocimiento del bien y del mal, y que si comiese, le dijo, «ciertamente morirás».

Hasta ese momento el ser humano no estuvo destinado a morir una muerte terrenal. ¡No hubo pecado! El hombre vivía de la provisión de Dios para todas sus necesidades. Favor notar que Dios había creado el utopía —un jardín con abundante alimento. El hombre no tenía que trabajar para sus necesidades diarias. Ni tenía un sistema de dinero para comprar y vender. No hubo supermercados. Ni hubo bancos. Ni bolsas de valores. Dios le proveía al hombre todo lo que necesitaba para existir. Debe haber sido una relación hermosa. Nosotros los creyentes cristianos sabemos que esa relación volverá a realizarse en la próxima vida por razón del sacrificio de Jesús en la cruz.

Favor notar las promesas que hizo Jesús, resucitado, el que ahora reside en el cielo:

Oí una potente voz que provenía del trono y decía: «¡Aquí, entre los seres humanos, está la morada de Dios! Él acampará en medio de ellos, y ellos serán su pueblo; Dios mismo estará con ellos y será su Dios. Él les enjugará toda lágrima de los ojos. Ya no habrá muerte, ni llanto, ni lamento ni dolor, porque las primeras cosas han dejado de existir.»

El que estaba sentado en el trono dijo: «¡Yo hago nuevas todas las cosas!» Y añadió: «Escribe, porque estas palabras son verdaderas y dignas de confianza.»

También me dijo: «Ya todo está hecho. Yo soy el Alfa y la Omega, el Principio y el Fin. Al que tenga sed le daré a beber gratuitamente de la fuente del agua de la vida. El que salga vencedor heredará todo esto, y yo seré su Dios y él será mi hijo (Apocalipsis 21:3-7).

En el jardín de Edén el hombre y la mujer ni vestían ropa. No hubo necesidad de plazas comerciales.

En ese tiempo el hombre y la mujer estaban desnudos, pero ninguno de los dos sentía vergüenza (Génesis 2:25).

En ese tiempo no hubo concepto consciente de la inmoralidad sexual. Sólo un hombre y una mujer paseándose por un hermoso jardín sin ni pensar en su desnudez.

Sin embargo, de repente se presenta el diablo —del que Jesús habló:

Ustedes son de su padre, el diablo, cuyos deseos quieren cumplir. Desde el principio éste ha sido un asesino, y no se mantiene en la verdad, porque no hay verdad en él. Cuando miente, expresa su propia naturaleza, porque es un mentiroso. ¡Es el padre de la mentira! (Juan 8:44)

El diablo, quien le ha mentido a toda persona en la tierra, se lanzó sobre su primer víctima. De la manera que el diablo constantemente ataca a todo ser humano, así tentó a Eva.

La serpiente era más astuta que todos los animales del campo que Dios el SEÑOR había hecho, así que le preguntó a la mujer:

—¿Es verdad que Dios les dijo que no comieran de ningún árbol del jardín?

—Podemos comer del fruto de todos los árboles —respondió la mujer—. Pero, en cuanto al fruto del árbol que está en medio del jardín, Dios nos ha dicho: "No coman de ese árbol, ni lo toquen; de lo contrario, morirán."

Pero la serpiente le dijo a la mujer:

—¡No es cierto, no van a morir! Dios sabe muy bien que, cuando coman de ese árbol, se les abrirán los ojos y llegarán a ser como Dios, conocedores del bien y del mal.

La mujer vio que el fruto del árbol era bueno para comer, y que tenía buen aspecto y era deseable para adquirir sabiduría, así que tomó de su fruto y comió. Luego le dio a su esposo, y también él comió (Génesis 3:1-6).

Eva cayó en la trampa. Luego dio del fruto a Adán, y el pecado —la desobediencia hacia Dios— inició su largo y continuo viaje que aún hoy día está con nosotros.

De repente Adán y Eva reconocieron su desnudez y se escondieron de Dios.

En ese momento se les abrieron los ojos, y tomaron conciencia de su desnudez. Por eso, para cubrirse entretejieron hojas de higuera.

Cuando el día comenzó a refrescar, oyeron el hombre y la mujer que Dios andaba recorriendo el jardín; entonces corrieron a esconderse entre los árboles, para que Dios no los viera. Pero Dios el Señor *llamó al hombre y le dijo:*

—¿Dónde estás?

El hombre contestó:

—Escuché que andabas por el jardín, y tuve miedo porque estoy desnudo. Por eso me escondí (Génesis 3:7-10).

Por primera vez, los seres humanos intentaron esconderse de Dios, y ello por motivo de su obra pecaminosa.

—¿Y quien te ha dicho que estás desnudo? —le preguntó Dios—. ¿Acaso has comido del fruto del árbol que yo te prohibí comer?

Él respondió:

—La mujer que me diste por compañera me dio de ese fruto, y yo lo comí.

Entonces Dios el Señor *le preguntó a la mujer:*

—¿Qué es lo que has hecho?

—La serpiente me engañó, y comí —contestó ella.

Dios el Señor *dijo entonces a la serpiente:*

«Por causa de lo que has hecho, ¡maldita serás entre todos los animales, tanto domésticos como salvajes! Te arrastrarás sobre

tu vientre, y comerás polvo todos los días de tu vida. Pondré enemistad entre tú y la mujer, y entre tu simiente y la de ella; su simiente te aplastará la cabeza, pero tú le morderás el talón.»

A la mujer le dijo:

«Multiplicaré tus dolores en el parto, y darás a luz a tus hijos con dolor. Desearás a tu marido, y él te dominará.»

Al hombre le dijo:

«Por cuanto le hiciste caso a tu mujer, y comiste del árbol del que te prohibí comer, ¡maldita será la tierra por tu culpa! Con penosos trabajos comerás de ella todos los días de tu vida. La tierra te producirá cardos y espinas, y comerás hierbas silvestres. Te ganarás el pan con el sudor de tu frente, hasta que vuelvas a la misma tierra de la cual fuiste sacado,. Porque polvo eres, y al polvo volverás.» (Génesis 3:11-19)

Dios maldijo la tierra con cardos y espinas e hizo que Adán y Eva recogieran su alimento por el sudor de su frente. Además, al hombre y a la mujer los expulsó terminantemente del hermoso y agradable jardín de Edén.

Y dijo (el SEÑOR): «El ser humano ha llegado a ser como uno de nosotros, pues tiene conocimiento del bien y del mal. No vaya a ser que extienda su mano y también tome del fruto del árbol de vida, y lo coma y viva para siempre.» Entonces Dios el SEÑOR expulsó al ser humano del jardín del Edén, para que trabajara la tierra de la cual había sido hecho. Luego de expulsarlo, puso al oriente del jardín del Edén a los querubines, y una espada ardiente que se movía por todos lados, para custodiar el camino que lleva al árbol de la vida (Génesis 3:22-24).

Recuerda, por favor, que hubo otro árbol en el jardín que se llamaba el árbol de la vida.

Dios el SEÑOR hizo que creciera toda clase de árboles hermosos, los cuales daban frutos buenos y apetecibles. En medio del jardín hizo crecer el árbol de la vida y también el árbol del conocimiento del bien y del mal (Génesis 2:9).

Dios dispuso enfáticamente que, por motivo de su pecaminosidad, ellos tampoco fueran permitidos comer de este árbol de la vida. Y por causa del pecado la muerte entró en el mundo.

Yo reconozco que algunos de ustedes no creen la historia de la creación. Mas, crean o no la historia como se presenta, les pido simplemente, en este momento, que reconozcan que la Biblia habla constantemente de nuestra naturaleza pecaminosa y que el pecado lleva a la muerte. El ser humano ya no era perfecto a los ojos de Dios. El hombre, hecho a imagen de Dios, se había manchado con una naturaleza de pecado. Había desobedecido los mandatos de Dios.

A menudo que los seres humanos iban poblando la tierra, Dios les dio otras leyes para gobernar su vivir. La mayoría de ustedes han oído hablar de los diez mandamientos. Me parece importante recordarnos de ellos y de lo que dicen.

Dios habló, y dio a conocer todos estos mandamientos:

«Yo soy el Señor tu Dios. Yo te saqué de Egipto, del país donde eras esclavo.

»No tengas otros dioses además de mí.

»No te hagas ningún ídolo, ni nada que guarde semejanza con lo que hay arriba en el cielo, ni con lo que hay abajo en la tierra, ni con lo que hay en las aguas debajo de la tierra. No te inclines delante de ellos ni los adores. Yo, el Señor tu Dios, soy un Dios celoso. Cuando los padres son malvados y me odian, yo castigo a sus hijos hasta la tercera y cuarta generación. Por el contrario, cuando me aman y cumplen mis mandamientos, les muestro mi amor por mil generaciones.

»No pronuncies el nombre del Señor tu Dios a la ligera. Yo, el Señor, no tendré por inocente a quien se atreva a pronunciar mi nombre a la ligera.

»Acuérdate del sábado, para consagrarlo. Trabaja seis días, y haz en ellos todo lo que tengas que hacer, pero el día séptimo será un día de reposo para honrar al SEÑOR tu Dios. No hagas en ese día ningún trabajo, ni tampoco tu hijo, ni tu hija, ni tu esclavo, ni tu esclava, ni tus animales, ni tampoco los extranjeros que vivan en tus ciudades. Acuérdate de que en seis días hizo el SEÑOR los cielos y la tierra, el mar y todo lo que hay en ellos, y que descansó el séptimo día. Por eso el SEÑOR bendijo y consagró el día de reposo.

»Honra a tu padre y a tu madre, para que disfrutes de una larga vida en la tierra que te da el SEÑOR tu Dios.

»No mates.

»No cometas adulterio.

»No robes.

»No des falso testimonio en contra de tu prójimo.

»No codicies la casa de tu prójimo: No codicies su esposa, ni su esclavo, ni su esclava, ni su buey, ni su burro, ni nada que le pertenezca» (Exodo 20:1-17).

Al leer esta lista es obvio que los seres humanos ni han obedecido ni están obedeciendo los mandamientos de Dios. Nuestros periódicos, radios y televisores informan a diario nuestro vivir pecaminoso.

Cuando Jesús vino a la tierra, Él no sólo se refería a estos diez mandamientos, sino que esclareció el significado de algunos de ellos. Nosotros pensamos del asesinato como el matar a otra persona. Jesús, sin embargo, dijo:

«Ustedes han oído que se dijo a sus antepasados: "No mates, y todo el que mate quedará sujeto al juicio del tribunal." Pero yo les digo que todo el que se enoje con su hermano quedará sujeto al juicio del tribunal. Es más, cualquiera que insulte a su hermano quedará sujeto al juicio del Consejo. Pero cualquiera

que lo maldiga quedará sujeto al juicio del infierno» (Mateo 5:21-22).

Jesús dijo que de decirle «fatuo» al prójimo uno queda expuesto al fuego del infierno. Y nota bien que Jesús se refiere a un lugar de castigo llamado el infierno. No lo dije yo —¡sino Jesús! Debemos reflexionar profundamente sobre el hecho que Jesús habla del infierno. Si Jesús es Dios, sus palabras debieran estudiarse y entenderse con sumo cuidado.

También Jesús habló del adulterio:

»Ustedes han oído que se dijo: "No cometas adulterio." Pero yo les digo que cualquiera que mira a una mujer y la codicia ya ha cometido adulterio con ella en el corazón» (Mateo 5:27-28).

Nosotros pensamos que el adulterio es serle infiel a la esposa de uno, pero Jesús dijo que con sólo mirar con deseos a una mujer uno ya ha adulterado con ella en su corazón.

Es muy difícil vivir de acuerdo a los mandamientos de Dios, pero él quiere que seamos santos así como él es santo. En realidad, la mayoría de la gente no reconoce que Dios dio muchas otras leyes que se pueden encontrar en el Antiguo Testamento en los libros del Exodo y del Levítico.

Dios dio al pueblo israelí centenares de leyes además que los diez mandamientos. Según vas creciendo en tu fe puedes desear estudiarlas a fondo. Todas señalan normas o reglas que para Dios son importantes.

Dios le dijo a Moisés:

El Señor le ordenó a Moisés que hablara con toda la asamblea de los israelitas y les dijera: «Sean santos, porque yo el Señor su Dios soy santo» (Levítico 19:1-2).

«Obedezcan todos mis estatutos. Pongan por obra todos mis preceptos. Yo soy el Señor» (Levítico 19:37).

A manera de resumir las páginas anteriores, Dios creó al hombre a su propia imagen. Le ordenó una hermosa vida en el jardín del

Edén. En esa ocasión dio una orden. El hombre y su mujer no debieran comer del árbol del conocimiento del bien y del mal. Ellos, sin embargo, fueron seducidos por la astuta serpiente, el diablo, a que violaran el mandamiento de Dios y comiesen del fruto prohibido. No les permitió entonces comer del fruto del árbol de la vida y vivir para siempre. Por ese motivo, la muerte entró al escenario y el ser humano ya no era inmortal.

El hombre que había tenido una vida abundante en el jardín del Edén fue expulsado de él. Hasta el día de hoy el hombre tiene que producir su propio alimento a fuerza de trabajosa labor y sudor.

Por motivo de las corruptas costumbres de los humanos, Dios les dio una lista de mandamientos y leyes. Les dijo que los obedecieran por cuanto él es el SEÑOR. Dijo que fueran santos por cuanto él es santo.

Por desgracia, el Antiguo Testamento con tristeza informa que el hombre siguió pecando. Casi todo en los treintainueve libros del Antiguo Testamento describe la conducta desobediente del ser humano. Los mandamientos y las leyes no fueron obedecidos.

Felizmente, el Antiguo Testamento también profetizó que un Mesías habría de venir y quitar todo pecado.

El Nuevo Testamento documenta que el Mesías sí vino, y que se llama Jesús.

Muchos de ustedes pudieran no creer que alguien puede profetizar el futuro pero Jesús mismo citó de esos profetas. Si él, como Hijo de Dios, citaba las profecías del Antiguo Testamento, es evidente que él estaba diciendo que el Antiguo Testamento es verídico. Más tarde en este libro verás que Jesús hasta profetizó su propia muerte, su resurrección y su segunda venida. Que pongamos atención a sus palabras.

Antes de que Jesús vino a la tierra, cuando se violaba las leyes o mandamientos de Dios, el pueblo fue instruido a acudir a los levitas, la tribu escogida en Israel, para hacer sacrificio por sus pecados. Había muchas clases de sacrificios, pero la mayoría tenía que ver con la muerte de un animal o ave y el esparcimiento de sangre.

Había varios tipos de «ofrendas» dadas por el pueblo judío para que se les pudiera perdonar sus pecados y restaurar su comunión con Dios. Tal vez quieres leer el libro antiguotestamentario del Levítico para comprender plenamente el propósito y significado de cada sacrificio.

En este momento simplemente quiero que conozcas lo fundamental de estos sacrificios y comprendas su significado con relación a la muerte de Jesús y su sacrificio en la cruz.

Los sacrificios de animales eran, en efecto, «una vida por otra vida». La vida del animal fue sacrificada por los pecados de la persona que ofrecía el sacrificio.

Por ejemplo, favor leer lo que Dios instruyó que se hiciera como ofrenda por el pecado:

«Si el que peca inadvertidamente es uno de los gobernantes, e incurre en algo que los mandamientos del SEÑOR su Dios prohíben, será culpable. Cuando se le haga saber que ha cometido un pecado, llevará como ofrenda un macho cabrío sin defecto, pondrá la mano sobre la cabeza del macho cabrío, y lo degollará en presencia del SEÑOR, en el mismo lugar donde se degüellan los animales para el holocausto. Es un sacrificio expiatorio. Entonces el Sacerdote tomará con el dedo un poco de la sangre del sacrificio expiatorio y la untará en los cuernos del altar del holocausto, después de lo cual derramará al pie del altar del holocausto el resto de la sangre. Toda la grasa del animal la quemará en el altar, tal como se hace con el sacrificio de comunión. Así el sacerdote hará expiación por el pecado del gobernante, y su pecado le será perdonado» (Levítico 4:22-26).

Pero, esto fue un proceso continuo. Si se ofrecía un sacrificio por los pecados y se volvía a cometer los mismos pecados, el sacrificio debía ofrecerse de nuevo.

Las páginas anteriores describieron el dilema de los seres humanos por razón de sus pecados. Las siguientes páginas mostrarán que Jesús, por el sacrificio de sí mismo en la cruz, logró lo que ningún sacerdote en la tierra podría lograr.

Con las páginas anteriores en mente, ahora, por favor, lee con mucha oración lo siguiente de un libro neotestamentario que se llama Hebreos:

La ley es sólo una sombra de los bienes venideros, y no la presencia misma de estas realidades. Por eso nunca puede, mediante los mismos sacrificios que se ofrecen sin cesar año tras año, hacer perfectos a los que adoran. De otra manera, ¿no habrían dejado ya de hacerse sacrificios? Pues los que rinden culto, purificados de una vez por todas, ya no se habrían sentido culpables de pecado. Pero esos sacrificios son un recordatorio anual de los pecados, ya que es imposible que la sangre de los toros y de los machos cabríos quite los pecados.

Por eso, al entrar en el mundo, Cristo dijo:

«A ti no te complacen sacrificios ni ofrendas;

en su lugar, me preparaste un cuerpo;

no te agradaron ni holocaustos ni sacrificios por el pecado.

Por eso dije: "Aquí me tienes —como el libro dice de mí—.

He venido, oh Dios, a hacer tu voluntad."»

Primero dijo: «Sacrificios y ofrendas, holocaustos y expiaciones no te complacen ni fueron de tu agrado» (a pesar de que la ley exigía que se ofrecieran). Luego añadió: «Aquí me tienes: He venido a hacer tu voluntad.» Así quitó lo primero para establecer lo segundo. Y en virtud de esa voluntad somos santificados mediante el sacrificio del cuerpo de Jesucristo, ofrecido una vez y para siempre.

Todo sacerdote celebra el culto día tras día ofreciendo repetidas veces los mismos sacrificios, que nunca pueden quitar los pecados. Pero este sacerdote, después de ofrecer por los pecados un solo sacrificio para siempre, se sentó a la derecha de Dios, en espera de que sus enemigos sean puestos por estrado de sus pies. Porque con un solo sacrificio ha hecho perfectos para siempre a los que está santificando.

También el Espíritu Santo nos da testimonio de ello. Primero dice:

> *«Este es el pacto que haré con ellos después de aquel tiempo*
> *—dice el Señor—:*
> *Pondré mis leyes en su corazón, y las escribiré en su mente.»*

Después añade:

> *«Y nunca más me acordaré de sus pecados y maldades.»*

Y cuando éstos han sido perdonados, ya no hace falta otro sacrificio por el pecado (Hebreos 10:1-18).

En la antigüedad los sacerdotes sacrificaban animales, pero como dice Hebreos 10, la sangre de toros y machos cabríos no puede quitar los pecados.

De otra manera, ¿no habrían dejado ya de hacerse sacrificios? Pues los que rinden culto, purificados de una vez por todas, ya no se habrían sentido culpables de pecado (Hebreos 10:2).

El evangelio por Juan cita declaraciones de Juan el Bautista:

Al día siguiente Juan vio a Jesús que se acercaba a él, y dijo: «¡Aquí tienen al Cordero de Dios, que quita el pecado del mundo! De éste hablaba yo cuando dije: "Después de mí viene un hombre que es superior a mí, porque existía antes que yo"» (Juan 1:29-30).

La Biblia cita a Juan el Bautista el día siguiente cuando dijo:

Al ver a Jesús que pasaba por ahí, dijo: —¡Aquí tienen al Cordero de Dios! (Juan 1:36)

¿No te parece interesante que a Jesús se le llama el Cordero de Dios, no el cordero de los hombres? Dios Padre envió un Cordero, a Su propio Hijo único, quien estaba sin defecto (pecado), para ser el último sacrificio por toda la humanidad. La raza humana no tenía nada digno para sacrificar por nuestros pecados. Así que Jesús fue sacrificado una vez por todas.

Y en virtud de esa voluntad somos santificados mediante el sacrificio del cuerpo de Jesucristo, ofrecido una vez y para siempre (Hebreos 10:10).

Puedes recordar que Dios, al dar los mandamientos y las leyes, dijo, «Sed santos porque yo soy santo». Por el sacrificio de Jesús nosotros somos hechos santos a los ojos de Dios. Como se ha dicho, la sangre del sacrificio de Jesús borra nuestros pecados como para los ojos de Dios. Ya él no los puede ver.

Después añade:

«Y nunca más me acordaré de sus pecados y maldades» (Hebreos 10:17).

No hay nada más que puedes hacer sino creer que Jesucristo murió como cordero sacrificial por tus pecados. Es tan sencillo. Yo no sé por qué los hombres lo encuentran tan difícil. La vida eterna está al alcance de todos y cada uno de nosotros. Simplemente debemos creer.

El Antiguo Testamento declara:

Todos somos como gente impura; todos nuestros actos de justicia son como trapos de inmundicia. Todos nos marchitamos como hojas: nuestras iniquidades nos arrastran como el viento (Isaías 64:6).

En comparación, el Nuevo Testamento dice:

Pero Dios, que es rico en misericordia, por su gran amor por nosotros, nos dio vida con Cristo, aun cuando estábamos muertos en pecados. ¡Por gracia ustedes han sido salvados! Y en unión con Cristo Jesús, Dios nos resucitó y nos hizo sentar con él en las regiones celestiales, para mostrar en los tiempos venideros la incomparable riqueza de su gracia, que por su bondad derramó sobre nosotros en Cristo Jesús. Porque por gracia ustedes han sido salvados mediante la fe; esto no procede de ustedes, sino que es el regalo de Dios, no por obras, para que nadie se jacte (Efesios 2:4-9).

Es hermoso, ¿no? Dios, por su gran amor para con nosotros, nos hizo vivir en Cristo —aun cuando estábamos muertos en nuestras transgresiones. Es por gracia que somos salvos. La gracia pudiera describirse como favor no merecido.

El libro de Hebreos dice:

Todo sacerdote celebra el culto día tras día ofreciendo repetidas veces los mismos sacrificios, que nunca pueden quitar los pecados. Pero este sacerdote, después de ofrecer por los pecados un solo sacrificio para siempre, se sentó a la derecha de Dios (Hebreos 10:11-12).

Los sacerdotes terrenales tuvieron que sacrificar vez tras vez tras vez, pero los pecados nunca fueron quitados permanentemente. En comparación, Jesucristo, el Cordero para sacrificio, fue sacrificado una sola vez y luego se sentó a la derecha de Dios. Trato hecho. ¡No se requiere ni un sacrificio más! El fue sacrificado una sola vez y todos tus pecados son perdonados si simplemente crees en Jesús.

Después añade: «Y nunca más me acordaré de sus pecados y maldades» (Hebreos 10:17).

Y puedes notar que Jesús, el Cordero sacrificado, se sentó a la derecha de Dios Padre, y espera a que sus enemigos sean hechos escabel para sus pies. El plan de Dios aún se está revelando.

Hermanos, quiero que entiendan este misterio para que no se vuelvan presuntuosos. Parte de Israel se ha endurecido, y así permanecerá hasta que haya entrado la totalidad de los gentiles (Romanos 11:25).

El Señor no tarda en cumplir su promesa, según entienden algunos la tardanza. Más bien, él tiene paciencia con ustedes, porque no quiere que nadie perezca sino que todos se arrepientan (2da Pedro 3:9).

Por alguna razón, Dios tiene paciencia con este mundo pecaminoso, pero la Biblia claramente dice que Jesús viene de nuevo. Si no has creído en Cristo, ya estás condenado a la perdición eterna. La primera vez, Jesús vino a la tierra como el Cordero para sacrificio.

Al día siguiente Juan vio a Jesús que se acercaba a él, y dijo: «¡Aquí tienen al Cordero de Dios, que quita el pecado del mundo!» (Juan 1:29).

La próxima vez Jesús vendrá como león rugiente. El libro del Apocalipsis, último libro del Nuevo Testamento, fue escrito por el apóstol Juan. Él fue llevado en éxtasis al cielo y le fueron declarados eventos futuros. El Apocalipsis describe el desenvolvimiento de misterios en el fin del tiempo cuando Jesús regresa triunfante habiendo derrotado a todos sus enemigos. Estoy convencido que ninguno de nosotros conoce plenamente la magnitud de esta descripción del cielo y del regreso de Cristo.

¡Miren que viene en las nubes! Y todos lo verán con sus propios ojos, incluso quienes lo traspasaron; y por él harán lamentación todos los pueblos de la tierra. ¡Así será! Amén (Apocalipsis 1:7).

El capítulo cinco del Apocalipsis habla de unos rollos que fueron abiertos en el cielo los cuales detallaban los eventos futuros. No voy a hablar de la interpretación tocante a la abertura de estos rollos, pero favor notar lo que dice Apocalipsis 5:

Y lloraba yo mucho porque no se había encontrado a nadie que fuera digno de abrir el rollo ni de examinar su contenido. Uno de los ancianos me dijo: «¡Deja de llorar, que ya el León de la tribu de Judá, la Raíz de David, ha vencido! Él sí puede abrir el rollo y sus siete sellos.»

Entonces vi, en medio de los cuatro seres vivientes y del trono y los ancianos, a un Cordero que estaba de pie y parecía haber sido sacrificado. Tenía siete cuernos y siete ojos, que son los siete espíritus de Dios enviados por toda la tierra (Apocalipsis 5:4-6).

Jesús, el Cordero sacrificado, ha triunfado al derrotar la muerte en la cruz.

Dice que el Cordero (Jesús), que parecía haber sido sacrificado, ahora se ve de pie en medio del trono de Dios. El Cordero ya no está muerto, sino que está de pie, y ahora se le llama León. El libro del Apocalipsis sigue luego a describir como el León se prepara para su regreso triunfante, su segunda venida!

Mientras Jesús está en el cielo, es adorado y alabado por los seres vivientes y los ancianos. Favor comprender reverentemente cómo es estar ante la presencia de Jesús en el cielo:

Cada uno de ellos (los seres vivientes) tenía seis alas y estaba cubierto de ojos, por encima y por debajo de las alas. Y día y noche repetían sin cesar: «Santo, santo, santo es el Señor Dios Todopoderoso, el que era y que es y que ha de venir» (Apocalipsis 4:8).

«Digno eres, Señor y Dios nuestro, de recibir la gloria, la honra y el poder, porque tú creaste todas las cosas; por tu voluntad existen y fueron creadas» (Apocalipsis 4:11).

Y entonaban este nuevo cántico: «Digno eres de recibir el rollo escrito y de romper sus sellos, porque fuiste sacrificado, y con tu sangre compraste para Dios gente de toda raza, lengua, pueblo y nación» (Apocalipsis 5:9).

Luego miré, y oí la voz de muchos ángeles que estaban alrededor del trono, de los seres vivientes y de los ancianos. El número de ellos era millares de millares y millones de millones. Cantaban con todas sus fuerzas: «¡Digno es el Cordero, que ha sido sacrificado, de recibir el poder, la riqueza y la sabiduría, la fortaleza y la honra, la gloria y la alabanza!» (Apocalipsis 5:11-12).

Y oí a cuanta criatura hay en el cielo, y en la tierra, y debajo de la tierra y en el mar, a todos en la creación, que cantaban: «¡Al que está sentado en el trono y al Cordero, sean la alabanza y la honra, la gloria y el poder, por los siglos de los siglos!» (Apocalipsis 5:13)

Cuando nosotros, los que nos confesamos ser cristianos, vemos cara a cara a Jesús, nosotros también nos uniremos en esos coros y alabaremos a Jesús por la eternidad. Para siempre cantaremos alabanzas al Cordero sacrificado que murió por nuestros pecados y que nos hizo santos a ojos de Dios Padre.

Este es el plan de salvación. Básicamente, *todos* somos pecadores. Hemos violado los mandamientos que Dios dio para que vivamos una vida santa.

...pues todos han pecado y están privados de la gloria de Dios (Romanos 3:23).

Únicamente por Jesús, Hijo único de Dios, quien fue ofrecido como Cordero para sacrificio, pueden ser perdonados nuestros pecados.

No puedes «ganarte» la salvación y la vida eterna. La salvación es un «regalo».

Hay mucho más por decirse sobre este tema. Favor seguir leyendo.

Si lo buscas, hallarás a Dios y comprenderás su plan de salvación, la cual lleva a la vida eterna.

Es tan sencillo.

3 En busca del plan de salvación —la dirección del Espíritu Santo

En realidad, sin fe es imposible agradar a Dios, ya que cualquiera que se acerca a Dios tiene que creer que él existe y que recompensa a quienes lo buscan (Hebreos 11:6).

Hay un plan de salvación que te brinda la vida eterna. Está bien documentado en la Biblia. Dios Padre, Jesús, su Hijo único, y el Espíritu Santo —cada uno ha trabajado individualmente, a la vez que en conjunto, para ofrecerte la vida eterna.

El Espíritu Santo es igual al Padre y al Hijo, Jesús, en la incomprensible trinidad de Dios. La mayoría de las personas enfocan a Jesús, su nacimiento, su vida, su muerte y su resurrección. Sin embargo, ninguno de nosotros puede conocer a Jesús y al plan de salvación sin que el Espíritu Santo nos revele a Jesús. Así como Jesús fue enviado a la tierra por Dios Padre para realizar una obra específica, asimismo el Espíritu Santo fue enviado a hacer una obra específica. El Padre y Jesús ahora residen en el cielo, pero el Espíritu Santo ha sido enviado a la tierra y está disponible a cada uno de nosotros con un poder que ninguno puede imaginarse. La obra redentora de Jesús fue importante, pero la obra del Espíritu Santo es igual de importante, aunque de una manera distinta. No podemos conocer a Jesús sin la obra reveladora del Espíritu Santo.

Con razón preguntas, «¿dónde está el Espíritu Santo?» Pablo responde:

> *¿Acaso no saben que su cuerpo es templo del Espíritu Santo, quien está en ustedes y al que han recibido de parte de Dios? Ustedes no son sus propios dueños; fueron comprados por un precio. Por tanto, honren con su cuerpo a Dios (1ra Corintios 6:19-20).*

El Espíritu Santo es como un «viento misterioso» que se puede sentir aunque no se ve.

Jesús dijo:

> *«Lo que nace del cuerpo es cuerpo; lo que nace del Espíritu es espíritu. No te sorprendas de que te haya dicho: "Tienen que nacer de nuevo." El viento sopla por donde quiere, y lo oyes silbar, aunque ignoras de dónde viene y a dónde va. Lo mismo pasa con todo el que nace del Espíritu» (Juan 3:6-8).*

Jesús prometió enviar al Espíritu Santo tan pronto como él (Jesús) regresara al cielo después de su resurrección.

> *Una vez, mientras comía con ellos, les ordenó:*

> *—No se alejen de Jerusalén, sino esperen la promesa del Padre, de la cual les he hablado: Juan bautizó con agua, pero dentro de pocos días ustedes serán bautizados con el Espíritu Santo (Hechos 1:4-5).*

Y ¡sí que fueron bautizados! Favor leer el siguiente recuento de cómo los discípulos de Jesús fueron llenos del Espíritu Santo:

> *Cuando llegó el día de Pentecostés, estaban todos juntos en el mismo lugar. De repente, vino del cielo un ruido como el de una violenta ráfaga de viento y llenó toda la casa donde estaban reunidos. Se les aparecieron entonces unas lenguas como de fuego que se repartieron y se posaron sobre cada uno de ellos. Todos fueron llenos del Espíritu Santo y comenzaron a hablar en diferentes lenguas, según el Espíritu les concedía expresarse (Hechos 2:1-4).*

Este misterioso Espíritu Santo, quien fue presentado a los discípulos con un violento viento celestial y con lenguas de fuego, te está disponible con semejantes resultados.

Muchas personas y «religiones» dudan o niegan de la existencia del Espíritu Santo. Presento lo que sigue para que lo pienses a fondo.

Jesús dijo que él enviaría el Espíritu Santo después de su regreso al cielo, después de su resurrección, después de su muerte en la cruz.

Una vez, mientras comía con ellos, les ordenó:

—No se alejen de Jerusalén, sino esperen la promesa del Padre, de la cual les he hablado: Juan bautizó con agua, pero dentro de pocos días ustedes serán bautizados con el Espíritu Santo (Hechos 1:4-5).

«Si ustedes me aman, obedecerán mis mandamientos. Y yo le pediré al Padre, y él les dará otro Consolador para que los acompañe siempre: el Espíritu de verdad, a quien el mundo no puede aceptar porque no lo ve ni lo conoce. Pero ustedes sí lo conocen, porque vive con ustedes y estará con ustedes. No los voy a dejar huérfanos; volveré a ustedes» (Juan 14:15-18).

«Cuando venga el Consolador, que yo les enviaré de parte del Padre, el Espíritu de verdad que procede del Padre, él testificará acerca de mí. Y también ustedes darán testimonio porque han estado conmigo desde el principio» (Juan 15:26-27).

«Pero les digo la verdad: Les conviene que me vaya porque, si no lo hago, el Consolador no vendrá a ustedes; en cambio, si me voy, se lo enviaré a ustedes. Y cuando él venga, convencerá al mundo de su error en cuanto al pecado, a la justicia y al juicio; en cuanto al pecado, porque no creen en mí; en cuanto a la justicia, porque voy al Padre y ustedes ya no podrán verme; y en cuanto al juicio, porque el príncipe de este mundo ya ha sido juzgado.

»Muchas cosas me quedan aún para decirles, que por ahora no podrían soportar. Pero cuando venga el Espíritu de la verdad, él os guiará a toda la verdad, porque no hablará por su propia

cuenta sino que dirá sólo lo que oiga y les anunciará las cosas por venir» (Juan 16:7-13).

Ya que no podemos ver al Espíritu Santo, algunos cuestionan si existe, a pesar de que Jesús, el Hijo de Dios, documenta la existencia del Espíritu en los versículos arriba.

Jesús dijo que el Espíritu Santo enseña:

Pero el Consolador, el Espíritu Santo, a quien el Padre enviará en mi nombre, les enseñará todas las cosas y les hará recordar todo lo que les he dicho (Juan 14:26).

Jesús dijo que el Espíritu Santo bautiza:

«Juan bautizó con agua, pero dentro de pocos días ustedes serán bautizados con el Espíritu Santo» (Hechos 1:5).

Cuando llegó el día de Pentecostés, estaban todos juntos en el mismo lugar. De repente, vino del cielo un ruido como el de una violenta ráfaga de viento y llenó toda la casa donde estaban reunidos. Se les aparecieron entonces unas lenguas como de fuego que se repartieron y se posaron sobre cada uno de ellos. Todos fueron llenos del Espíritu Santo y comenzaron a hablar en diferentes lenguas, según el Espíritu les concedía expresarse (Hechos 2:1-4).

Pablo dijo que el Espíritu Santo examina y enseña:

Ahora bien, Dios nos ha revelado esto por medio de su Espíritu, pues el Espíritu lo examina todo, hasta las profundidades de Dios. En efecto, ¿quién conoce los pensamientos del ser humano sino su propio espíritu que está en él? Así mismo, nadie conoce los pensamientos de Dios sino el Espíritu de Dios. Nosotros no hemos recibido el espíritu del mundo sino el Espíritu que procede de Dios, para que entendamos lo que por su gracia él nos ha concedido. Esto es precisamente de lo que hablamos, no con las palabras que enseña la sabiduría humana sino con las que enseña el Espíritu, de modo que expresamos verdades espirituales en términos espirituales (1ra Corintios 2:10-13).

Jesús dijo que el Espíritu Santo guía, habla, y predice eventos futuros:

Pero cuando venga el Espíritu de la verdad, él los guiará a toda la verdad, porque no hablará por su propia cuenta sino que dirá sólo lo que oiga y les anunciará las cosas por venir (Juan 16:13).

Sé que es difícil creer en aquello que no podemos ver ni tocar. Sin embargo, Jesús, Hijo único de Dios Padre, habla del Espíritu Santo que enseña, bautiza, examina, guía y predice eventos futuros.

Teniendo en mente lo anterior, favor, una vez más, pesa y avalora el pasaje en 1ra Corintios 2:

En efecto, ¿quién conoce los pensamientos del ser humano sino su propio espíritu que está en él? Así mismo, nadie conoce los pensamientos de Dios sino el Espíritu de Dios. Nosotros no hemos recibido el espíritu del mundo sino el Espíritu que procede de Dios, para que entendamos lo que por su gracia él nos ha concedido. Esto es precisamente de lo que hablamos, no con las palabras que enseña la sabiduría humana sino con las que enseña el Espíritu, de modo que expresamos verdades espirituales en términos espirituales. El que no tiene el Espíritu no acepta lo que procede del Espíritu de Dios, pues para él es locura. No puede entenderlo, porque hay que discernirlo espiritualmente (1ra Corintios 2:11-14).

Antes de continuar, recomiendo que pidas a Dios Padre, al Hijo y al Espíritu Santo que se te revelen. Favor detenerte por un momento y, en tus propias palabras, pide a Dios que se te dé a conocer. Esto es extremadamente importante. De otro modo las palabras en este libro te serán meramente palabras y perderás tu tiempo. Dios se revelará a aquellos que le buscan.

Favor avalorar los siguientes versículos. ¡Dios está hablando! Escrito por Salomón en el Antiguo Testamento:

A los que me aman, les correspondo; a los que me buscan, me doy a conocer (Proverbios 8:17).

Esto fue escrito por Santiago, hermano carnal de Jesús:

Acérquense a Dios, y él se acercará a ustedes. ¡Pecadores, límpiense las manos! ¡Ustedes los inconstantes, purifiquen su corazón! (Santiago 4:8)

Escrito por Moisés en el Antiguo Testamento:

Pero si desde allí buscas al SEÑOR tu Dios con todo tu corazón y con toda tu alma, lo encontrarás (Deuteronomio 4:29).

Dios dijo al profeta Daniel:

No tengas miedo, Daniel. Tu petición fue escuchada desde el primer día en que te propusiste ganar entendimiento y humillarte ante tu Dios. En respuesta a ella estoy aquí (Daniel 10:12).

Espero que Dios podrá decirte a ti estas mismas palabras.

Favor leer aquel versículo de nuevo, sólo que esta vez sustituye tu propio nombre en lugar del de Daniel.

Dios te responderá si te humillas delante de él.

Seas tú uno que duda, uno que busca satisfacer su curiosidad, un agnóstico, o hasta un ateo, favor abrir la puerta a la posibilidad de que Dios Padre sí existe y desea que todo el mundo le conozca mediante Jesucristo, su Hijo único, y mediante el obrar interno del Espíritu Santo de Dios.

Sólo el Espíritu de Dios puede darte a conocer a la deidad. El Espíritu Santo fue enviado para ese propósito, para ayudarte a comprender a Dios en todo su amor redentor. Él te ayudará a reconocer que:

Dios demuestra su amor por nosotros en esto: en que cuando todavía éramos pecadores, Cristo murió por nosotros (Romanos 5:8).

El gran profeta Isaías citó a Dios cuando dijo:

Busquen al SEÑOR mientras se deje encontrar, llámenlo mientras esté cercano (Isaías 55:6).

Dichosos los que tienen hambre y sed de justicia, porque serán saciados (Mateo 5:6).

Estas palabras fueron pronunciadas por Jesús y grabadas por el apóstol Mateo, un judío y cobrador de impuestos convertido, quien creía y escribió que Jesús es el Mesías que se había proclamado. (La justicia se describe como el hacer lo que es justo a los ojos de Dios.)

Jeremías, otro gran profeta, escribió lo que Dios le instruyó que escribiera:

«Clama a mí y te responderé, y te daré a conocer cosas grandes y ocultas que tú no sabes» (Jeremías 33:3).

Si Dios sí existe, ¿no quisieras conocer cosas grandes e inescrutables acerca de él? Están disponibles mediante el Espíritu Santo.

Estas son palabras del Dios viviente quien desea que todos le conozcan. Es sumamente importante que tú, de manera sencilla y tranquila, digas, «Si todas estas palabras son verídicas, favor revélate a mí.» Dios es fiel.

El Señor no tarda en cumplir su promesa, según entienden algunos la tardanza. Más bien, él tiene paciencia con ustedes, porque no quiere que nadie perezca sino que todos se arrepientan (2da Pedro 3:9).

Jeremías graba estas palabras de Dios también:

Entonces ustedes me invocarán, y vendrán a suplicarme, y yo los escucharé. Me buscarán y me encontrarán, cuando me busquen de todo corazón (Jeremías 29:12-13).

Muchas personas no han leído la Biblia nunca, o, cuando más la han echado una mirada ligera. Ello incluye, desafortunadamente, a algunos que se dicen ser cristianos. Nombres tales como Moisés, Salomón, Jeremías, Santiago y Daniel te son escasamente conocidos. Este libro no tiene páginas suficientes como para describir a cada uno de esos hombres. Pero ten por cierto que fueron hombres que llegaron a reconocer la santidad de Dios. Todos vinieron a reconocer que Dios puede ser hallado, y cuando encontraron a Dios, sus vidas fueron cambiadas para siempre.

Las citas arriba son unos muy pocos de los versículos de la Biblia que hablan de lo cercano que es Dios. Muchos más podrían citarse.

Ruego que tú reconozcas que Dios puede ser hallado, y que ahora sigas a avalorar los siguientes párrafos. Ruego que el Espíritu Santo de Dios te abra los ojos para ver cosas que jamás pensaras posibles.

> *«Ningún ojo ha visto, ningún oído ha escuchado, ninguna mente humana ha concebido lo que Dios ha preparado para quienes lo aman.» Ahora bien, Dios nos ha revelado esto por medio de su Espíritu, pues el Espíritu lo examina todo, hasta las profundidades de Dios (1ra Corintios 2:9-10).*

Y, francamente, ninguno de nosotros jamás conocerá la plenitud del amor que Dios nos tiene hasta que no llegamos al cielo.

El apóstol Pablo dice:

> *Ahora vemos de manera indirecta y velada, como en un espejo; pero entonces veremos cara a cara. Ahora conozco de manera imperfecta, pero entonces conoceré tal y como soy conocido (1ra Corintios 13:12).*

El apóstol Juan escribió:

> *Queridos hermanos, ahora somos hijos de Dios, pero todavía no se ha manifestado lo que habremos de ser. Sabemos, sin embargo, que cuando Cristo venga seremos semejantes a él, porque lo veremos tal como él es (1ra Juan 3:2).*

El segundo capítulo de 1ra Corintios contiene algunas de las declaraciones más reveladoras de la Biblia. Sin embargo, muy pocas personas han comprendido la profundidad de esos versículos. Yo he citado estos versos muchas veces en este libro porque creo que son muy importantes. Estos versículos nos hablan a cada uno de cómo conocer la verdad y cómo distinguir entre la verdad de Dios y la sabiduría de este mundo.

Ahora bien, Dios nos ha revelado esto por medio de su Espíritu, pues el Espíritu lo examina todo, hasta las profundidades de Dios. En efecto, ¿quién conoce los pensamientos del ser humano sino su propio espíritu que está en él? Así mismo, nadie conoce los pensamientos de Dios sino el Espíritu de Dios. Nosotros no hemos recibido el espíritu del mundo sino el Espíritu que procede de Dios, para que entendamos lo que por su gracia él nos ha concedido. Esto es precisamente de lo que hablamos, no con las palabras que enseña la sabiduría humana sino con las que enseña el Espíritu, de modo que expresamos verdades espirituales en términos espirituales. El que no tiene el Espíritu no acepta lo que procede del Espíritu de Dios, pues para él es locura. No puede entenderlo, porque hay que discernirlo espiritualmente (1ra Corintios 2:10-14).

En efecto, se declara que no podemos conocer a Dios a menos que el Espíritu de Dios nos lo revela. Por eso fue que anteriormente recomendé que pidas al Espíritu Santo a que entre en tu vida, en tu mente, y en tu alma, y que te inunde de sus pensamientos.

Hechos 28 fue escrito por Lucas, médico que era compañero de viaje del apóstol Pablo. El cita a Isaías 6:9-10, en donde Dios dijo:

«Ve a este pueblo y dile: "Por mucho que oigan, no entenderán; por mucho que vean, no percibirán.

» "Porque el corazón de este pueblo se ha vuelto insensible; se les han embotado los oídos, y se les han cerrado los ojos. De lo contrario, verían con los ojos, oirían con los oídos, entenderían con el corazón y se convertirían, y yo los sanaría"» (Hechos 28:26-27).

Yo ruego que tus oídos, ojos y mente no estén tan encallecidos que nunca halles lo que Dios quiere ofrecerte. Examinando, encontrarás la vida eterna.

Ahora bien, Dios nos ha revelado esto por medio de su Espíritu, pues el Espíritu lo examina todo, hasta las profundidades de Dios (1ra Corintios 2:10).

La Trinidad consiste en Dios Padre, Jesús el Hijo, y el Espíritu Santo.

El libro de Juan, en el capítulo 14, cuenta cómo Jesús consoló a sus discípulos. Les dijo que él iba a regresar a su Padre en el cielo (después de su crucifixión y después de su resurrección de entre los muertos). Los discípulos se entristecieron mucho de que él los dejara, pero Jesús les dijo:

> *«Si ustedes me aman, obedecerán mis mandamientos. Y yo le pediré al Padre, y él les dará otro Consolador para que los acompañe siempre: el Espíritu de verdad, a quien el mundo no puede aceptar porque no lo ve ni lo conoce. Pero ustedes sí lo conocen, porque vive con ustedes y estará en ustedes. No los voy a dejar huérfanos; volveré a ustedes»* (Juan 14:15-18).

> *«Todo esto lo digo ahora que estoy con ustedes. Pero el Consolador, el Espíritu Santo, a quien el Padre enviará en mi nombre, les enseñará todas las cosas y les hará recordar todo lo que les he dicho»* (Juan 14:25-26).

Favor notar la Trinidad. Jesús, el Hijo, regresa a Dios Padre, quien envía al Espíritu Santo a la tierra a petición de Jesús. Jesús declara que el Espíritu Santo *«les enseñará todas las cosas y les hará recordar todo lo que les he dicho»*.

A todos nosotros como cristianos confesados nos preguntan con frecuencia cómo aquellos seguidores de Cristo podían recordar y escribir todas las palabras que se han escrito en la Biblia. En aquel tiempo no había ni máquinas de escribir, ni grabadoras ni computadoras. Sencillamente, el Espíritu Santo les recordó todas las palabras de Jesús. ¿Por qué la gente tiene dificultad en creer esto? Al fin de las cuentas, este es Dios el Espíritu Santo que obra. Jesús expuso eso mismo al decir:

> *«Cuando venga el Consolador, que yo les enviaré de parte del Padre, el Espíritu de verdad que procede del Padre, él testificará acerca de mí. Y también ustedes darán testimonio porque han estado conmigo desde el principio»* (Juan 15:26-27).

Otra vez Jesús habló de la obra del Espíritu Santo:

«Pero les digo la verdad: Les conviene que me vaya porque, si no lo hago, el Consolador no vendrá a ustedes; en cambio, si me voy, se lo enviaré a ustedes. Y cuando él venga, convencerá al mundo de su error en cuanto al pecado, a la justicia y al juicio; en cuanto al pecado, porque no creen en mí; en cuanto a la justicia, porque voy al Padre y ustedes ya no podrán verme; y en cuanto al juicio, porque el príncipe de este mundo ya ha sido juzgado.

»Muchas cosas me quedan aún para decirles, que por ahora no podrían soportar. Pero cuando venga el Espíritu de la verdad, él os guiará a toda la verdad, porque no hablará por su propia cuenta sino que dirá sólo lo que oiga y les anunciará las cosas por venir» (Juan 16:7-13).

Anteriormente en este capítulo yo recomendé que pidas a Dios que se revele a ti. El Espíritu Santo fue enviado a toda la humanidad para instruirnos en todas las cosas y para recordarnos de todo lo que Jesús decía y hacía. El Espíritu Santo fue enviado a convencerte del pecado, de la justicia y del juicio, y el Espíritu Santo está para guiarte a toda la verdad.

¿Cómo podemos llegar a conocer a Dios? Cómo comprender sus pensamientos? ¿Cómo conocer a Jesús? Únicamente por medio del Espíritu Santo.

Sin embargo, como está escrito: «Ningún ojo ha visto, ningún oído ha escuchado, ninguna mente humana ha concebido lo que Dios ha preparado para quienes lo aman.» Ahora bien, Dios nos ha revelado esto por medio de su Espíritu, pues el Espíritu lo examina todo, hasta las profundidades de Dios (1ra Corintios 2:9-10).

Todos los seres humanos somos distintos el uno del otro. Todos hemos andado por distintos caminos para llegar a donde ahora nos encontramos en la vida. Cada uno ha sido afectado por la manera en que fue criado y por sus experiencias. Nadie conoce a plenitud al espíritu de una persona sino la persona misma.

En efecto, ¿quién conoce los pensamientos del ser humano sino su propio espíritu que está en él? (1ra Corintios 2:11).

Nadie, ni mi esposa ni mis hijos, ni mis amigos, nadie conoce la plena profundidad de mi espíritu porque ninguno ha andado conmigo en cada paso de mi vida.

Así mismo, nadie conoce los pensamientos de Dios sino el Espíritu de Dios. Nosotros no hemos recibido el espíritu del mundo sino el Espíritu que procede de Dios, para que entendamos lo que por su gracia él nos ha concedido (1ra Corintios 2:11-12).

¿Qué es lo que Dios por su gracia nos ha concedido?

«Porque tanto amó Dios al mundo, que dio a su Hijo unigénito, para que todo el que cree en él no se pierda, sino que tenga vida eterna» (Juan 3:16).

Dios, por su gracia, nos ha dado su Hijo unigénito y, si crees en Jesús, Dios por su gracia te da la vida eterna.

¡Es tan sencillo!

Cuando una vez buscas a Dios, el Espíritu Santo te lo dará a conocer.

Dios no se ocupa del «negocio» de engañar a los seres humanos. Él no me dice a mí una cosa y a otros otra cosa diferente. Dios es verdad el 100 porciento del tiempo.

Jesús dijo:

Yo le pediré al Padre, y él les dará otro Consolador para que los acompañe siempre: el Espíritu de verdad (Juan 14:16-17).

La Biblia no dice que la llave del reino de Dios es por medio de Mahoma o de Buda, o alguna otra persona o religión. La entrada a la vida eterna es únicamente mediante Jesucristo, y solo Jesucristo. El Espíritu de Dios lo revela a aquellos que le buscan a él.

En esto pueden discernir quién tiene el Espíritu de Dios: todo profeta que reconoce que Jesucristo ha venido en cuerpo humano, es de Dios; todo profeta que no reconoce a Jesús, no es de Dios sino del anticristo (1ra Juan 4:2-3).

Esta es obra del diablo.

Jesús, en una conversación con los líderes religiosos, dijo:

¿Por qué no entienden mi modo de hablar? Porque no pueden aceptar mi palabra. Ustedes son de su padre, el diablo, cuyos deseos quieren cumplir (Juan 8:43-44).

Jesús les dijo a los líderes religiosos de aquellos días que ellos no tenían al Espíritu Santo de Dios como su guía. Ellos atendían al espíritu del diablo.

Es por eso que hay tantas religiones y creencias. Es por eso que hay tantas denominaciones entre los cristianos. ¿No es lógico que, si hay un solo Dios, debiera haber una sola verdad? Yo creo que se debe a que los líderes de las organizaciones religiosas, tanto en el pasado como en la actualidad, no han buscado a Dios de lleno bajo la inspiración del Espíritu Santo. Por tanto no han entendido las verdades de Dios. Hablan espiritualmente pero con una mezcla de sabiduría humana. Y ¿puedo agregar que ello es por la dirección del espíritu del diablo?

Ya que los líderes religiosos no se han dedicado a buscar la verdad, sus seguidores, que debieran ser nutridos por esos líderes, quedan mal alimentados. No se les da el Pan de Vida (Jesús) sino unas comidas convenientes y aguadas del secularismo que no tienen sustancia.

Pablo dijo:

Esto es precisamente de lo que hablamos, no con las palabras que enseña la sabiduría humana sino con las que enseña el Espíritu, de modo que expresamos verdades espirituales en términos espirituales. El que no tiene el Espíritu no acepta lo que procede del Espíritu de Dios, pues para él es locura. No puede entenderlo, porque hay que discernirlo espiritualmente (1ra Corintios 2:13-14).

Ya hemos tratado el hecho de que para conocer a Dios tienes que buscarlo con diligencia. Y si lo haces, Dios es fiel y se te revelará mediante la obra del Espíritu Santo. Yo he hallado la verdad. Asimismo millones más. Es tan sencillo.

Sin embargo, a pesar de tanta evidencia, muchos cuestionan la conclusión a la cual llegamos —que la salvación y la vida eterna se obtienen únicamente a través de Jesucristo.

Desafortunadamente, yo no puedo defender las palabras de Dios —las cuales son iluminadas por el Espíritu Santo— con personas que no gozan de la dirección del Espíritu Santo. No puedo debatir con alguien que participa del espíritu del mundo.

El que no tiene el Espíritu no acepta lo que procede del Espíritu de Dios, pues para él es locura. No puede entenderlo, porque hay que discernirlo espiritualmente. En cambio, el que es espiritual lo juzga todo, aunque él mismo no está sujeto al juicio de nadie, porque «¿quién ha conocido la mente del Señor para que pueda instruirlo?» Nosotros, por nuestra parte, tenemos la mente de Cristo (1ra Corintios 2:14-16).

Tú debes decidir, o ser enseñado por el Espíritu Santo de Dios o por el espíritu (el diablo) del mundo. Yo, personalmente, he tomado ciertas conclusiones en base a lo que la Biblia me dice. Yo creo que cualquiera que sinceramente examina las Escrituras, bajo la dirección del Espíritu Santo, llegará a las mismas conclusiones que yo.

Este libro se escribe como testimonio mío para contigo. Yo he buscado, y hallado, y conozco a Jesús como mi Salvador. Yo soy un «pecador», solo que soy salvo por la gracia. Por alguna razón, Dios nos ama a pesar de nuestra naturaleza pecaminosa. Sin embargo, él insiste en que aceptemos a Cristo como la primera condición de comunión con Dios. Tal vez este libro te ayude a unirte conmigo en un camino muy emocionante hacia la vida eterna y la eterna comunión con Dios.

Como dijo Dios a Jeremías:

«Clama a mí y te responderé, y te daré a conocer cosas grandes y ocultas que tú no sabes» (Jeremías 33:3).

Es tan sencillo.

4 | Dios Padre, Autor del plan de salvación

¡Qué profundas son las riquezas
de la sabiduría y del conocimiento de Dios!
¡Qué indescifrables sus juicios
e impenetrables sus caminos! (Romanos 11:33)

¡Ah, qué misterio el de la trinidad de Dios! Nosotros los seres humanos jamás comprenderemos en esta vida la profundidad de la trinidad. Y supongo que aún en la gloriosa vida eterna en el cielo, nunca comprenderemos en verdad la plenitud de la naturaleza de Dios.

«¿Quién ha conocido la mente del Señor, o quién ha sido su consejero?»

«¿Quién le ha dado primero a Dios, para que luego Dios le pague?»

Porque todas las cosas proceden de él, y existen por él y para él. ¡A él sea la gloria por siempre! Amén (Romanos 11:34-36).

Yo no soy capaz de presentar una explicación sencilla del término *Trinidad*. Espero que este libro te ayude a comprender que la salvación por medio de Jesucristo es asunto sencillo y que tu vida eterna es segura con sencillamente creer.

Explicar la trinidad de Dios es asunto muy distinto. Hay tres partes distintas de Dios, cada una de las cuales provee una función distinta para conducir a uno hacia la vida eterna. La Trinidad consta de Dios el Padre, Jesús el Hijo, y el Espíritu Santo.

Dios Padre inició el plan de salvación al enviar a Jesús su Hijo unigénito cual Cordero para ser sacrificado para que tu y yo, aunque pecadores por nacimiento, obtuviéramos el perdón de nuestros pecados.

> *Así manifestó Dios su amor entre nosotros: en que envió a su Hijo unigénito al mundo para que vivamos por medio de él. En esto consiste el amor: no en que nosotros hayamos amado a Dios, sino en que él nos amó y envió a su Hijo para que fuera ofrecido como sacrificio por el perdón de nuestros pecados (1ra Juan 4:9-10).*

Comprender la relación entre Dios Padre y Jesús el Hijo es posible únicamente por medio del Espíritu Santo de Dios. Este capítulo enfocará a Dios Padre, su parte en el plan de salvación, y la obediencia de Jesús como Hijo ante su Padre.

Jesús les dijo a sus seguidores que cuando él regresara al cielo después de su resurrección, les enviaría otro Consolador, el Espíritu de verdad (el Espíritu Santo).

> *«Yo le pediré al Padre, y él les dará otro Consolador para que los acompañe siempre: el Espíritu de verdad, a quien el mundo no puede aceptar porque no lo ve ni lo conoce. Pero ustedes sí lo conocen, porque vive con ustedes y estará en ustedes» (Juan 14:16-17).*

Favor notar que Jesús dijo que el Espíritu Santo les acompañaría para siempre, y que es el Espíritu de verdad. El Espíritu Santo fue enviado para que tú pudieras conocer la verdad de Dios Padre y de Jesús su Hijo.

Favor contrastar esto con la ocasión cuando Jesús habló a los fariseos, quienes eran los líderes religiosos de su día:

«Ustedes son de su padre, el diablo, cuyos deseos quieren cumplir. Desde el principio éste ha sido un asesino, y no se mantiene en la verdad, porque no hay verdad en él. Cuando miente, expresa su propia naturaleza, porque es un mentiroso. ¡Es el padre de la mentira!» (Juan 8:44).

¡Tienes que hacer una decisión muy importante! ¿Es el Espíritu Santo de Dios el Espíritu de verdad? O ¿es el diablo el espíritu de verdad?

Al dar tu voto en favor del Espíritu Santo de Dios serás conducido a la salvación eterna mediante la comprensión de que Jesucristo murió por tus pecados. Comprenderás que Dios Padre te ama tanto que envió a su Hijo único como sacrificio por tus pecados.

Al creer las mentiras del diablo te hallas condenado ante los ojos de Dios y no conocerás la vida eterna con Dios cuando termine esta vida terrenal.

Juan cita a Jesús cuando dijo:

«El que cree en él no es condenado, pero el que no cree ya está condenado por no haber creído en el nombre del Hijo unigénito de Dios» (Juan 3:18).

Ruego que al leer estas palabras de Dios, te darás cuenta de la urgencia de que te decidas. Aunque no lo reconoces, estás tomando una decisión. Si rechazas el plan de salvación de Jesús, has aceptado las mentiras del diablo.

En el cristianismo, nuestra tendencia es de enfatizar las obras de Jesús y el que la salvación sólo es posible por medio de él.

Por ejemplo, el apóstol Pedro declara:

"De hecho, en ningún otro hay salvación, porque no hay bajo el cielo otro nombre dado a los hombres mediante el cual podamos ser salvos» (Hechos 4:12).

Recalcamos además la obra del Espíritu Santo quien es responsable de iluminar tu mente con respecto al plan de salvación mediante Jesús.

Como dijo Jesús:

> *Pero el Consolador, el Espíritu Santo, a quien el Padre enviará en mi nombre, les enseñará todas las cosas y les hará recordar todo lo que les he dicho (Juan 14:26).*

Sin embargo, solemos olvidar que fue Dios Padre el que envió a su Hijo. Él inició el plan de salvación. Jesús lo llevó a cabo. El Espíritu Santo nos recuerda de él.

Describir a Dios Padre es difícil, y a la vez fácil. Simplemente, ¡él es Dios! Moisés, en el Antiguo Testamento, cita una conversación que él tuvo con Dios:

> *«Supongamos que me presento ante los israelitas y les digo; "El Dios de sus antepasados me ha enviado a ustedes." ¿Qué les respondo si me preguntan: "¿Y cómo se llama?"*
>
> *—YO SOY EL QUE SOY —respondió Dios a Moisés—. Y esto es lo que tienes que decirles a los israelitas: "YO SOY me ha enviado a ustedes". (Exodo 3:13-14).*

¡YO SOY EL QUE SOY! Yo no puedo hallar una mejor manera para describir a Dios.

Hay un aspecto misterioso de Dios Padre. En Juan, capítulo 1, se declara:

> *A Dios nadie lo ha visto nunca; el Hijo unigénito, que es Dios y que vive en unión íntima con el Padre, nos lo ha dado a conocer (Juan 1:18).*

La Biblia parece enfatizar más al Hijo que al Padre! Por ejemplo, el Antiguo Testamento predijo la venida del Mesías y Jesús se dijo ser aquel Mesías. Favor notar las declaraciones de Jesús con respecto al Mesías profetizado.

Cierto día Jesús habló con una mujer samaritana:

—*Sé que viene el Mesías, al que llaman el Cristo —respondió la mujer—. Cuando él venga nos explicará todas las cosas.*

—*Ése soy yo, el que habla contigo —le dijo Jesús (Juan 4:25-26).*

En el Antiguo Testamento, Isaías profetizó acerca de la venida del Mesías:

El Espíritu del Señor omnipotente está sobre mí, por cuanto me ha ungido para anunciar buenas nuevas a los pobres. Me ha enviado a sanar los corazones heridos, a proclamar liberación a los cautivos y libertad a los prisioneros, a pregonar el año del favor del Señor y el día de la venganza de nuestro Dios, a consolar a todos los que están de duelo (Isaías 61:1-2).

Favor notar lo que Jesús dijo en cuanto a esta profecía de Isaías. El Nuevo Testamento informa que Jesús estuvo en un pueblo que se llamaba Nazaret un día sábado. Se levantó para leer en el rollo del profeta Isaías lo citado arriba. Lucas describió lo que Jesús hizo después de leer el rollo:

Luego enrolló el libro, se lo devolvió al ayudante y se sentó. Todos los que estaban en la sinagoga lo miraban detenidamente, y él comenzó a hablarles: «Hoy se cumple esta Escritura en presencia de ustedes» (Lucas 4:20-21).

Intrépidamente Jesús declaró que él es el Mesías y que la profecía dada por Isaías ya se había cumplido!

Sin embargo, este poderoso Jesús, quien, por sus palabras y sus obras demostró ser el Hijo de Dios, constantemente se humillaba delante de Dios Padre. Jesús continuamente decía que él había sido enviado por Dios Padre y que sencillamente hacía lo que el Padre mandaba. Aunque el Padre es Dios y Jesús es Dios, hay una relación misteriosa de obediencia que Jesús el Hijo tiene para con su Padre. Yo no puedo explicar eso pero es bueno tener conciencia de ello. Si Jesús el Hijo vivió una obediencia absoluta ante Dios Padre, hasta la muerte en la cruz, ¿podemos nosotros ser menos obedientes a Dios Padre?

Favor considerar los siguientes versículos en los cuales Jesús demostró su obediencia a Dios Padre.

Jesús dijo que sus enseñanzas en la tierra no eran propias de él, sino que procedían de Dios Padre quien le envió:

«Mi enseñanza no es mía —replicó Jesús— sino del que me envió. El que esté dispuesto a hacer la voluntad de Dios reconocerá si mi enseñanza proviene de Dios o si yo hablo por mi propia cuenta. El que habla por cuenta propia busca su vanagloria; en cambio, el que busca glorificar al que lo envió es una persona íntegra y sin doblez» (Juan 7:16-18).

En un debate con los jefes religiosos de aquel tiempo, Jesús dijo:

«Si Dios fuera su Padre —les contestó Jesús—, ustedes me amarían, porque yo he venido de Dios y aquí me tienen. No he venido por mi propia cuenta, sino que él me envió» (Juan 8:42).

Favor notar que el Padre envió a Jesús, y que Jesús fue obediente a su mandato!

En Juan 17 leemos la oración de Jesús al Padre Dios en lo que llamamos su «oración sacerdotal.»

Yo te he glorificado en la tierra, y he llevado a cabo la obra que me encomendaste (Juan 17:4).

El libro antiguotestamentario de Deuteronomio describe la siguiente ley:

Un solo testigo no bastará para condenar a un hombre acusado de cometer algún crimen o delito. Todo asunto se resolverá mediante el testimonio de dos o tres testigos (Deuteronomio 19:15).

Cierto día los fariseos desafiaron a Jesús y decían que su testimonio no era legítimo. Dijeron que él servía como testigo propio y que no tenía el testimonio de dos o tres testigos. Favor leer la respuesta reveladora de Jesús:

«Yo soy la luz del mundo. El que me sigue no andará en tinieblas, sino que tendrá la luz de la vida.»

—Tú te presentas como tu propio testigo —alegaron los fariseos—, así que tu testimonio no es válido.

—Aunque yo sea mi propio testigo —repuso Jesús—, mi testimonio es válido, porque sé de dónde he venido y a dónde voy. Pero ustedes no saben de dónde vengo ni a dónde voy. Ustedes juzgan según criterios humanos; yo, en cambio, no juzgo a nadie. Y si lo hago, mis juicios son válidos porque no los emito por mi cuenta sino en unión con el Padre que me envió. En la ley de ustedes está escrito que el testimonio de dos personas es válido. Uno de mis testigos soy yo mismo, y el Padre que me envió también da testimonio de mí (Juan 8:12-18).

Favor notar que Jesús reclamó el testimonio de dos testigos: Jesús el Hijo, y Dios, su Padre quien le envió.

El Nuevo Testamento menciona un hombre llamado Juan el Bautista, quien fue enviado para «preparar un pueblo dispuesto para el Señor». Él nació poco antes que Jesús, hijo de un sacerdote que se llamaba Zacarías y su esposa, Elisabet. En Lucas, capítulo primero, se describen así:

Ambos eran rectos e intachables delante de Dios; obedecían todos los mandamientos y preceptos del Señor (Lucas 1:6).

Un ángel del Señor se apareció a Zacarías y le dijo:

«No tengas miedo, Zacarías, pues ha sido escuchada tu oración. Tu esposa Elisabet te dará un hijo, y le pondrás por nombre Juan. Tendrás gozo y alegría, y muchos se regocijarán por su nacimiento, porque él será un gran hombre delante del Señor. Jamás tomará vino ni licor, y será lleno del Espíritu Santo aun desde su nacimiento. Hará que muchos israelitas se vuelvan al Señor su Dios. El irá primero, delante del Señor, con el espíritu y el poder de Elías, para reconciliar a los padres con los hijos y guiar a los desobedientes a la sabiduría de los justos. De este

*modo preparará un pueblo bien dispuesto para recibir al Señor»
(Lucas 1:13-17).*

Favor notar que Juan Bautista fue un hombre especial. Él fue
lleno del Espíritu Santo desde su nacimiento y su propósito principal en la tierra fue el de preparar un pueblo dispuesto al Señor
Jesús.

Jesús describió a Juan Bautista de esta manera:

*Les aseguro que entre los mortales no se ha levantado nadie
más grande que Juan el Bautista; sin embargo, el más pequeño
en el reino de los cielos es más grande que él (Mateo 11:11).*

Este Juan Bautista a su vez describió así la relación de Jesús con
Dios Padre:

*«Nadie puede recibir nada a menos que Dios se lo conceda
—les respondió Juan—. Ustedes me son testigos de que dije:
"Yo no soy el Cristo, sino que he sido enviado delante de él." El
que tiene a la novia es el novio. Pero el amigo del novio, que
está a su lado y lo escucha, se llena de alegría cuando oye la voz
del novio. Ésa es la alegría que me inunda. A él le toca crecer, y
a mí menguar.*

*»El que viene de arriba está por encima de todos; el que es de la
tierra, es terrenal y de lo terrenal habla. El que viene del cielo
está por encima de todos y da testimonio de lo que ha visto y
oído, pero nadie recibe su testimonio. El que lo recibe certifica
que Dios es veraz. El enviado de Dios comunica el mensaje
divino, pues Dios mismo le da su Espíritu sin restricción. El
Padre ama al Hijo, y ha puesto todo en sus manos. El que cree
en el Hijo tiene vida eterna; pero el que rechaza al Hijo no
sabrá lo que es esa vida, sino que permanecerá bajo el castigo
de Dios» (Juan 3:27-36).*

Jesús vino a la tierra para hacer la voluntad de Dios Padre. El
Padre ama al Hijo y puso todas las cosas en sus manos. El versículo
arriba declara que si creemos en el Hijo, podemos tener la vida

eterna, pero quien rechaza al Hijo no verá la vida eterna, pues la ira de Dios (el Padre) permanece sobre él.

Como se dijo anteriormente, tienes que escoger. Cree en Jesús y tendrás la vida eterna, o rechaza a Jesús y tendrás la ira de Dios sobre ti.

Yo ruego que ya puedas ver más claramente a Dios Padre. El Padre Dios dirigió a su Hijo único para que viniera a la tierra como sacrificio por ti y por mí.

Acuérdate:

> *«Tanto amó Dios al mundo, que dio a su Hijo unigénito, para que todo el que cree en él no se pierda, sino que tenga vida eterna» (Juan 3:16).*

El Padre Dios, por razones desconocidas, amó tanto a este pecaminoso mundo que dio a su Hijo único, Jesucristo, como Cordero de sacrificio para que muriera por tus pecados.

Yo no puedo sondear la profundidad del amor que existe en Dios Padre! Él dirigió a su único Hijo a morir en una cruz en lugar tuyo y el mío. Y Jesús el Hijo obedeció a Dios Padre. Si Jesús tuvo tal fidelidad para con el Padre, yo sólo puedo recomendar que cada uno de nosotros busque constantemente la voluntad de Dios para nuestras vidas.

Favor considerar a Dios Padre en el siguiente versículo:

> *«Si supieras lo que Dios puede dar, y conocieras al que te está pidiendo agua —contestó Jesús—, tú le habrías pedido a él, y él te habría dado agua que da vida» (Juan 4:10).*

Jesús dijo que él era un «don de Dios» (el Padre). Lo único que tenemos que hacer es extender la mano para aceptar este regalo. Piénsalo: este es un regalo sin condición alguna.

> *Porque por gracia ustedes han sido salvados mediante la fe; esto no procede de ustedes, sino que es el regalo de Dios, no por obras, para que nadie se jacte (Efesios 2:8-9).*

Todos hemos recibido regalos en la Navidad y en nuestros

cumpleaños. Por supuesto que nosotros reciprocamos en regalar. Pero el regalo —el don— de Dios Padre es su Hijo, y por medio de él tenemos el regalo de la vida eterna. ¿Cómo será posible que alguien rechazara tal regalo?

En Juan, capítulo 4, se dice:

> *Pero se acerca la hora, y ha llegado ya, en que los verdaderos adoradores rendirán culto al Padre en espíritu y en verdad, porque así quiere el Padre que sean los que le adoren. Dios es espíritu, y quienes lo adoran deben hacerlo en espíritu y en verdad (Juan 4:23-24).*

A Dios Padre se le llama espíritu y debemos adorarle en espíritu y en verdad. Sólo el Espíritu Santo puede guiarnos en nuestra adoración al Padre Dios. En Juan 14:17 se refiere al Espíritu Santo como el «Espíritu de verdad.»

Juan 4 describe una ocasión cuando los discípulos de Jesús le instaban que comiera algo. Favor notar su respuesta:

> *—Yo tengo un alimento que ustedes no conocen —replicó él (Jesús).*

> *«¿Le habrán traído algo de comer?», comentaban entre sí los discípulos.*

> *—Mi alimento es hacer la voluntad del que me envió y terminar su obra —les dijo Jesús (Juan 4:32-34).*

Constantemente Jesús declaraba que él había sido enviado para hacer la voluntad de su Padre.

Los judíos cuestionaban a Jesús sobre por qué realizaba sus milagros en día sábado:

> *Pero Jesús les respondía: —Mi Padre aun hoy está trabajando, y yo también trabajo.*

> *Así que los judíos redoblaban sus esfuerzos para matarlo, pues no sólo quebrantaba el sábado sino que incluso llamaba a Dios su propio Padre, con lo que él mismo se hacía igual a Dios.*

Entonces Jesús afirmó: —*Ciertamente les aseguro que el hijo no puede hacer nada por su propia cuenta, sino solamente lo que ve que su padre hace, porque cualquier cosa que hace el padre, la hace también el hijo. Pues el padre ama al hijo y le muestra todo lo que hace. Sí, y aun cosas más grandes que éstas le mostrará, que los dejará a ustedes asombrados. Porque así como el Padre resucita a los muertos y les da vida, así también el Hijo da vida a quienes a él le place. Además, el Padre no juzga a nadie, sino que todo juicio lo ha delegado en el Hijo, para que todos honren al Hijo como lo honran a él. El que se niega a honrar al Hijo no honra al Padre que le envió...*

»Ciertamente les aseguro que ya viene la hora, y ha llegado ya, en que los muertos oirán la voz del Hijo de Dios, y los que la oigan vivirán. Porque así como el Padre tiene vida en sí mismo, así también ha concedido al Hijo el tener vida en sí mismo, y le ha dado autoridad para juzgar, puesto que es el Hijo del hombre.

«No se asombren de esto, porque viene la hora en que todos los que están en los sepulcros oirán su voz, y saldrán de allí. Los que han hecho el bien resucitarán para tener vida, pero los que han practicado el mal resucitarán para ser juzgados. Yo no puedo hacer nada por mi propia cuenta; juzgo sólo según lo que oigo, y mi juicio es justo, pues no busco hacer mi propia voluntad sino cumplir la voluntad del que me envió» (Juan 5:17-23, 25-30).

En los versículos arriba, favor notar la relación entre Jesús el Hijo y Dios el Padre. Jesús demuestra su dependencia de Dios Padre al decir:

«Ciertamente les aseguro que el hijo no puede hacer nada por su propia cuenta, sino solamente lo que ve que su padre hace, porque cualquier cosa que hace el padre, la hace también el hijo» (Juan 5:19).

Los versículos arriba contienen tantas y tantas declaraciones iluminadoras, pero yo sencillamente quiero hacer relucir el papel de Dios Padre. Jesús dijo:

«Ciertamente les aseguro que el que oye mi palabra y cree al que me envió, tiene vida eterna y no será juzgado, sino que ha pasado de la muerte a la vida» (Juan 5:24).

Luego dijo:

«Yo no puedo hacer nada por mi propia cuenta; juzgo sólo según lo que oigo, y mi juicio es justo, pues no busco hacer mi propia voluntad sino cumplir la voluntad del que me envió» (Juan 5:30).

Jesús constantemente dice que el Padre Dios le envió.

Temprano en este capítulo, yo me refería a Juan Bautista y a que él fue enviado a «preparar un pueblo dispuesto para el Señor». Jesús dijo:

«El testimonio con que yo cuento tiene más peso que el de Juan. Porque esa misma tarea que el Padre me ha encomendado que lleve a cabo, y que estoy haciendo, es la que testifica que el Padre me ha enviado. Y el Padre mismo que me envió ha testificado en mi favor. Ustedes nunca han oído su voz, ni visto su figura, ni vive su palabra en ustedes, porque no creen en aquel a quien él envió» (Juan 5:36-38).

Más tarde Jesús dijo:

«Trabajen, pero no por la comida que es perecedera, sino por la que permanece para vida eterna, la cual les dará el Hijo del hombre. Sobre éste ha puesto Dios el Padre su sello de aprobación» (Juan 6:27).

Entonces la gente preguntó a Jesús:

«¿Qué tenemos que hacer para realizar las obras que Dios exige?»

—Ésta es la obra de Dios: que crean en aquel a quien él envió —les respondió Jesús (Juan 6:28-29).

¡Es tan sencillo!

Dios Padre sencillamente desea que creas tú en su Hijo único como condición para tener la vida eterna.

«Porque tanto amó Dios al mundo, que dio a su Hijo unigénito, para que todo el que cree en él no se pierda, sino que tenga vida eterna» (Juan 3:16).

«Señor —le pidieron—, danos siempre este pan.»

—Yo soy el pan de vida —declaró Jesús—. El que a mí viene nunca pasará hambre, y el que en mí cree nunca más volverá a tener sed. Pero como ya les dije, a pesar de que ustedes me han visto, no creen. Todos los que el Padre me da vendrán a mí; y al que a mí viene, no lo rechazo. Porque he bajado del cielo no para hacer mi voluntad sino la del que me envió. Y ésta es la voluntad del que me envió: que yo no pierda nada de lo que él me ha dado, sino que lo resucite en el día final. Porque la voluntad de mi Padre es que todo el que reconozca al Hijo y crea en él, tenga vida eterna, y yo lo resucitaré en el día final» (Juan 6:34-40).

En verdad me es difícil comprender por qué la gente rechaza a Dios Padre, Dios el Hijo, y Dios el Espíritu Santo. Las palabras arriba son tan claras, tan sencillas. Claro está, el Espíritu Santo debe abrirte los ojos para que estas palabras tengan significado. Yo ruego que tu, de alguna manera, te sientas impelido por el Espíritu Santo a buscar más a fondo para comprender las palabras de Dios.

Dios le dijo a Daniel:

«No tengas miedo, Daniel. Tu petición fue escuchada desde el primer día en que te propusiste ganar entendimiento y humillarte ante tu Dios. En respuesta a ella estoy aquí» (Daniel 10:12).

Jesús dijo:

«En los profetas está escrito: "A todos los instruirá Dios." En efecto, todo el que escucha al Padre y aprende de él, viene a mí» (Juan 6:45).

Esto, por supuesto, es por obra del Espíritu Santo.

Yo cité los siguientes versículos anteriormente, pero quiero enfatizar de nuevo que Jesús hablaba palabras que le fueron dadas por Dios Padre:

> *«Mi enseñanza no es mía —replicó Jesús— sino del que me envió. El que esté dispuesto a hacer la voluntad de Dios reconocerá si mi enseñanza proviene de Dios o si yo hablo por mi propia cuenta. El que habla por cuenta propia busca su vanagloria; en cambio, el que busca glorificar al que lo envió es una persona íntegra y sin doblez» (Juan 7:16-18).*

Es evidente que Dios Padre envió a Jesús, su Hijo único, con la misión de declararnos a los hombres que el único camino a la vida eterna es por vía de Jesús.

No te puedo decir por qué el Padre Dios presentó a Jesús en el momento preciso. No te puedo decir por qué no presentó a Jesús unos 2.000 años antes, ni tampoco por qué no lo hizo unos 1.000 años más tarde. Dios es Dios! Él es el «YO SOY EL QUE SOY.»

Pablo dice:

> *A la verdad, como éramos incapaces de salvarnos, en el tiempo señalado Cristo murió por los malvados (Romanos 5:6).*

Sencillamente le doy gracias a Dios Padre que sí envió a Jesús, y que nos ha dado a su Espíritu Santo para recordarnos de todas las cosas que Jesús dijo e hizo.

Jesús no estuvo mucho tiempo sobre esta tierra. Anduvo sobre la tierra por unos treinta y tres años. La Biblia revela realmente los tres últimos años de su ministerio.

Jesús les dijo a los fariseos:

> *«Voy a estar con ustedes un poco más de tiempo, y luego volveré al que me envió» (Juan 7:33).*

Los fariseos le preguntaron a Jesús:

> *«¿Dónde está tu Padre?» (Juan 8:19a)*

Claro está, le preguntaron por un Padre terrenal ya que estaban ciegos en cuanto al conocimiento de su Padre celestial.

Una vez más, en palabras bien claras, Jesús dijo que los fariseos, los líderes religiosos de aquel día, no entendían quién era Dios Padre, ni quién era Jesús. Dijo:

—Si supieran quién soy yo, sabrían también quién es mi Padre (Juan 8:19).

Además:

De nuevo Jesús les dijo: —Yo me voy, y ustedes me buscarán, pero en su pecado morirán. A donde yo voy, ustedes no pueden ir…

—Ustedes son de aquí abajo —continuó Jesús—; yo soy de allá arriba. Ustedes son de este mundo; yo no soy de este mundo. Por eso les he dicho que morirán en sus pecados, pues si no creen que yo soy el que afirmo ser, en sus pecados morirán (Juan 8:21, 23-24).

Jesús les dijo que sólo aquellos que creen que Jesús es el Hijo unigénito de Dios Padre pueden entrar al cielo. Aquellos que no creen así morirán en sus pecados sin ninguna esperanza de vida eterna.

Él les tenía confusos! Ellos hablaban de cosas terrenales. Jesús hablaba de cosas espirituales!

Ellos dijeron:

«¿Quién eres tu?» (Juan 8:25)

¡Me imagino escuchar la frustración en sus voces! Jesús contestó:

«Lo que desde el principio he venido diciéndoles —contestó Jesús—. Son muchas las cosas que tengo que decir y juzgar de ustedes. Pero el que me envió es veraz, y lo que le he oído decir es lo mismo que le repito al mundo» (Juan 8:25-26).

Ellos no entendían que él les hablaba de su Padre celestial:

Por eso Jesús añadió: —Cuando hayan levantado al Hijo del hombre, sabrán ustedes que yo soy, y que no hago nada por mi propia cuenta, sino que hablo conforme a lo que el Padre me ha enseñado. El que me envió está conmigo; no me ha dejado solo, porque siempre hago lo que le agrada.

Mientras aún hablaba, muchos creyeron en él (Juan 8:28-30).

Favor notar que Jesús dijo que él sólo repetía lo que Dios Padre le dijo que dijera:

Jesús también enfatizaba que él no hacía nada de por sí, sino que hablaba sólo lo que el Padre le enseñó. Jesús dijo que él siempre hace lo que agrada al Padre Dios.

Jesús, el Hijo de Dios, vivía constantemente para complacer a Dios, su Padre.

Amo al versículo 30 por cuanto dice:

Mientras aún hablaba, muchos creyeron en él.

Es mi ruego que muchos de ustedes se unirán a aquellos. Como ya se ha dicho tantas veces, ¡tienes que escoger!

Jesús se dirigió entonces a los judíos que habían creído en él, y les dijo:

—Si se mantienen fieles a mis enseñanzas, serán realmente mis discípulos; y conocerán la verdad, y la verdad los hará libres (Juan 8:31-32).

¿Y tú? ¿La verdad de Jesús te ha hecho libre? ¿O aún eres esclavo del pecado? Jesús, el Hijo de Dios, dijo:

«Ciertamente les aseguro que todo el que peca es esclavo del pecado» (Juan 8:34).

Más adelante en Juan 8, Jesús dijo:

«Yo hablo de lo que he visto en presencia del Padre; y ustedes hacen lo que de su padre (el diablo) han escuchado» (Juan 8:38).

En otras palabras, él dijo que las palabras que él habla (la verdad) provienen del Padre Dios. Ellos escuchaban las mentiras del padre de ellos, el diablo!

Jesús siguió:

Ustedes, en cambio, quieren matarme, ¡a mí, que les he expuesto la verdad que he recibido de parte de Dios! Abraham jamás haría tal cosa (Juan 8:40).

Jesús sabía que era su intención matarlo, y en fin sí le mataron, a pesar de que él habló *«la verdad que he recibido de parte de Dios.»*

Favor comprender las siguientes palabras pronunciadas por Jesús a los fariseos:

«Si Dios fuera su Padre —les contestó Jesús—, ustedes me amarían, porque yo he venido de Dios y aquí me tienen. No he venido por mi propia cuenta, sino que él me envió. ¿Por qué no entienden mi modo de hablar? Porque no pueden aceptar mi palabra. Ustedes son de su padre, el diablo, cuyos deseos quieren cumplir. Desde el principio éste ha sido un asesino, y no se mantiene en la verdad, porque no hay verdad en él. Cuando miente, expresa su propia naturaleza, porque es un mentiroso. ¡Es el padre de la mentira! Y sin embargo a mí, que les digo la verdad, no me creen. ¿Quién de ustedes me puede probar que soy culpable de pecado? Si digo la verdad, ¿por qué no me creen? El que es de Dios escucha lo que Dios dice. Pero ustedes no escuchan, porque no son de Dios» (Juan 8:42-47).

Jesús les dijo que Dios, su Padre, no era el padre de ellos. La elección es, o creer en Dios, Padre de Jesús, o en el diablo como padre, quien es padre de toda mentira.

Juan recuerda que Jesús habló en otra ocasión de su relación especial con Dios Padre:

«El ladrón no viene más que a robar, matar y destruir; yo he venido para que tengan vida, y la tengan en abundancia.

»Yo soy el buen pastor. El buen pastor da su vida por las ovejas. El asalariado no es el pastor, y a él no le pertenecen las ovejas. Cuando ve que el lobo se acerca, abandona las ovejas y huye; entonces el lobo ataca al rebaño y lo dispersa. Y ese hombre huye porque, siendo asalariado, no le importan las ovejas.

»Yo soy el buen pastor; conozco a mis ovejas, y ellas me conocen a mí, así como el Padre me conoce a mí y yo lo conozco a él, y doy mi vida por las ovejas. Tengo otras ovejas que no son de este redil, y también a ellas debo traerlas. Así ellas escucharán mi voz, y habrá un solo rebaño y un solo pastor. Por eso me ama el Padre: porque entrego mi vida para volver a recibirla. Nadie me la arrebata, sino que yo la entrego por mi propia voluntad. Tengo autoridad para entregarla, y tengo también autoridad para volver a recibirla. Éste es el mandamiento que recibí de mi Padre» (Juan 10:10-18).

En estos versículos, Jesús habla en figura y a la vez claramente habla de sí mismo en calidad de un pastor que conduce a su rebaño.

Él dijo que un buen pastor pondrá hasta su vida por sus ovejas. Claro está, Jesús declara exactamente lo que Él habría de hacer —e hizo— por sus ovejas sobre la cruz de Calvario.

Él declaró que sus ovejas jamás seguirían a un extranjero (los obreros del diablo/el mundo secular).

«Pero a un desconocido jamás lo siguen; más bien, huyen de él porque no reconocen voces extrañas» (Juan 10:5).

Jesús declaró que el diablo viene sólo para robar, matar y destruir a las ovejas. En contraste, Jesús dijo que Él vino para que (las ovejas) tuvieran vida a plenitud (vida eterna) y en abundancia.

Luego Jesús dijo lo siguiente con respecto a Dios Padre:

«Yo soy el buen pastor; conozco a mis ovejas, y ellas me conocen a mí, así como el Padre me conoce a mí, y yo lo conozco a él, y doy mi vida por las ovejas» (Juan 10:14-15).

Así como Jesús conoce al Padre Dios, asimismo nosotros podemos conocer a Jesús como nuestro Pastor. Él dijo:

«Doy mi vida por las ovejas» (Juan 10:15).

Favor recordar que Jesús dijo estas cosas antes de que él fuera crucificado. Él predecía su muerte en la cruz. Sabía que el pueblo judío le iba a matar por cuanto él se decía ser Hijo de Dios. Para los judíos esto era blasfemia. Jesús dijo que su Padre le amaba porque estaba dispuesto a poner su vida por las ovejas.

Y en Juan 10:18, Jesús hizo bien claro que él tenía autoridad para poner su vida por cuanto había recibido tal mandato de su Padre.

«Nadie me la arrebata, sino que yo la entrego por mi propia voluntad. Tengo autoridad para entregarla, y tengo también autoridad para volver a recibirla. Éste es el mandamiento que recibí de mi Padre» (Juan 10:18).

Este versículo muestra al Padre como coordinador del plan de salvación y a Jesús el Hijo como el que cumple el mandato del Padre.

Como para completar hasta el más mínimo detalle, Jesús dijo lo siguiente:

«Ya se lo he dicho a ustedes, y no lo creen. Las obras que hago en nombre de mi Padre son las que me acreditan, pero ustedes no creen porque no son de mi rebaño. Mis ovejas oyen mi voz; yo las conozco y ellas me siguen. Yo les doy vida eterna, y nunca perecerán, ni nadie podrá arrebatármelas de la mano. Mi Padre, que me las ha dado, es más grande que todos; y de la mano del Padre nadie las puede arrebatar. El Padre y yo somos uno» (Juan 10:25-30).

Estos son versículos poderosos que se debe estudiar con mucha oración.

Jesús decía que los milagros que él hacía, las hacía en nombre de su Padre. Entonces dijo que la razón por la cual ellos no creían fue que no eran de sus ovejas. ¿Me permiten volver a enfatizar algo que mencioné en un capítulo anterior? La razón por que hay tantas religiones e interpretaciones del cristianismo es que esa gente no son «ovejas de Jesús». Jesús habla la verdad según Dios Padre lo da. Las ovejas de Jesús le siguen hasta lo último porque sus palabras llevan a la vida eterna.

Ruego que estés viendo al plan de salvación más claramente con cada página que lees. ¿Me permite recomendar que este pudiera ser el momento para decirle al fin, «Jesús, yo sí creo.»

Jesús dio la noticia aseguradora a aquellos que creían:

> *«Yo les doy vida eterna, y nunca perecerán, ni nadie podrá arrebatármelas de la mano. Mi Padre, que me las ha dado, es más grande que todos; y de la mano del Padre nadie las puede arrebatar»* (Juan 10:28-29).

Cuando ya crees en Jesucristo, nadie te puede quitar de las manos ni del Hijo Jesús ni del Padre Dios.

Como dijo Pablo:

> *¿Quién nos apartará del amor de Cristo? ¿La tribulación, o la angustia, la persecución, el hambre, la indigencia, el peligro, o la violencia?* (Romanos 8:35).

Entonces Jesús hizo una declaración que a lo último condujo a su muerte en la cruz:

> *«El Padre y yo somos uno»* (Juan 10:30).

Jesús decía que él y Dios Padre son uno. Este libro no explorará todas las muchas interpretaciones de este versículo. Yo realmente noconozco —ni creo que nadie conozca— la profundidad del significado de esta declaración.

Yo sencillamente quiero insistir en que el plan de salvación —según el Padre lo ha coordinado y el Hijo lo ha llevado a cabo, y según se nos recuerda e ilumina por el Espíritu Santo— nos es de la mayor importancia en este tiempo. Se nos ha prometido la vida eterna por creer en Jesús.

Pablo dijo:

> *Ahora vemos de manera indirecta y velada, como en un espejo; pero entonces veremos cara a cara. Ahora conozco de manera*

imperfecta, pero entonces conoceré tal y como soy conocido (1ra Corintios 13:12).

Un día le veremos a Dios, en toda su gloria, «cara a cara». Un día comprenderemos a plenitud lo que significa *«El Padre y yo somos uno»* . ¡Qué día más glorioso será! ¡Ojalá que tú te unas conmigo allí!

Aun cuando Jesús hablaba de su relación con Dios Padre los judíos no creían que él era el Mesías.

En Juan 12 Jesús insistió en que él no hablaba por su propia cuenta, sino que hablaba las palabras mismas de Dios Padre. Reiteró que esas palabras de Dios llevan a la vida eterna:

«El que cree en mí —clamó Jesús con voz fuerte—, cree no sólo en mí sino en el que me envió. Y el que me ve a mí, ve al que me envió. Yo soy la luz que ha venido al mundo, para que todo el que crea en mí no viva en tinieblas.

»Si alguno escucha mis palabras, pero no las obedece, no seré yo quien lo juzgue; pues no vine a juzgar al mundo sino a salvarlo. El que me rechaza y no acepta mis palabras tiene quien lo juzgue. La palabra que yo he proclamado lo condenará en el día final. Yo no he hablado por mi propia cuenta; el Padre que me envió me ordenó qué decir y cómo decirlo. Y sé muy bien que su mandato es vida eterna. Así que todo lo que digo es lo que el Padre me ha ordenado decir» (Juan 12:44-50).

En el capítulo 13 el apóstol Juan comienza a describir los eventos que precedieron a la muerte y resurrección de Jesús. La Escritura desde este capítulo y hasta el último capítulo de Juan, ilumina muchas declaraciones de Jesús acerca de su relación con el Padre Dios. Yo ruego que lo siguiente te abra los ojos aún más para la verdad y la vida eterna.

Cierto día, Jesús estaba con sus discípulos reunidos. Él predijo que uno de ellos le traicionaría. Claro está, él se refería a Judas Iscariote. Jesús dijo:

«No me refiero a todos ustedes; yo sé a quiénes he escogido. Pero esto es para que se cumpla la Escritura: "El que comparte el pan conmigo me ha puesto la zancadilla."

»Les digo esto ahora, antes de que suceda, para que cuando suceda crean que yo soy. Ciertamente les aseguro que el que recibe al que yo envío me recibe a mí, y el que me recibe a mí recibe al que me envió» (Juan 13:18-20).

Jesús habló de la verdad. Si crees en Jesús, crees en Dios Padre ya que él envió a Jesús y le dijo lo que debía decir y hacer.

Si rechazas a Jesús, rechazas a Dios Padre, y de nuevo, saberlo o no, has hecho una decisión y aceptaste al diablo como tu padre, con consecuencias drásticas.

Jesús les dijo a sus discípulos:

«Mis queridos hijos, poco tiempo me queda para estar con ustedes. Me buscarán, y lo que antes les dije a los judíos, ahora se lo digo a ustedes: A donde yo voy, ustedes no pueden ir (Juan 13:33).

Ellos se quedaban preocupados.

—¿Y adónde vas, Señor? —preguntó Simón Pedro (Juan 13:36).

Ya ellos habían seguido a Jesús durante un par de años. Veían los milagros. Sin embargo, aún no comprendían que Jesús tenía que morir y vencer a esa muerte al ser resucitado por el poder del Espíritu Santo. Jesus les dijo muchas cosas que sólo tuvieron sentido después de su resurrección y ascensión al cielo. Él consoló a sus discípulos al decir:

«No se angustien. Confíen en Dios, y confíen también en mí. En el hogar de mi Padre hay muchas viviendas; si no fuera así, ya se lo habría dicho a ustedes. Voy a prepararles un lugar. Y si me voy y se lo preparo, vendré para llevármelos conmigo. Así ustedes estarán donde yo esté. Ustedes ya conocen el camino para ir a donde yo voy» (Juan 14:1-4).

Jesús les dijo a ellos y lo dice a los creyentes de todos los tiempos,«*No se angustien.*» Jesús dijo que en el hogar de su Padre hay muchas viviendas. Él regresaba a Dios, su Padre, e iba a preparar un lugar para todos aquellos que creen las palabras que él hablaba, según su Padre lo mandó.

> «*Y si me voy y se lo preparo, vendré para llevármelos conmigo. Así ustedes estarán donde yo esté*» *(Juan 14:3).*

Él volverá. Si todo lo demás que Jesús habló es cierto, entonces ten por cierto que es también verdad que Jesús volverá. ¡Él lo dijo! ¡Yo lo creo! Yo ruego que tú también lo creas.

Jesús dijo que hay solamente una manera de conocer a Dios Padre, y es mediante su Hijo.

> «*Yo soy el camino, la verdad y la vida —le contestó Jesús—. Nadie llega al Padre sino por mí*» *(Juan 14:6).*

Favor permita que ese versículo se grabe en tu corazón por la eternidad. Jesús, y sólo Jesús, es tu pasaporte para la vida eterna.

Favor recordar otro versículo que cité anteriormente:

> «*De hecho, en ningún otro hay salvación, porque no hay bajo el cielo otro nombre dado a los hombres mediante el cual podamos ser salvos*» *(Hechos 4:12).*

Favor notar las palabras «*no hay... otro nombre*». Hay muchas «religiones» en las cuales se sigue a sus líderes con devoción y donde su mensaje contradice a las enseñanzas de Jesús. Por desgracia, las tales personas están condenadas bajo la ira de Dios. No les agrada oír tal cosa. Intentan ponerle palabras en la boca de Dios de que él ama a todos y jamás condenaría a nadie por no creer en Jesús. Este libro ha citado versículo tras versículo en los cuales Jesús dice que él es el *único* camino a la vida eterna.

Hasta yo mismo pienso que parece injusto. Pero, ¿quién soy yo para disputar con Dios? Soy un ser humano, un ser creado con intelecto limitado. Sólo puedo creer lo que la Biblia me dice. Tú también tienes que hacer la misma elección.

Jesús dijo:

«Si ustedes realmente me conocieran, conocerían también a mi Padre. Y ya desde este momento lo conocen y lo han visto» (Juan 14:7).

Felipe, uno de los discípulos, dijo:

«Señor, muéstranos al Padre y con eso nos basta» (Juan 14:8).

Obviamente, estaban aún confundidos en cuanto a la relación de Jesús con Dios Padre.

«¡Pero, Felipe! ¿Tanto tiempo llevo ya entre ustedes, y todavía no me conoces? El que me ha visto a mí, ha visto al Padre. ¿Cómo puedes decirme: "Muéstranos al Padre"? ¿Acaso no crees que yo estoy en el Padre, y que el Padre está en mí? Las palabras que yo les comunico, no las hablo como cosa mía, sino que es el Padre, que está en mí, el que realiza sus obras» (Juan 14:9-11).

Estos versículos han sido interpretados de varias maneras. Yo creo que Jesús sencillamente declaraba que las palabras de su Padre eran pronunciadas por medio de él. Hay demasiados versículos en la Biblia en los cuales Jesús dice que él hace la obra de Dios Padre como para creer de otra manera.

Más tarde, nuevamente Jesús les dijo a los discípulos que él regresaba al Padre Dios. Aún les era difícil comprender quién era el Padre, y estaban preocupados por que Jesús les iba a dejar. Jesús dijo:

«Si ustedes me aman, obedecerán mis mandamientos. Y yo le pediré al Padre, y él les dará otro Consolador (el Espíritu Santo) para que los acompañe siempre» (Juan 14:15-16).

Dijo que Dios Padre, a petición de Jesús, enviaría al Consolador, el Espíritu Santo, quien estaría con ellos (y nosotros) para siempre. El Espíritu Santo se llama «el espíritu de verdad».

Luego Jesús dijo:

«Todo esto lo digo ahora que estoy con ustedes. Pero el Consolador, el Espíritu Santo, a quien el Padre enviará en mi

nombre, les enseñará todas las cosas y les hará recordar todo lo que les he dicho» (Juan 14:25-26).

Como se ha dicho, muchos insisten en que la gente que escribió la Biblia no tenía acceso a máquinas de escribir, computadoras, ni grabadoras, y cuestionan cómo podían escribir o recordar todas las palabras que habló Jesús. Para mí es sencillo. El Espíritu Santo, quien es Dios, simplemente les recordaba. No veo problema alguno en esto. Esto es Dios, el «YO SOY EL QUE SOY», obrando en los corazones de los hombres. Gracias a Dios que él no nos dejó sin la palabra escrita de Dios. ¿Cómo pudiéramos conocer la relación especial entre Jesús el Hijo y Dios Padre?

Pensando en ello, ¿cómo es que la Biblia nunca se lee? Cada uno de nosotros necesita animarse a leer la Biblia. Se me hace difícil comprender por qué los seres humanos gastan tanto tiempo en «diversiones», sean libros, televisión, el cine, deportes, computadoras —¡y dan tan poco tiempo a la Palabra de Dios! Yo no espero que ninguno lea la Biblia las veinticuatro horas del día. Pero, seguramente debemos darle alguna atención al Dios del universo. Pues, somos pecadores que merecemos su ira, sin embargo él dio su Hijo único, Jesús, como un regalo. Mas por alguna razón, que yo desconozco, muchos han rechazado su tan bondadosa oferta.

Hasta lo último en su vida en la tierra, Dios Padre estuvo al centro de la atención de Jesús, quien dijo:

«Ya me han oído decirles: "Me voy, pero vuelvo a ustedes." Si me amaran, se alegrarían de que voy al Padre, porque el Padre es más grande que yo. Y les he dicho esto ahora, antes de que suceda, para que cuando suceda, crean. Ya no hablaré más con ustedes, porque viene el príncipe de este mundo. Él no tiene ningún dominio sobre mí, pero el mundo tiene que saber que amo al Padre, y que hago exactamente lo que él me ha ordenado que haga» (Juan 14:28-31).

Favor notar que Jesús dijo, *«el Padre es más grande que yo.»* También dijo, *«yo hago exactamente lo que él me ha ordenado que haga.»*

Un poco después Jesús dijo:

«Ya no los llamo siervos, porque el siervo no está al tanto de lo que hace su amo; los he llamado amigos, porque todo lo que a mi Padre le oí decir se lo he dado a conocer a ustedes» (Juan 15:15).

Jesús les dio instrucciones sobre la manera de vivir que conviene a sus seguidores. En particular, él pronuncia unas percepciones que, por desgracia, se destacan especialmente en este principio de siglo veintiuno:

«Si el mundo los aborrece, tengan presente que antes que a ustedes, me aborreció a mí. Si fueran del mundo, el mundo los querría como a los suyos. Pero ustedes no son del mundo, sino que yo los he escogido de entre el mundo. Por eso el mundo los aborrece. Recuerden lo que les dije: "Ningún siervo es más que su amo." Si a mí me han perseguido, también a ustedes los perseguirán. Si han obedecido mis enseñanzas, también obedecerán las de ustedes. Los tratarán así por causa de mi nombre, porque no conocen al que me envió. Si yo no hubiera venido ni les hubiera hablado, no serían culpables de pecado. Pero ahora no tienen excusa por su pecado. El que me aborrece a mí, también aborrece a mi Padre. Si yo no hubiera hecho entre ellos las obras que ningún otro antes ha realizado, no serían culpables de pecado. Pero ahora las han visto, y sin embargo a mí y a mi Padre nos han aborrecido. Pero esto sucede para que se cumpla lo que está escrito en la ley de ellos: "Me odiaron sin motivo"» (Juan 15:18-25).

Jesús dijo que sus seguidores sufrirían persecución. A las personas que creen en Jesucristo y sus mandamientos se nos tienen por extremistas. Nosotros, los cristianos que creemos de verdad, comprendemos las razones. Los del mundo secular, cuyos pensamientos están dirigidos por el diablo, dicen que los cristianos estamos errados en nuestro punto de vista sobre el aborto, la homosexualidad y el sexo fuera del matrimonio. El mundo secular nos dice que los seres humanos tienen derecho a hacer lo que quieran con sus cuerpos, pero ello no concuerda con la Palabra de Dios. Cuando una vez se conoce el pensar de Dios mediante la obra del Espíritu Santo, tales temas como el aborto, la homosexualidad, y el sexo sin matrimonio se hacen más claras.

Jesús dijo:

«Si a mí me han perseguido, también a ustedes los perseguirán.» *(Juan 15:20).*

Yo, por cierto, no he enfrentado la persecución como la conoció Jesús, pero seguramente he sido burlado por mis creencias. Pero comprendo que las burlas provienen del mundo secular que no tiene al Espíritu Santo de Dios en su interior.

Jesús también dijo:

«Los tratarán así por causa de mi nombre, porque no conocen al (Padre Dios) que me envió» *(Juan 15:21).*

Jesús dijo que tanto él como Dios Padre eran odiados.

«El que me aborrece a mí, también aborrece a mi Padre. Si yo no hubiera hecho entre ellos las obras que ningún otro antes ha realizado, no serían culpables de pecado. Pero ahora las han visto, y sin embargo a mí y a mi Padre nos han aborrecido» *(Juan 15:23-24).*

Jesús a continuación advirtió a sus discípulos que venía tiempo cuando cualquiera que les matara lo tendría como un servicio a Dios.

«Los expulsarán de las sinagogas; y hasta viene el día en que cualquiera que los mate pensará que le está prestando un servicio a Dios. Actuarán de este modo porque no nos han conocido ni al Padre ni a mí. Y les digo esto para que cuando llegue ese día se acuerden de que ya se lo había advertido. Sin embargo, no les dije esto al principio porque yo estaba con ustedes» *(Juan 16:2-4).*

Jesús dijo que el motivo de esto es que no han conocido ni a Dios Padre ni a Jesús. El mundo secular se burla de los cristianos porque ellos (los del mundo) sencillamente no conocen a Dios Padre, ni a Dios Hijo, ni a Dios el Espíritu Santo. El mundo secular ha sido saturado de las mentiras del diablo, quien es el padre de toda mentira.

De nuevo, el propósito principal de este libro es de declarar la historia de la salvación mediante Jesucristo. Yo podría escribir multiplicados tomos sobre la desobediencia humana hacia Dios Padre, ¡lo cual se llama pecado! Este libro trata de las *buenas nuevas* que Dios Padre está dispuesto a perdonar todos tus pecados si tan solo crees en su Hijo, Jesús. ¡Es tan sencillo!

> *El Señor no tarda en cumplir su promesa, según entienden algunos la tardanza. Más bien, él tiene paciencia con ustedes, porque no quiere que nadie perezca sino que todos se arrepientan (2da Pedro 3:9).*

Jesús les dijo a sus seguidores que él regresaba a su Padre. Dijo:

> *«Ahora vuelvo al que me envió, pero ninguno de ustedes me pregunta: "¿A dónde vas?"» (Juan 16:5)*

Luego Jesús dijo:

> *«...voy al Padre y ustedes ya no podrán verme» (Juan 16:10).*

> *«Salí del Padre y vine al mundo; ahora dejo de nuevo el mundo y vuelvo al Padre» (Juan 16:28).*

Espero que este capítulo te ha mostrado una relación especial que existe entre Dios Padre y Jesús, su Hijo. El Padre Dios envió a Jesús en misión de morir como Cordero sacrificado sobre una antigua y rústica cruz por los pecados tuyos y los míos. Las declaraciones arriba fueron hechos por Jesús cuando ya su ministerio llegaba a su culminación. Jesús estaba diciendo a sus seguidores que ya era tiempo de volver a su casa para estar con Dios, su Padre.

Sin embargo, no nos abandonó! No nos dejó como huérfanos. Nos dejó con la tercera parte de la trinidad, Dios el Espíritu Santo:

«Pero les digo la verdad: Les conviene que me vaya porque, si no lo hago, el Consolador no vendrá a ustedes; en cambio, si me voy, se lo enviaré a ustedes. Y cuando él venga, convencerá al mundo de su error en cuanto al pecado, a la justicia y al juicio» *(Juan 16:7-8).*

Y Jesús dijo que el Espíritu Santo nos ha de guiar a toda la verdad:

«Pero cuando venga el Espíritu de la verdad, él los guiará a toda la verdad, porque no hablará por su propia cuenta sino que dirá sólo lo que oiga y les anunciará las cosas por venir» *(Juan 16:13).*

Aunque este capítulo ha enfocado a Dios Padre y su relación con Jesús, debo enfatizar que jamás conoceríamos esta relación sin la obra interior del Espíritu Santo. Él nos guiará a cada uno en toda la verdad si sencillamente le permitimos introducirnos al plan de la salvación.

En el capítulo 3, me concentré en el hecho de que, de buscar a Dios, lo encontrarás. Es la obra del Espíritu Santo la que premiará tus esfuerzos y te llevará a la vida eterna.

Ahora quisiera que leas todo el capítulo 17 de Juan. Se llama la «oración sacerdotal». A Jesús, el Hijo de Dios, le faltaban días para que fuera crucificado. Estaba por realizarse el propósito principal de su misión terrenal.

Hasta ahora hemos visto que Jesús fue un Hijo obediente para Dios su Padre. Hacia el fin de su vida Jesús hizo una oración de alcance inmenso. Simplemente te pido que, con oración y cuidado, comprendas la hermosa relación entre Dios Padre y Jesús su Hijo. Te pido que procures comprender el amor y la preocupación de Jesús por aquellos que creen en él. Favor leerlo con calma, pausadamente, meditando cada frase y palabra.

Después de que Jesús dijo esto, dirigió la mirada al cielo y oró así:

«Padre, ha llegado la hora. Glorifica a tu Hijo, para que tu Hijo te glorifique a ti, ya que le has conferido autoridad sobre

todo mortal para que él les conceda vida eterna a todos los que le has dado. Y ésta es la vida eterna: que te conozcan a ti, el único Dios verdadero, y a Jesucristo, a quien tú has enviado. Yo te he glorificado en la tierra, y he llevado a cabo la obra que me encomendaste. Y ahora, Padre, glorifícame en tu presencia con la gloria que tuve contigo antes de que el mundo existiera.

»A los que me diste del mundo les he revelado quién eres. Eran tuyos; tú me los diste y ellos han obedecido tu palabra. Ahora saben que todo lo que me has dado viene de ti, porque les he entregado las palabras que me diste, y ellos las aceptaron; saben con certeza que salí de ti, y han creído que tú me enviaste. Ruego por ellos. No ruego por el mundo, sino por los que me has dado, porque son tuyos. Todo lo que yo tengo es tuyo, y todo lo que tú tienes es mío; y por medio de ellos he sido glorificado. Ya no voy a estar por más tiempo en el mundo, pero ellos están todavía en el mundo, y yo vuelvo a ti. Padre santo, protégelos con el poder de tu nombre, el nombre que me diste, para que sean uno, lo mismo que nosotros. Mientras estaba con ellos, los protegía y los preservaba mediante el nombre que me diste, y ninguno se perdió sino aquel que nació para perderse, a fin de que se cumpliera la Escritura.

»Ahora vuelvo a ti, pero digo estas cosas mientras todavía estoy en el mundo, para que tengan mi alegría en plenitud. Yo les he entregado tu palabra, y el mundo los ha odiado porque no son del mundo, como tampoco yo soy del mundo. No te pido que los quites del mundo, sino que los protejas del maligno. Ellos no son del mundo, como tampoco lo soy yo. Santifícalos en la verdad; tu palabra es la verdad. Como tú me enviaste al mundo, yo los envío también al mundo. Y por ellos me santifico a mí mismo, para que también ellos sean santificados en la verdad.

»No ruego sólo por éstos. Ruego también por los que han de creer en mí por el mensaje de ellos, para que todos sean uno. Padre, así como tú estás en mí y yo en ti, permite que ellos también estén en nosotros, para que el mundo crea que tú me

has enviado. Yo les he dado la gloria que me diste, para que sean uno, así como nosotros somos uno: yo en ellos y tú en mí. Permite que alcancen la perfección en la unidad, y así el mundo reconozca que tú me enviaste y que los has amado a ellos tal como me has amado a mí.

»Padre, quiero que los que me has dado estén conmigo donde yo estoy. Que vean mi gloria que me has dado porque me amaste desde antes de la creación del mundo.

»Padre justo, aunque el mundo no te conoce, yo sí te conozco, y éstos reconocen que tú me enviaste. Yo les he dado a conocer quién eres, y seguiré haciéndolo, para que el amor con que me has amado esté en ellos, y yo mismo esté en ellos» (Juan 17:1-26).

¿Es de maravillarse de que millones de millones adoran a este Jesús a diario? Yo creo en él. Y he escrito este libro —*Es tan sencillo*— para presentarte a mi Salvador.

En los capítulos del 18 al 21 del evangelio que escribió Juan nos cuenta del arresto de Jesús, de su crucifixión y resurrección. Durante su interrogación por un gobernador romano llamado Pilato, Jesús respondió a ciertas preguntas así:

—Mi reino no es de este mundo —contestó Jesús—. Si lo fuera, mis propios guardias pelearían para impedir que los judíos me arrestaran. Pero mi reino no es de este mundo.

—¡Así que eres rey! —le dijo Pilato.

—Eres tú quien dice que soy rey. Yo para esto nací, y para esto vine al mundo: para dar testimonio de la verdad. Todo el que está de parte de la verdad escucha mi voz.

—¿Y qué es la verdad? —preguntó Pilato.

Dicho esto, salió otra vez a ver a los judíos.

—Yo no encuentro que éste sea culpable de nada —declaró (Juan 18:36-38).

Jesús dijo que su reino no es de este mundo. Él vino al mundo para dar testimonio de la verdad.

El mundo no expone la verdad. Expone más bien una «verdad aguada», que más corrientemente se conocen como mentiras. El diablo es el príncipe de este mundo ¡y lo será hasta que Jesús vuelve por segunda vez!

Pero, aunque el diablo aún está en el mundo, favor leer lo que el Espíritu Santo inspiró al apóstol Juan a escribir:

Ustedes, queridos hijos, son de Dios y han vencido a esos falsos profetas, porque el que está en ustedes es más poderoso que el que está en el mundo. Ellos son del mundo; por eso hablan desde el punto de vista del mundo, y el mundo los escucha. Nosotros somos de Dios, y todo el que conoce a Dios nos escucha; pero el que no es de Dios no nos escucha. Así distinguimos entre el Espíritu de la verdad y el espíritu del engaño (1ra Juan 4:4-6).

¡Hay un Espíritu de la verdad! ¡Hay un espíritu del engaño! Y no hay terreno intermedio. ¡Tienes que elegir! ¿Crees tú en el Padre Dios y en lo que Jesús, su Hijo dijo e hizo? ¿O te inclinas más bien hacia las enseñanzas del mundo? Tienes que hacer una elección tocante a la vida eterna.

Jesús fue crucificado porque se dijo ser el Hijo de Dios.

—Nosotros tenemos una ley, y según esa ley debe morir, porque se ha hecho pasar por Hijo de Dios —insistieron los judíos (Juan 19:7).

Él no fue crucificado por ninguna otra razón. Jesús fue obediente a su Padre aún a la muerte en una cruz.

¡Tanto más podría decirse!

Yo comencé este capítulo diciendo que nunca comprenderemos a plenitud toda la naturaleza de Dios. ¿Cómo comprende uno la deidad del Dios trino? ¿Cómo comprende uno a plenitud por qué el Padre Dios envió a su Hijo único para morir en una cruz por nuestros pecados? ¿Quién es Dios? ¿Cómo puede ser el Alfa y la Omega sin principio y sin fin?

Podrías agregar a la lista miles de interrogativas intrigantes y sin respuesta. Sin embargo, y a pesar de todo, la Biblia ha pintado un solo cuadro sencillo. Dios el Padre envió a su Hijo único para que muriera en una cruz como única posibilidad de obtener la vida eterna.

«Porque tanto amó Dios al mundo, que dio a su Hijo unigénito, para que todo el que cree en él no se pierda, sino que tenga vida eterna. Dios no envió a su Hijo al mundo para condenar al mundo, sino para salvarlo por medio de él» (Juan 3:16-17).

Yo no pronuncié esas palabras. ¡Las dijo Jesús!

Este libro, *Es tan sencillo,* no puede responder a tus preguntas profundas acerca de Dios. Sólo Dios puede hacerlo. Para el tiempo presente él ha elegido guardar silencio con respecto a muchos temas. Como dijera Pablo:

Ahora vemos de manera indirecta y velada, como en un espejo; pero entonces veremos cara a cara. Ahora conozco de manera imperfecta, pero entonces conoceré tal y como soy conocido (1ra Corintios 13:12).

¡Qué profundas son las riquezas de la sabiduría y del conocimiento de Dios! ¡Qué indescifrables sus juicios e impenetrables sus caminos! (Romanos 11:33)

¿Cuál de nosotros puede comprender la profundidad de Dios? La respuesta es: ¡ninguno!

Pero él nos ha dejado información suficiente acerca de su plan de salvación que lleva a la vida eterna. Muchos de nosotros sabemos, sin lugar a dudas, que hemos «nacido de nuevo» y que la vida eterna nos será dada gratuitamente cuando se acaba nuestra vida terrenal.

Yo he presentado versículos bíblicos para convencerte del plan de salvación de Dios. Estos versículos declaran que si buscas a Dios con todo tu corazón y toda tu alma, lo hallarás.

Yo he hablado de la obra del Espíritu Santo quien responderá a tu búsqueda. Este es el Espíritu Santo de Dios quien conoce el pensamiento de Dios y quien está dispuesto a introducirnos en los pensamientos más profundos de Dios.

Este capítulo ha hablado de Dios Padre, el Autor del plan de salvación, y de su relación con su Hijo, Jesús, a quien él envió para morir por nuestros pecados.

Yo creo que la evidencia es abrumadora y señala a Jesús como el que es precisamente lo que dijo ser. Claro está, la decisión es tuya. Ni las palabras que yo escribo ni los versículos bíblicos que cito habrán de tener significado alguno a menos que tú permitas que el Espíritu Santo abra tu entendimiento para la verdad.

El próximo capítulo presentará los testigos al plan de salvación. Luego, en el capítulo 6, Jesús en persona nos hablará acerca del plan de salvación y de su promesa de la vida eterna.

Él nos dirá, Es tan sencillo.

5 | Testigos del plan de salvación

Antes de seguir, necesito tratar un tema que continuamente surge entre las personas que dudan de la autenticidad de la Biblia.

Este libro cita muchos versículos del Nuevo Testamento que fueron escritos por hombres de vida muy distinta entre sí. ¿Por qué se debiera creer a esos hombres o sus declaraciones? Los no creyentes alegan que tales hombres eran fanáticos que ciegamente seguían a un hombre que se llamaba Jesús. Dicen que por toda la historia siempre había personas con nuevas ideas a quienes los hombres y las mujeres han seguido ciega y fanáticamente hasta la muerte.

Aquellos no creyentes cuestionan cómo esos hombres podían recordar todo lo que Jesús dijo e hizo. Pues, no había tales cosas como computadoras o máquinas de escribir, grabadoras, radios ni televisores.

Yo no puedo comprobarte nada. Sólo puedo guiarte hacia unos argumentos convincentes. En el primer capítulo te pedí que guardaras la mente abierta frente a las declaraciones de este libro. ¿Qué hay que perder? La mayoría de los libros que lees no te ofrecen un premio sencillamente por leer el libro. ¡Este sí lo hace!

La Biblia habla de asuntos espirituales, no seculares ni de este mundo. Claro que ha habido personas por toda la historia que han seguido fanáticamente a un líder en causas mundanas. Este capítulo trata de hombres que siguieron a un líder llamado Jesús por una causa espiritual, una que lleva a la vida eterna para todos los que creen. Creo que quedarás impresionado con lo que escribieron.

El apóstol Juan escribió:

Ustedes, queridos hijos, son de Dios y han vencido a esos falsos profetas, porque el que está en ustedes es más poderoso que el que está en el mundo. Ellos son del mundo; por eso hablan desde el punto de vista del mundo, y el mundo los escucha. Nosotros somos de Dios, y todo el que conoce a Dios nos escucha; pero el que no es de Dios no nos escucha. Así distinguimos entre el Espíritu de la verdad y el espíritu del engaño (1ra Juan 4:4-6).

La Biblia habla con frecuencia del Espíritu de la verdad y el espíritu del engaño. Quiero que conozcas al Espíritu de la verdad quien conduce a la vida eterna.

Este libro no puede tratar a todo escritor de algún libro en la Biblia. Pero quiero presentarte a algunos de ellos y a lo que escribieron acerca del plan de salvación. Principalmente, quisiera tratar a los apóstoles Juan, Pedro y Pablo. Cada cual, de alguna manera, fue elegido específicamente por Dios. Cada uno respondió, siguió a Jesús y luego puso las palabras y acciones de Jesús en varios libros en el Nuevo Testamento de la Biblia.

Juan y Pedro, pescadores sin preparación académica, eran dos de los discípulos originales escogidos por Jesús. Anduvieron con Jesús aproximadamente tres años, desde el tiempo del comienzo de su ministerio a la edad de treinta años hasta su muerte y resurrección.

Pablo entró al cuadro después que Jesús ascendió al cielo. Él era un judío bien instruido quien andaba de lugar en lugar persiguiendo a la comunidad cristiana en sus comienzos. Él fue convertido milagrosamente en el camino a Damasco.

Repito que estos tres hombres tenían conocimiento inmediato y personal de Jesús. Juan y Pedro anduvieron y conversaron con

Jesús durante tres años. Pablo conoció a Jesús en su milagrosa conversión. Al tiempo vino a formar parte de la comunidad cristiana primitiva. En lugar de perseguir a los cristianos, él llegó a ser el principal campeón del cristianismo.

La Deidad consiste en Dios Padre, Jesús el Hijo, y el Espíritu Santo. El Espíritu Santo es el Espíritu de Dios que es el instrumento que nos guía a las verdades acerca de Dios y de Jesús, su Hijo.

Jesús les dijo a sus seguidores:

Pero el Consolador, el Espíritu Santo, a quien el Padre enviará en mi nombre, les enseñará todas las cosas y les hará recordar todo lo que les he dicho (Juan 14:26).

Juan, Pedro y Pablo podían escribir acerca de las palabras y hechos de Jesús porque el Espíritu Santo les recordaba todo lo que Jesús dijo e hizo.

Después de su muerte y resurrección, Jesús se apareció durante cuarenta días a los discípulos que había escogido. En lo que sigue, favor notar el poder que está disponible a cada uno de nosotros cuando permitimos que el Espíritu Santo dirija nuestros pasos.

El libro de los Hechos fue escrito por un hombre que se llamaba Lucas, compañero de Pablo.

Estimado Teófilo, en mi primer libro me referí a todo lo que Jesús comenzó a hacer y enseñar hasta el día en que fue llevado al cielo, luego de darles instrucciones por medio del Espíritu Santo a los apóstoles que había escogido. Después de padecer la muerte, se les presentó dándoles muchas pruebas convincentes de que estaba vivo. Durante cuarenta días se les apareció y les habló acerca del reino de Dios. Una vez, mientras comía con ellos, les ordenó:

—No se alejen de Jerusalén, sino esperen la promesa del Padre, de la cual les he hablado: Juan bautizó con agua, pero dentro de pocos días ustedes serán bautizados con el Espíritu Santo (Hechos 1:1-5).

Jesús dijo que ellos no debieran dejar a Jerusalén sino que esperasen el prometido don del Espíritu Santo.

En Hechos 2 leemos:

Cuando llegó el día de Pentecostés, estaban todos juntos en el mismo lugar. De repente, vino del cielo un ruido como el de una violenta ráfaga de viento y llenó toda la casa donde estaban reunidos. Se les aparecieron entonces unas lenguas como de fuego que se repartieron y se posaron sobre cada uno de ellos. Todos fueron llenos del Espíritu Santo y comenzaron a hablar en diferentes lenguas, según el Espíritu les concedía expresarse.

Estaban de visita en Jerusalén judíos piadosos, procedentes de todas las naciones de la tierra. Al oír aquel bullicio, se agolparon y quedaron todos pasmados porque cada uno los escuchaba hablar en su propio idioma. Deconcertados y maravillados, decían:

«¿No son galileos todos estos que están hablando? ¿Cómo es que cada uno de nosotros los oye hablar en su lengua materna? Partos, medos y elamitas; habitantes de Mesopotamia, de Judea y de Capadocia, del Ponto y de Asia, de Frigia y de Panfilia, de Egipto y de las regiones de Libia cercanas a Cirene; visitantes llegados de Roma; judíos y prosélitos; cretenses y árabes: ¡todos por igual los oímos proclamar en nuestra propia lengua las maravillas de Dios!»

Desconcertados y perplejos, se preguntaban: «¿Qué quiere decir esto?»

Otros se burlaban y decían; «Lo que pasa es que están borrachos» (Hechos 2:1-13).

Los apóstoles, incluyendo a Juan y a Pedro, fueron llenos del Espíritu Santo y comenzaron a hablar en otras lenguas. La gente decía que los apóstoles estaban declarando las maravillas de Dios en sus propias lenguas. Juan y Pedro no eran graduados de la universidad. En realidad, la Biblia declara que eran «gente sin estudios ni preparación».

Al ver la osadía con que hablaban Pedro y Juan, y al darse cuenta de que eran gente sin estudios ni preparación, quedaron asombrados y reconocieron que habían estado con Jesús (Hechos 4:13).

Tienes que formar una opinión en cuanto al significado de todo esto.

Jesús proclamó:

Pero el Consolador, el Espíritu Santo, a quien el Padre enviará en mi nombre, les enseñará todas las cosas y les hará recordar todo lo que les he dicho (Juan 14:26).

Jesús les dijo a los discípulos que esperasen en Jerusalén hasta que llegara el don que su Padre (Dios) prometió. En Hechos 2 se detalla:

De repente, vino del cielo un ruido como el de una violenta ráfaga de viento y llenó toda la casa donde estaban reunidos. Se les aparecieron entonces unas lenguas como de fuego que se repartieron y se posaron sobre cada uno de ellos. Todos fueron llenos del Espíritu Santo y comenzaron a hablar en diferentes lenguas, según el Espíritu les concedía expresarse (Hechos 2:2-4).

¡Sucedió algo especial ese día! Tienes que decidir si Pedro y Juan fueron llenos de vino o llenos del Espíritu Santo de Dios. ¿Fueron llenos del Espíritu Santo al punto de poder en verdad recordar todo lo que Jesús había enseñado? ¿Luego, eventualmente, pusieron las palabras y enseñanzas de Jesús en los libros de la Biblia?

En espíritu de oración, favor avalorar lo que cada uno de estos hombres dijo acerca de sus experiencias con Jesús.

Pedro dijo:

Cuando les dimos a conocer la venida de nuestro Señor Jesucristo en todo su poder, no estábamos siguiendo sutiles cuentos supersticiosos sino dando testimonio de su grandeza, que vimos con nuestros propios ojos. Él recibió honor y gloria de parte de Dios el Padre, cuando desde la majestuosa gloria se le dirigió aquella voz que dijo: «Este es mi Hijo amado; estoy muy complacido con él.»

Nosotros mismos oímos esa voz que vino del cielo cuando estábamos con él en el monte santo (2da Pedro 1:16-18).

Pablo escribió:

Quiero que sepan, hermanos, que el evangelio que yo predico no es invención humana. No lo recibí ni lo aprendí de ningún ser humano, sino que me llegó por revelación de Jesucristo (Gálatas 1:11-12).

Juan escribió:

Lo que ha sido desde el principio, lo que hemos oído, lo que hemos visto con nuestros propios ojos, lo que hemos contemplado, lo que hemos tocado con las manos, esto les anunciamos respecto al Verbo que es vida. Esta vida se manifestó. Nosotros la hemos visto y damos testimonio de ella, y les anunciamos a ustedes la vida eterna que estaba con el Padre y que se nos ha manifestado. Les anunciamos lo que hemos visto y oído, para que también ustedes tengan comunión con nosotros. Y nuestra comunión es con el Padre y con su Hijo Jesucristo (1ra Juan 1:1-3).

Estoy seguro de que tú tienes amigos a los cuales has conocido por mucho tiempo. Lo más probable, podrías escribir acertadamente acerca de recuerdos y recontar eventos que ocurrieron durante su amistad. ¿Por qué, entonces, la gente duda de que estos tres testigos, y otros, hayan podido escribir con acierto sobre eventos relacionados con Dios Padre, Jesús el Hijo, y el Espíritu Santo?

En 1ra Corintios 2, Pablo escribió:

Ahora bien, Dios nos ha revelado esto por medio de su Espíritu, pues el Espíritu lo examina todo, hasta las profundidades de Dios. En efecto, ¿quién conoce los pensamientos del ser humano sino su propio espíritu que está en él? Así mismo, nadie conoce los pensamientos de Dios sino el Espíritu de Dios. Nosotros no hemos recibido el espíritu del mundo sino el Espíritu que procede de Dios, para que entendamos lo que por su gracia él nos ha concedido. Esto es precisamente de lo que hablamos, no con las palabras que enseña la sabiduría humana sino con las que enseña el Espíritu, de modo que expresamos verdades espirituales en términos espirituales (1ra Corintios 2:10-13).

Pedro, Juan y Pablo fueron enseñados en «las profundidades de Dios», y entonces escribieron libros para contarnos lo que habían escuchado y visto.

Pablo dice:

> *El que no tiene el Espíritu no acepta lo que procede del Espíritu de Dios, pues para él es locura. No puede entenderlo, porque hay que discernirlo espiritualmente (1ra Corintios 2:14).*

Sinceramente ruego que tú aceptes al Espíritu Santo de Dios y le permitas guiarte en las profundas verdades espirituales.

Ten por cierto que, si buscas, el Espíritu Santo te guiará a conocer estas verdades espirituales acerca de Dios.

Ahora, quiero presentarte a estos tres testigos llamados Juan, Pedro y Pablo. Favor recordar que estos hombres escribieron palabras inspiradas por el Espíritu Santo quien es el Espíritu de Dios.

¡Es tan sencillo!

A. Juan — Testigo del plan de salvación

Juan el apóstol era pescador.

> *Más adelante vio a otros dos hermanos: Jacobo y Juan, hijos de Zebedeo, que estaban con su padre en una barca remendando las redes. Jesús los llamó… (Mateo 4:21).*

Juan no era hombre de mucha preparación, sin embargo el Espíritu Santo lo habilitó para escribir cinco libros: el evangelio según Juan, tres epístolas y el Apocalipsis.

> *Al ver la osadía con que hablaban Pedro y Juan, y al darse cuenta de que eran gente sin estudios ni preparación, quedaron asombrados y reconocieron que habían estado con Jesús (Hechos 4:13).*

El evangelio por Juan se ha llamado el libro de la salvación. Contiene el texto más citado en toda la Biblia:

> *«Tanto amó Dios al mundo, que dio a su Hijo unigénito, para que todo el que cree en él no se pierda, sino que tenga vida eterna» (Juan 3:16).*

Las epístolas son tres libros cortos que se han descrito como un apéndice al evangelio por Juan. Nos recuerdan de lo que Juan vio y aprendió de Jesús.

El Apocalipsis es el último libro de la Biblia. Describe como a Juan le fue dada una revelación tocante al fin del tiempo. Cuenta cómo Jesús volverá nuevamente, no ya como bebé en un pesebre, sino como Rey todopoderoso. Aquellos que creen en él y en el mensaje de salvación vivirán eternamente con él. Los que no creen irán a la condenación eterna.

En 1ra Juan 1, Juan escribió de su relación con Jesús como testigo ocular:

Lo que ha sido desde el principio, lo que hemos oído, lo que hemos visto con nuestros propios ojos, lo que hemos contemplado, lo que hemos tocado con las manos, esto les anunciamos respecto al Verbo que es vida. Esta vida se manifestó. Nosotros la hemos visto y damos testimonio de ella, y les anunciamos a ustedes la vida eterna que estaba con el Padre y que se nos ha manifestado. Les anunciamos lo que hemos visto y oído, para que también ustedes tengan comunión con nosotros. Y nuestra comunión es con el Padre y con su Hijo Jesucristo. Les escribimos estas cosas para que nuestra alegría sea completa (1ra Juan 1:1-4).

Respecto a lo de arriba te recuerdo que el Espíritu Santo fue enviado a la tierra para capacitar a Juan para recordar todas las cosas.

Pero el Consolador. el Espíritu Santo, a quien el Padre enviará en mi nombre, les enseñará todas las cosas y les hará recordar todo lo que les he dicho (Juan 14:26).

Juan, aquel pescador sin preparación, escribió del plan de salvación y de la vida eterna según lo oyó de Jesús.

Tienes que decidir por ti mismo si este «testigo» realmente escuchó, vio y tocó al Hijo único de Dios, llamado Jesús. Debes decidir si el evangelio por Juan, así como sus tres epístolas y el Apocalipsis, fueron escritos por un hombre que había andado con Jesús o, si él, por alguna razón desconocida, inventó la historia. Yo, personalmente, creo que Juan tuvo el maravilloso privilegio de acompañar a Jesús cuando éste visitó la tierra. Juan, dirigido por el Espíritu Santo de Dios, quiere compartir las «buenas nuevas» con cada uno de nosotros. Mi ruego es que tú estés de acuerdo en que Juan vio a Dios encarnado. Al avalorar estos versículos, favor recordar que este testigo anduvo y habló con Jesús a diario.

El evangelio por Juan

En el principio ya existía el Verbo, y el Verbo estaba con Dios, y el Verbo era Dios. Él estaba con Dios en el principio.

Por medio de él (Jesús) todas las cosas fueron creadas; sin él, nada de lo creado llegó a existir (Juan 1:1-3).

Juan declara que Jesús ha existido desde el principio del tiempo y que todas las cosas en el universo fueron hechas por él. También declara que el Verbo (Jesús) es Dios:

El que era la luz ya estaba en el mundo, y el mundo fue creado por medio de él, pero el mundo no lo reconoció. Vino a lo que era suyo, pero los suyos no lo recibieron. Mas a cuantos lo recibieron, a los que creen en su nombre, les dio el derecho de ser hijos de Dios (Juan 1:10-12).

Aunque Jesús es el Creador del mundo, la humanidad no le conoció ni le recibió. Sin embargo, para los que creen en él, él les da el derecho de ser hijos de Dios.

El Verbo (Jesús) se hizo hombre y habitó entre nosotros. Y hemos contemplado su gloria, la gloria que corresponde al Hijo unigénito del Padre, lleno de gracia y de verdad (Juan 1:14).

El Creador del universo, este Dios magnífico, se hizo humano y por un tiempo breve vivió entre nosotros. Jesús vino de Dios Padre lleno de gracia y de verdad.

A Dios nadie lo ha visto nunca; el Hijo unigénito, que es Dios y que vive en unión íntima con el Padre, nos lo ha dado a conocer (Juan 1:18).

Solamente Jesús ha visto a Dios Padre, y él ahora reside al lado del Padre. Juan declara que Jesús resucitó de la muerte terrenal y volvió a ascender al cielo desde donde había venido al principio.

Al día siguiente Juan vio a Jesús que se acercaba a él, y dijo: «¡Aquí tienen al Cordero de Dios, que quita el pecado del mundo!» (Juan 1:29).

En este versículo Juan cita las palabras de Juan el Bautista. En el tiempo de Jesús los judíos sacrificaban animales y aves como recordatorio de los pecados. En este versículo, Jesús se llama el Cordero de Dios para sacrificio quien quita el pecado del mundo. Favor notar que Jesús se llama el Cordero de Dios. El perfecto Hijo de Dios fue sacrificado por tus pecados y por los míos. Ruego que reconozcas y aprecies la importancia de este acto.

«De éste hablaba yo cuando dije: "Después de mí viene un hombre que es superior a mí, porque existía antes que yo"» (Juan 1:30).

En este versículo, se cita a Juan Bautista cuando dice que Jesús existía antes que él, a pesar de que Juan Bautista nació antes que Jesús.

Al día siguiente, Jesús decidió salir hacia Galilea. Se encontró con Felipe, y lo llamó:

—Sígueme.

Felipe era del pueblo de Betsaida, lo mismo que Andrés y Pedro. Felipe buscó a Natanael y le dijo:

—Hemos encontrado a Jesús de Nazaret, el hijo de José, aquel de quien escribió Moisés en la ley, y de quien escribieron los profetas.

—¡De Nazaret! —replicó Natanael—. ¿Acaso de allí puede salir algo bueno?

—Ven a ver —le contestó Felipe.

Cuando Jesús vio que Natanael se le acercaba, comentó:

—Aquí tienen a un verdadero israelita, en quien no hay falsedad.

—*¿De dónde me conoces?* —*le preguntó Natanael.*

—*Antes de que Felipe te llamara, cuando aún estabas bajo la higuera, ya te había visto.*

—*Rabí, ¡tú eres el Hijo de Dios! ¡Tú eres el Rey de Israel!* —*declaró Natanael.*

—*¿Lo crees por que te dije que te vi cuando estabas debajo de la higuera? ¡Vas a ver aun cosas más grandes que éstas!*

Y añadió:

—*Ciertamente les aseguro que ustedes verán abrirse el cielo, y a los ángeles de Dios subir y bajar sobre el Hijo del hombre (Juan 1:43-51).*

Juan describe el «llamamiento» de uno de los seguidores de Jesús llamado Natanael. Jesús dijo conocer a Natanael antes de haberlo visto. También dijo tener una relación especial con Dios Padre. Favor notar que él habló de ángeles que ascenderían y descenderían sobre él.

Cuando se aproximaba la Pascua de los judíos, subió Jesús a Jerusalén. Y en el templo halló a los que vendían bueyes, ovejas y palomas, e instalados en sus mesas a los que cambiaban dinero. Entonces, haciendo un látigo de cuerdas, echó a todos del templo, juntamente con sus ovejas y sus bueyes; regó por el suelo las monedas de los que cambiaban dinero y derribó sus mesas. A los que vendían las palomas les dijo:

—*¡Saquen esto de aquí! ¿Cómo se atreven a convertir la casa de mi Padre en un mercado? (Juan 2:13-16)*

Favor notar que Jesús se alarmó de que «la casa [de adoración] de su Padre» fue usada por propósitos que no fueran adoración. Juan menciona la reacción:

Entonces los judíos reaccionaron, preguntándole:

—*¿Qué señal puedes mostrarnos para actuar de esta manera?*

—Destruyan este templo —respondió Jesús—, y lo levantaré de nuevo en tres días.

—Tardaron cuarenta y seis años en construir este templo, ¿y tú vas a levantarlo en tres días?

Pero el templo al que se refería era su propio cuerpo. Así, pues, cuando se levantó de entre los muertos, sus discípulos se acordaron de lo que había dicho, y creyeron en la Escritura y en las palabras de Jesús.

Mientras estaba en Jerusalén, durante la fiesta de la Pascua, muchos creyeron en su nombre al ver las señales que hacía. En cambio Jesús no les creía porque los conocía a todos (Juan 2:18-24).

Con frecuencia Jesús hablaba en parábolas, historietas terrenales con significado celestial. Ellos creían que él hablaba del templo terrenal que se llevó cuarenta y seis años en construirse. Más bien Jesús predecía que su cuerpo sería destruido y que él sería levantado de la muerte en tres días. Muchos testigos oculares, incluyendo a Juan, Pedro y Pablo, documentan el hecho de que Jesús, sí, realmente conquistó a la muerte y fue resucitado.

El capítulo tercero de Juan es uno de los capítulos más conocidos de la Biblia. Juan detalla la conversación de Jesús con un tal Nicodemo, miembro del consejo principal de los judíos. En el versículo 2 se nota que Nicodemo vino de noche; probablemente temía que el pueblo lo viera. Sin duda, este líder judío conoció la profecía concerniente al Mesías:

Este fue de noche a visitar a Jesús.

—Rabí —le dijo—, sabemos que eres un maestro que ha venido de parte de Dios, porque nadie podría hacer las señales que tú haces si Dios no estuviera con él (Juan 3:2).

Nicodemo sabía que Jesús era un personaje especial. La Biblia no indica si Nicodemo sospechaba que Jesús fuera el Mesías, pero sí sabía que algo extraordinario sucedía. Jesús respondió a Nicodemo así:

«De veras te aseguro que quien no nazca de nuevo no puede ver el reino de Dios» (Juan 3:3).

Favor notar la conocida frase «nacer de nuevo». ¡Jesús lo dijo primero! Su conversación siguió de esta manera:

—¿Cómo puede uno nacer de nuevo siendo ya viejo? —preguntó Nicodemo—. ¿Acaso puede entrar por segunda vez en el vientre de su madre y volver a nacer?

—Yo te aseguro que quien no nazca de agua y del Espíritu, no puede entrar en el reino de Dios —respondió Jesús—. Lo que nace del cuerpo es cuerpo; lo que nace del Espíritu es espíritu. No te sorprendas de que te haya dicho: "Tienen que nacer de nuevo." El viento sopla por donde quiere, y lo oyes silbar, aunque ignoras de dónde viene y a dónde va. Lo mismo pasa con todo el que nace del Espíritu.

Nicodemo replicó:

—¿Cómo es posible que esto suceda?

—Tú eres maestro de Israel, ¿y no entiendes estas cosas? —respondió Jesús—. Te digo con seguridad y verdad que hablamos de lo que sabemos y damos testimonio de lo que hemos visto personalmente, pero ustedes no aceptan nuestro testimonio. Si les he hablado de las cosas terrenales, y no creen, ¿entonces cómo van a creer si les hablo de las celestiales? Nadie ha subido jamás al cielo sino el que descendió del cielo, el Hijo del hombre.

»Como levantó Moisés la serpiente en el desierto, así también tiene que ser levantado el Hijo del hombre, para que todo el que crea en él tenga vida eterna.

»Porque tanto amó Dios al mundo, que dio a su Hijo unigénito, para que todo el que cree en él no se pierda, sino que tenga vida eterna. Dios no envió a su Hijo al mundo para condenar al mundo, sino para salvarlo por medio de él. El que cree en él no es condenado, pero el que no cree ya está condenado por no haber creído en el nombre del Hijo unigénito de Dios» (Juan 3:4-18).

Muchos de ustedes habrán de reconocer la frase *«tienes que nacer de nuevo».* Jesús dijo que *«lo que nace del cuerpo es cuerpo».* Es obvio que ustedes han nacido de madre y padre, y muchos de ustedes ya son madres y padres con hijos propios.

Pero Jesús dijo entonces que, *«lo que nace del Espíritu es espíritu».* Jesús dijo que, a menos que un hombre o una mujer nazca del Espíritu, no puede entrar en el reino de Dios. Cuando naciste físicamente, llegaste a ser miembro de la raza humana. Cuando creas en Jesús y el plan de salvación, el Espíritu Santo viene a vivir en ti y entonces te haces parte del cuerpo espiritual de Dios. Si buscas, hallarás.

> *A los que me aman, les correspondo; a los que me buscan, me doy a conocer (Proverbios 8:17).*

Jesús también dijo que Dios Padre es espíritu y que tenemos que adorarlo en espíritu y en verdad.

> *Dios es Espíritu, y quienes lo adoran deben hacerlo en espíritu y en verdad (Juan 4:24).*

En este momento quiero llamar tu atención a unas palabras escritas por Pablo acerca de «espíritu y verdad». Favor leer las siguientes palabras hasta que las comprendas por completo. Al hacerlo, todo lo escrito en la Biblia tomará sentido para ti.

> *Ahora bien, Dios nos ha revelado esto por medio de su Espíritu, pues el Espíritu lo examina todo, hasta las profundidades de Dios. En efecto, ¿quién conoce los pensamientos del ser humano sino su propio espíritu que está en él? Así mismo, nadie conoce los pensamientos de Dios sino el Espíritu de Dios. Nosotros no hemos recibido el espíritu del mundo sino el Espíritu que procede de Dios, para que entendamos lo que por su gracia él nos ha concedido.*

> *Esto es precisamente de lo que hablamos, no con las palabras que enseña la sabiduría humana sino con las que enseña el Espíritu, de modo que expresamos verdades espirituales en*

términos espirituales. El que no tiene el Espíritu no acepta lo que procede del Espíritu de Dios, pues para él es locura. No puede entenderlo, porque hay que discernirlo espiritualmente (1ra Corintios 2:10-14).

Yo ruego que comprendas que sólo el Espíritu Santo puede iluminarte con respecto a Dios. Podrías leer todos los libros en el mundo. Puedes estudiar los astros. Podrías buscar significado en las piedras y los cristales, pero la verdad sólo se halla mediante el Espíritu Santo de Dios. La recompensa es la vida eterna con Dios. Yo ruego que busques a Dios y seas habitado por el Espíritu Santo para que conozcas la «verdad». No hallarás la «verdad» mediante la sabiduría del mundo secular.

Jesús le dijo a Nicodemo:

Si les he hablado de las cosas terrenales, y no creen, ¿entonces cómo van a creer si les hablo de las celestiales? (Juan 3:12).

Entonces Juan, el apóstol, escribe los famosos versículos según los habló Jesús:

«Porque tanto amó Dios al mundo, que dio a su Hijo unigénito, para que todo el que cree en él no se pierda, sino que tenga vida eterna. Dios no envió a su Hijo al mundo para condenar al mundo, sino para salvarlo por medio de él. El que cree en él no es condenado, pero el que no cree ya está condenado por no haber creído en el nombre del Hijo unigénito de Dios» (Juan 3:16-18).

¿Qué más se puede decir? Jesús se dijo ser el Hijo único de Dios y que, por creer en él, puedes tener la vida eterna. Si no, te hallas condenado ante los ojos de Dios.

¡No lo digo yo! ¡Lo dijo Jesús!

El apóstol Juan, un pescador sin preparación académica, quien andaba a diario con Jesús, obviamente oía a Jesús hablar de cosas espirituales jamás escuchadas en la historia anterior de la humanidad.

Este libro no puede catalogar cada declaración de Jesús como se ha grabado por los testigos Juan, Pedro y Pablo.

Como dijo el apóstol Juan:

Jesús hizo también muchas otras cosas, tantas que, si se escribiera cada una de ellas, pienso que los libros escritos no cabrían en el mundo entero (Juan 21:25).

Ojalá que, después de leer este libro, te sentirás animado a leer todo el Nuevo Testamento y ser iluminado aún más en cuanto a las verdades de Dios.

En el evangelio por Juan hay veintiún capítulos. He descrito algunas partes de los tres primeros capítulos para que puedas comprender lo que el Espíritu Santo le inspiró a Juan a escribir acerca de Jesús. Él es Dios. Vino a la tierra como hombre llamado Jesús. Fue llamado «el Cordero de Dios». Si crees, tendrás la vida eterna.

En su evangelio Juan detalla muchos de los milagros y declaraciones de Jesús. A continuación va un breve resumen. Nuevamente, recuerda que Juan escribía de lo que vivió en carne propia.

Juan detalló los siguientes milagros que se atribuyen a Jesús. Se tratarán en más detalle en el capítulo 6. Quiero, por ahora, mencionarlos para enfatizar que Juan atestiguó estos eventos:

Juan 2 presenta a Jesús cuando cambió el agua en vino.

Juan 4 presenta a Jesús cuando sanó al hijo de un oficial que estaba al punto de morir.

Juan 5 detalla la sanidad por Jesús de un hombre que estuvo inútil por 38 años.

Juan 6 presenta a Jesús cuando dio de comer a 5.000 personas con unos cinco panes y dos pescaditos,

y también detalla cuando Jesús caminó sobre el agua.

Juan 11 presenta a Jesús cuando resucitó a uno llamado Lázaro quien había estado muerto por cuatro días.

Jesús hizo muchos otros milagros, según informan otros escritores.

Muchas personas en los tiempos de Jesús, así como hoy mismo, no creen a Jesús ni en quién él se dice ser. Jesús dijo que si te da trabajo creer en él, pues mira a los milagros que él hacía. Juan escribe que Jesús dijo:

Créanme cuando les digo que yo estoy en el Padre y que el Padre está en mí; o al menos créanme por las obras mismas (Juan 14:11).

La Biblia detalla muchos eventos que no pueden describirse sino como «milagros». Si Jesús es el Hijo de Dios, ¿por qué la gente cree que esos eventos no sucedieron?

Como se comentó anteriormente, se ha referido al evangelio por Juan como el libro de la salvación.

Ahora, te pido que te imagines ser el apóstol Juan, testigo del plan de salvación. Temprano en este capítulo hablé de unas palabras poderosas pronunciadas por Jesús, según presentadas en los tres primeros capítulos de Juan.

Juan también tenía conocimiento íntimo de otras declaraciones pertinentes hechas por Jesús. Favor imaginarte que tú eres Juan y que escuchas a Jesús cuando dice lo siguiente, luego trata de idear cuál sería tu reacción. Favor procura comprender la profundidad y el significado de cada versículo. ¡Por favor no lo haga apresuradamente! Se trata de la verdad, de la salvación y la vida eterna.

«Si supieras lo que Dios puede dar, y conocieras al que te está pidiendo agua —contestó Jesús—, tú le habrías pedido a él, y él te habría dado agua que da vida» (Juan 4:10).

«Todo el que beba de esta agua volverá a tener sed —respondió Jesús—, pero el que beba del agua que yo le daré, no volverá a tener sed jamás, sino que dentro de él esa agua se convertirá en un manantial del que brotará vida eterna» (Juan 4:13-14).

«Pero se acerca la hora, y ha llegado ya, en que los verdaderos adoradores rendirán culto al Padre en espíritu y en verdad, porque así quiere el Padre que sean los que le adoren. Dios es espíritu, y quienes lo adoran deben hacerlo en espíritu y en verdad.»

—Sé que viene el Mesías, al que llaman el Cristo —respondió la mujer—. Cuando él venga nos explicará todas las cosas.

—Ése soy yo, el que habla contigo —le dijo Jesús (Juan 4:23-26).

«Porque así como el Padre resucita a los muertos y les da vida, así también el Hijo da vida a quienes a él le place» (Juan 5:21).

«Ciertamente les aseguro que el que oye mi palabra y cree al que me envió, tiene vida eterna y no será juzgado, sino que ha pasado de la muerte a la vida» (Juan 5:24).

«No se asombren de esto, porque viene la hora en que todos los que están en los sepulcros oirán su voz, y saldrán de allí. Los que han hecho el bien resucitarán para tener vida, pero los que han practicado el mal resucitarán para ser juzgados» (Juan 5:28-29).

«Ustedes estudian con diligencia las Escrituras porque piensan que en ellas hallan la vida eterna. ¡Y son ellas las que dan testimonio en mi favor! Sin embargo, ustedes no quieren venir a mí para tener esa vida» (Juan 5:39-40).

«Trabajen, pero no por la comida que es perecedera, sino por la que permanece para vida eterna, la cual les dará el Hijo del hombre. Sobre éste ha puesto Dios el Padre su sello de aprobación» (Juan 6:27).

—Ésta es la obra de Dios: que crean en aquel a quien él envió —les respondió Jesús (Juan 6:29).

«Yo soy el pan de vida —declaró Jesús—. El que a mí viene nunca pasará hambre, y el que en mí cree nunca más volverá a tener sed» (Juan 6:35).

«Porque la voluntad de mi Padre es que todo el que reconozca al Hijo y crea en él, tenga vida eterna, y yo lo resucitaré en el día final» (Juan 6:40).

«Nadie puede venir a mí si no lo atrae el Padre que me envió, y yo lo resucitaré en el día final» (Juan 6:44).

«Ciertamente les aseguro que el que cree tiene vida eterna» (Juan 6:47).

«Yo soy el pan vivo que bajó del cielo. Si alguno come de este pan, vivirá para siempre. Este pan es mi carne, que daré para que el mundo viva.»

Los judíos comenzaron a disputar acaloradamente entre sí: «¿Cómo puede éste darnos a comer su carne?»

—*Ciertamente les aseguro —afirmó Jesús— que si no comen la carne del Hijo del hombre ni beben su sangre, no tienen realmente vida. El que come mi carne y bebe mi sangre tiene vida eterna, y yo lo resucitaré en el día final (Juan 6:51-54).*

«¿Qué tal si vieran al Hijo del hombre subir a donde antes estaba? El Espíritu da vida; la carne no vale para nada. Las palabras que les he hablado son espíritu y son vida» (Juan 6:62-63).

En el último día, el más solemne de la fiesta, Jesús se puso de pie y exclamó:

—*¡Si alguno tiene sed, que venga a mí y beba! De aquel que cree en mí, como dice la Escritura, brotarán ríos de agua viva (Juan 7:37-38).*

Una vez más Jesús se dirigió a la gente, y les dijo:

—*Yo soy la luz del mundo. El que me sigue no andará en tinieblas, sino que tendrá la luz de la vida (Juan 8:12).*

«Ustedes son de aquí abajo —continuó Jesús—; yo soy de allá arriba. Ustedes son de este mundo; yo no soy de este mundo. Por eso les he dicho que morirán en sus pecados, pues si no creen que yo soy el que afirmo ser, en sus pecados morirán» (Juan 8:23-24).

Jesús se dirigió entonces a los judíos que habían creído en él, y les dijo:

—*Si se mantienen fieles a mis enseñanzas, serán realmente mis discípulos; y conocerán la verdad, y la verdad los hará libres (Juan 8:31-32).*

«Si Dios fuera su Padre —les contestó Jesús—, ustedes me amarían, porque yo he venido de Dios y aquí me tienen. No he venido por mi propia cuenta, sino que él me envió. ¿Por qué no entienden mi modo de hablar? Porque no pueden aceptar mi palabra. Ustedes son de su padre, el diablo, cuyos deseos quieren cumplir. Desde el principio éste ha sido un asesino, y no se mantiene en la verdad, porque no hay verdad en él. Cuando miente, expresa su propia naturaleza, porque es un mentiroso. ¡Es el padre de la mentira! Y sin embargo a mí, que les digo la verdad, no me creen. ¿Quién de ustedes me puede probar que soy culpable de pecado? Si digo la verdad, ¿por qué no me creen? El que es de Dios escucha lo que Dios dice. Pero ustedes no escuchan, porque no son de Dios» (Juan 8:42-47).

«Ciertamente les aseguro que el que cumple mi palabra, nunca morirá» (Juan 8:51).

«Ciertamente les aseguro que el que no entra por la puerta al redil de las ovejas, sino que trepa y se mete por otro lado, es un ladrón y un bandido. El que entre por la puerta es el pastor de las ovejas. El portero le abre la puerta, y las ovejas oyen su voz. Llama por nombre a las ovejas y las saca del redil. Cuando ya ha sacado a todas las que son suyas, va delante de ellas, y las ovejas lo siguen porque reconocen su voz. Pero a un desconocido jamás lo siguen; más bien, huyen de él porque no reconocen voces extrañas.»

Jesús les puso este ejemplo, pero ellos no captaron el sentido de sus palabras. Por eso volvió a decirles:

«Ciertamente les aseguro que yo soy la puerta de las ovejas. Todos los que vinieron antes de mí eran unos ladrones y unos bandidos, pero las ovejas no les hicieron caso. Yo soy la puerta; el que entre por esta puerta, que soy yo, será salvo. Se moverá con entera libertad, y hallará pastos. El ladrón no viene más que a robar, matar y destruir; yo he venido para que tengan vida, y la tengan en abundancia» (Juan 10:1-10).

Entonces lo rodearon los judíos y le preguntaron:

—*¿Hasta cuándo vas a tenernos en suspenso? Si tú eres el Cristo, dínoslo con franqueza.*

—*Ya se lo he dicho a ustedes, y no lo creen. Las obras que hago en nombre de mi Padre son las que me acreditan, pero ustedes no creen porque no son de mi rebaño. Mis ovejas oyen mi voz; yo las conozco y ellas me siguen. Yo les doy vida eterna, y nunca perecerán, ni nadie podrá arrebatármelas de la mano. Mi Padre, que me las ha dado, es más grande que todos; y de la mano del Padre nadie las puede arrebatar. El Padre y yo somos uno* (Juan 10:24-30).

Entonces Jesús le dijo:

—*Yo soy la resurrección y la vida. El que cree en mí vivirá, aunque muera; y todo el que vive y cree en mí no morirá jamás. ¿Crees esto?* (Juan 11:25-26).

«*El que se apega a su vida la pierde; en cambio, el que aborrece su vida en este mundo, la conserva para la vida eterna*» (Juan 12:25).

«*El que cree en mí* —*clamó Jesús con voz fuerte*—, *cree no sólo en mí sino en el que me envió* (Juan 12:44).

«*Si alguno escucha mis palabras, pero no las obedece, no seré yo quien lo juzgue; pues no vine a juzgar al mundo sino a salvarlo. El que me rechaza y no acepta mis palabras tiene quien lo juzgue. La palabra que yo he proclamado lo condenará en el día final. Yo no he hablado por mi propia cuenta; el Padre que me envió me ordenó qué decir y cómo decirlo. Y sé muy bien que su mandato es vida eterna. Así que todo lo que digo es lo que el Padre me ha ordenado decir*» (Juan 12:47-50).

«*No se angustien. Confíen en Dios, y confíen también en mí. En el hogar de mi Padre hay muchas viviendas; si no fuera así, ya se lo habría dicho a ustedes. Voy a prepararles un lugar. Y si me voy y se lo preparo, vendré para llevármelos conmigo. Así ustedes estarán donde yo esté. Ustedes ya conocen el camino para ir a donde yo voy» (Juan 14:1-4).*

«Yo soy el camino, la verdad y la vida —le contestó Jesús—. Nadie llega al Padre sino por mí» (Juan 14:6).

«Si ustedes me aman, obedecerán mis mandamientos. Y yo le pediré al Padre, y él les dará otro Consolador para que los acompañe siempre: el Espíritu de verdad, a quien el mundo no puede aceptar porque no lo ve ni lo conoce. Pero ustedes sí lo conocen, porque vive con ustedes y estará en ustedes» (Juan 14:15-17).

«Ya me han oído decirles: "Me voy, pero vuelvo a ustedes." Si me amaran, se alegrarían de que voy al Padre, porque el Padre es más grande que yo» (Juan 14:28).

«Si el mundo los aborrece, tengan presente que antes que a ustedes, me aborreció a mí. Si fueran del mundo, el mundo los querría como a los suyos. Pero ustedes no son del mundo, sino que yo los he escogido de entre el mundo. Por eso el mundo los aborrece. Recuerden lo que les dije: "Ningún siervo es más que su amo." Si a mí me han perseguido, también a ustedes los perseguirán. Si han obedecido mis enseñanzas, también obedecerán las de ustedes. Los tratarán así por causa de mi nombre, porque no conocen al que me envió. Si yo no hubiera venido ni les hubiera hablado, no serían culpables de pecado. Pero ahora no tienen excusa por su pecado. El que me aborrece a mí, también aborrece a mi Padre. Si yo no hubiera hecho entre ellos las obras que ningún otro antes ha realizado, no serían culpables de pecado. Pero ahora las han visto, y sin embargo a mí y a mi Padre nos han aborrecido» (Juan 15:18-24).

«Cuando venga el Consolador, que yo les enviaré de parte del Padre, el Espíritu de verdad que procede del Padre, él testificará acerca de mí. Y también ustedes darán testimonio porque han estado conmigo desde el principio» (Juan 15:26-27).

«Ahora vuelvo al que me envió, pero ninguno de ustedes me pregunta: "¿A dónde vas?" Al contrario, como les he dicho estas cosas, se han entristecido mucho. Pero les digo la verdad: Les conviene que me vaya porque, si no lo hago, el Consolador no vendrá a ustedes; en cambio, si me voy, se lo enviaré a ustedes. Y cuando él venga, convencerá al mundo de su error en cuanto al pecado, a la justicia y al juicio; en cuanto al pecado, porque no creen en mí; en cuanto a la justicia, porque voy al Padre y ustedes ya no podrán verme; y en cuanto al juicio, porque el príncipe de este mundo ya ha sido juzgado.

»Muchas cosas me quedan aún por decirles, que por ahora no podrían soportar. Pero cuando venga el Espíritu de verdad, él los guiará a toda la verdad, porque no hablará por su propia cuenta sino que dirá sólo lo que oiga y les anunciará las cosas por venir» (Juan 16:5-13).

«Salí del Padre y vine al mundo; ahora dejo de nuevo el mundo y vuelvo al Padre» (Juan 16:28).

«Yo les he dicho estas cosas para que en mí hallen paz. En este mundo afrontarán aflicciones, pero ¡anímense! Yo he vencido al mundo» (Juan 16:33).

Después de que Jesús dijo esto, dirigió la mirada al cielo y oró así:

«Padre, ha llegado la hora. Glorifica a tu Hijo, para que tu Hijo te glorifique a ti, ya que le has conferido autoridad sobre todo mortal para que él les conceda vida eterna a todos los que le has dado. Y ésta es la vida eterna: que te conozcan a ti, el único Dios verdadero, y a Jesucristo, a quien tú has enviado. Yo te he glorificado en la tierra, y he llevado a cabo la obra que me encomendaste. Y ahora, Padre, glorifícame en tu presencia con la gloria que tuve contigo antes de que el mundo existiera» (Juan 17:1-5).

«Padre, quiero que los que me has dado estén conmigo donde yo estoy. Que vean mi gloria, la gloria que me has dado porque me amaste desde antes de la creación del mundo.

»Padre justo, aunque el mundo no te conoce, yo sí te conozco, y éstos reconocen que tú me enviaste. Yo les he dado a conocer quién eres, y seguiré haciéndolo, para que el amor con que me has amado esté en ellos, y yo mismo esté en ellos» (Juan 17:24-26).

«Mi reino no es de este mundo —contestó Jesús—. Si lo fuera, mis propios guardias pelearían para impedir que los judíos me arrestaran. Pero mi reino no es de este mundo.»

—¡Así que eres rey! —le dijo Pilato.

—Eres tú quien dice que soy rey. Yo para esto nací, y para esto vine al mundo: para dar testimonio de la verdad. Todo el que está de parte de la verdad escucha mi voz (Juan 18:36-37).

«Porque me has visto, has creído —le dijo Jesús—; dichosos los que no han visto y sin embargo creen» (Juan 20:29).

¿Cómo opinas? Este hombre Jesús, ¿habló palabras que conducen a la vida eterna?

Juan era testigo presencial de todos estos eventos. Él habla del arresto de Jesús, su crucifixión, muerte, resurrección, y las ocasiones cuando él se apareció a los suyos después de su resurrección. Urgentemente recomiendo que leas los versículos que corresponden a esto (capítulo 6, parte C, página 331) y que comprendas lo que Jesús hizo por ti durante los días de sus sufrimientos.

Juan fue testigo ocular de muchísimos eventos extraordinarios. Tienes tú que decidir si Juan inventó esas historias o si el Espíritu Santo se los trajo a la memoria de Juan para que escribiera la «verdad» acerca de Jesús, el Mesías, y el Hijo único de Dios Padre.

Las epístolas de Juan

Más tarde en su vida Juan escribió tres breves cartas, o epístolas. Favor tener presente que en su evangelio, Juan describió su vida diaria con Jesús y relató las acciones y hechos de Jesús. Las tres epístolas fueron escritas para recordarnos de lo que Juan experimentó y creía.

La primera epístola

La primera epístola de Juan detalla lo siguiente:

> *Lo que ha sido desde el principio, lo que hemos oído, lo que hemos visto con nuestros propios ojos, lo que hemos contemplado, lo que hemos tocado con las manos, esto les anunciamos respecto al Verbo que es vida. Esta vida se manifestó. Nosotros la hemos visto y damos testimonio de ella, y les anunciamos a ustedes la vida eterna que estaba con el Padre y que se nos ha manifestado. Les anunciamos lo que hemos visto y oído, para que también ustedes tengan comunión con nosotros. Y nuestra comunión es con el Padre y con su Hijo Jesucristo. Les escribimos estas cosas para que nuestra alegría sea completa (1ra Juan 1:1-4).*

Juan, este testigo del plan de salvación, enfatiza que él no escribe una obra de ficción que él inventó. Él vio a Jesús. Él oyó hablar a Jesús. Él tocó a Jesús. Él quiere que cada uno de nosotros tenga la misma comunión con Jesús que él tuvo.

En las epístolas, Juan escribió lo siguiente. Voy a permitir que las palabras de Juan hablen por sí mismas. Nuevamente, favor tengan presente que Juan está escribiendo bajo la dirección del Espíritu Santo quien le recordaba las enseñanzas de Jesús.

> *Éste es el mensaje que hemos oído de él y que les anunciamos: Dios es luz y en él no hay ninguna oscuridad. Si afirmamos que tenemos comunión con él, pero vivimos en la oscuridad, mentimos y no ponemos en práctica la verdad. Pero si vivimos en la luz, así como él está en la luz, tenemos comunión unos con otros, y la sangre de su Hijo Jesucristo nos limpia de todo pecado.*

> *Si afirmamos que no tenemos pecado, nos engañamos a nosotros mismos y no tenemos la verdad. Si confesamos nuestros pecados, Dios, que es fiel y justo, nos los perdonará y nos limpiará de toda maldad. Si afirmamos que no hemos pecado, lo hacemos pasar por mentiroso y su palabra no habita en nosotros.*

Mis queridos hijos, les escribo estas cosas para que no pequen. Pero si alguno peca, tenemos ante el Padre a un intercesor, a Jesucristo, el Justo. Él es el sacrificio por el perdón de nuestros pecados, y no sólo por los nuestros sino por los de todo el mundo (1ra Juan 1:5-2:2).

No amen al mundo ni nada de lo que hay en él. Si alguien ama al mundo, no tiene el amor del Padre. Porque nada de lo que hay en el mundo —los malos deseos del cuerpo, la codicia de los ojos y la arrogancia de la vida— proviene del Padre sino del mundo. El mundo se acaba con sus malos deseos, pero el que hace la voluntad de Dios permanece para siempre (1ra Juan 2:15-17).

No les escribo porque ignoren la verdad, sino porque la conocen y porque ninguna mentira procede de la verdad. ¿Quién es el mentiroso sino el que niega que Jesús es el Cristo? Es el anticristo, el que niega al Padre y al Hijo. Todo el que niega al Hijo no tiene al Padre; el que reconoce al Hijo tiene también al Padre.

Permanezca en ustedes lo que han oído desde el principio, y así ustedes permanecerán también en el Hijo y en el Padre. Ésta es la promesa que él nos dio: la vida eterna (1ra Juan 2:21-25).

¡Fíjense qué gran amor nos ha dado el Padre, que se nos llame hijos de Dios! ¡Y lo somos! El mundo no nos conoce, precisamente porque no lo conoció a él. Queridos hermanos, ahora somos hijos de Dios, pero todavía no se ha manifestado lo que habremos de ser. Sabemos, sin embargo, que cuando Cristo venga seremos semejantes a él, porque lo veremos tal como él es (1ra Juan 3:1-2).

Todo el que comete pecado quebranta la ley; de hecho, el pecado es transgresión de la ley. Pero ustedes saben que Jesucristo se manifestó para quitar nuestros pecados. Y él no tiene pecado (1ra Juan 3:4-5).

Queridos hijos, que nadie los engañe. El que practica la justicia es justo, así como él es justo. El que practica el pecado es del diablo, porque el diablo ha estado pecando desde el principio. El Hijo de Dios fue enviado precisamente para destruir las obras del diablo. Ninguno que haya nacido de Dios practica el pecado, porque la semilla de Dios permanece en él; no puede practicar el pecado, porque ha nacido de Dios. Así distinguimos entre los hijos de Dios y los hijos del diablo: el que no practica la justicia no es hijo de Dios; ni tampoco lo es el que no ama a su hermano (1ra Juan 3:7-10).

En esto conocemos lo que es el amor: en que Jesucristo entregó su vida por nosotros. Así también nosotros debemos entregar la vida por nuestros hermanos (1ra Juan 3:16).

En 1ra Juan 4, Juan detalla unas declaraciones muy importantes, las cuales yo he venido enfatizando en todo este libro. Si en realidad comprendes estos versículos, pues, entenderás la distinción entre las verdades de Dios y las mentiras del mundo secular.

Queridos hermanos, no crean a cualquiera que pretenda estar inspirado por el Espíritu, sino sométanlo a prueba para ver si es de Dios, porque han salido por el mundo muchos falsos profetas. En esto pueden discernir quién tiene el Espíritu de Dios: todo profeta que reconoce que Jesucristo ha venido en cuerpo humano, es de Dios; todo profeta que no reconoce a Jesús, no es de Dios sino del anticristo. Ustedes han oído que éste viene; en efecto, ya está en el mundo.

Ustedes, queridos hijos, son de Dios y han vencido a esos falsos profetas, porque el que está en ustedes es más poderoso que el que está en el mundo. Ellos son del mundo; por eso hablan desde el punto de vista del mundo, y el mundo los escucha. Nosotros somos de Dios, y todo el que conoce a Dios nos escucha; pero el que no es de Dios no nos escucha. Así distinguimos entre el Espíritu de la verdad y el espíritu del engaño (1ra Juan 4:1-6).

Únicamente por medio del Espíritu Santo de Dios podemos conocer a Dios Padre y a Jesús, su Hijo unigénito. Favor notar que

Juan declara que hay falsos profetas que andan por el mundo predicando otras religiones. Debes tener cuidado en avalorar lo que lees y oyes. Debes probar a estos espíritus para averiguar si esas palabras son de Dios o del diablo.

En esto pueden discernir quién tiene el Espíritu de Dios: todo profeta que reconoce que Jesucristo ha venido en cuerpo humano, es de Dios; todo profeta que no reconoce a Jesús, no es de Dios sino del anticristo. Ustedes han oído que éste viene; en efecto, ya está en el mundo (1ra Juan 4:2-3).

Yo ruego que estés comprendiendo que hay verdades presentadas por Dios Padre y hay mentiras presentadas por el espíritu del engaño, el diablo. Busca de Dios mediante el Espíritu Santo y él te ayudará para reconocer la distinción entre las dos cosas.

Este libro no se escribe para controversia sino para presentar declaraciones que creo que llevan a la vida eterna.

Sin embargo, advierto a cada lector que tenga cuidado de lo que el mundo en esta actualidad promueve como un comportamiento aceptable. Los medios publicitarios, sea el periódico, la televisión, la radio, y hasta el internet, promueven creencias que van en contra de las que nos da el Espíritu Santo de Dios.

De acuerdo a 1ra Juan 4, tales medios hablan desde el punto de vista del mundo y el mundo los escucha.

Ellos son del mundo; por eso hablan desde el punto de vista del mundo, y el mundo los escucha (1ra Juan 4:5).

Yo ruego que estés tan lleno del Espíritu Santo de Dios que conozcas el Espíritu de verdad más bien que creer al espíritu del engaño que tanto predomina en el mundo.

En 1ra Juan 4, Juan declara:

¿Cómo sabemos que permanecemos en él, y que él permanece en nosotros? Porque nos ha dado de su Espíritu (1ra Juan 4:13).

De nuevo Juan insiste en que podemos conocerle únicamente por el Espíritu Santo. Luego declara:

Y nosotros hemos visto y declaramos que el Padre envió a su Hijo para ser el Salvador del mundo (1ra Juan 4:14).

Favor notar que este testigo declara que él vio —y por ello testifica— que Jesús es el Salvador del mundo.

Favor permitir que los siguientes versículos hablen nuevamente a tu espíritu:

Todo el que cree que Jesús es el Cristo, ha nacido de Dios, y todo el que ama al padre, ama también a sus hijos.

En esto consiste el amor a Dios: en que obedezcamos sus mandamientos. Y éstos no son difíciles de cumplir, porque todo el que ha nacido de Dios vence al mundo. Ésta es la victoria que vence al mundo: nuestra fe. ¿Quién es el que vence al mundo sino el que cree que Jesús es el Hijo de Dios? (1ra Juan 5:1, 3-5).

El que cree en el Hijo de Dios acepta este testimonio. El que no cree a Dios lo hace pasar por mentiroso, por no haber creído el testimonio que Dios ha dado acerca de su Hijo. Y el testimonio es éste: que Dios nos ha dado vida eterna, y esa vida está en su Hijo. El que tiene al Hijo, tiene la vida; el que no tiene al Hijo de Dios, no tiene la vida.

Les escribo estas cosas a ustedes que creen en el nombre del Hijo de Dios, para que sepan que tienen vida eterna (1ra Juan 5:10-13).

Juan nos recuerda a cada uno que, al creer en Jesús como el Hijo de Dios, puedes saber, sin temor ni dudas, que tendrás la vida eterna.

La segunda epístola

In la segunda epístola de Juan hay solamente trece versículos. En efecto, Juan está diciendo:

Y ahora, hermanos, les ruego que nos amemos los unos a los otros. Y no es que les esté escribiendo un mandamiento nuevo

sino el que hemos tenido desde el principio. En esto consiste el
amor: en que pongamos en práctica sus mandamientos. Y éste
es el mandamiento: que vivan en este amor, tal como ustedes lo
han escuchado desde el principio.

Es que han salido por el mundo muchos engañadores que no
reconocen que Jesucristo ha venido en cuerpo humano. El que
así actúa es el engañador y el anticristo. Cuídense de no echar a
perder el fruto de nuestro trabajo; procuren más bien recibir la
recompensa completa. Todo el que se descarría y no permanece
en la enseñanza de Cristo, no tiene a Dios; el que permanece en
la enseñanza sí tiene al Padre y al Hijo. Si alguien los visita y
no lleva esta enseñanza, no lo reciban en casa ni le den la
bienvenida, pues quien le da la bienvenida se hace cómplice de
sus malas obras (2da Juan 5-11).

Juan está plenamente convencido de que si uno no reconoce a
Jesús como el que vino de Dios al mundo, el tal no tiene a Dios en
su corazón. Insiste mucho en que no permitamos a nadie en nuestra
casa que no presente a Cristo. Sé que ello parece drástico pero ¿por
qué permitir que las enseñanzas del maligno influyan en los
pensamientos de nuestras familias? Y, ¿me permiten sugerir que
también eliminen todas las malas enseñanzas presentadas por las
revistas, la TV, la radio y el internet?

Sé que algunos de ustedes se sienten incómodos frente a tales
reglas de vida. Pero este es el Espíritu de la verdad dada por Dios
con respecto al espíritu maligno del mundo.

Ellos son del mundo; por eso hablan desde el punto de vista del
mundo, y el mundo los escucha (1ra Juan 4:5).

Debes probar los espíritus para asegurar que estés dirigido de
acuerdo a la verdad por el Espíritu Santo.

La tercera epístola

La tercera epístola de Juan es otra carta breve, que tiene sólo
catorce versículos. Juan declara:

Querido hermano, no imites lo malo sino lo bueno. El que hace lo bueno es de Dios; el que hace lo malo no ha visto a Dios (3ra Juan 11).

Como habrás notado, Juan, en su evangelio y luego en sus tres breves epístolas, habla de conocer a Jesús por medio del Espíritu Santo, lo cual conduce a la vida eterna. En contraste, él advierte contra el espíritu maligno del mundo que conduce a la condenación eterna.

Juan es un testigo que conoció a Jesús. Lo vuelvo a recalcar. ¡Él vio a Jesús! ¡Él andaba con Jesús! Él vio a Jesús cuando sanaba a la gente. Él vio a Jesús cuando resucitó a las personas de la muerte. Él vio a Jesús crucificado. Él andaba y conversaba con Jesús después de su resurrección.

Tras ver todo esto, Juan escribió cinco libros para contarnos lo que había pasado. Él vio y creyó. Él quiere que nosotros participemos en las buenas noticias que él presenció personalmente. Para mí, los libros de Juan son convincentes, y ruego que tú, también, veas al plan de salvación según lo presenta Juan.

Apocalipsis

Juan no ha terminado de escribir. En su ancianidad —algunos estiman que cerca del año 95 después de Cristo y unos 60 a 65 años después que Jesús dejó la tierra para volver al cielo— Juan tuvo una visión. Él escribió lo que vio en un libro llamado el Apocalipsis. Es un libro que para muchos es difícil de entender. Hay muchas interpretaciones, hasta dentro de la comunidad cristiana.

El libro del Apocalipsis expone tiempos y eventos que habrán de ocurrir cuando Jesús vuelve a la tierra la segunda vez. Aunque se disputan los tiempos y los eventos, el tema del Apocalipsis no se disputa.

En efecto, el Apocalipsis dice, «Jesús triunfa». En el futuro, Él, de una vez y para siempre, destruirá el mal. Claro está, Él ya eliminó nuestros pecados como el Cordero sacrificado cuando murió en la cruz. Sin embargo, el Apocalipsis describe la dicha que corresponderá a los que creen en Jesús y las desgracias que acontecerán a quienes no creen en Jesús.

Juan declara:

Ésta es la revelación de Jesucristo, que Dios le dio para mostrar a sus siervos lo que sin demora tiene que suceder. Jesucristo envió a su ángel para dar a conocer la revelación a su siervo Juan, quien por su parte da fe de la verdad, escribiendo todo lo que vio, a saber, la palabra de Dios y el testimonio de Jesucristo. Dichoso el que lee y dichosos los que escuchan las palabras de este mensaje profético y hacen caso de lo que aquí está escrito, porque el tiempo de su cumplimiento está cerca (Apocalipsis 1:1-3).

Éstas son palabras proféticas que le fueron dadas a Juan. Debemos tenerlas muy en el corazón porque seguramente Jesús volverá de nuevo.

Favor recordar que cuando andaba en esta tierra, Jesús les dijo a sus seguidores:

«No se angustien. Confíen en Dios, y confíen también en mí. En el hogar de mi Padre hay muchas viviendas; si no fuera así, ya se lo habría dicho a ustedes. Voy a prepararles un lugar. Y si me voy y se lo preparo, vendré para llevármelos conmigo. Así ustedes estarán donde yo esté. Ustedes ya conocen el camino para ir a donde yo voy» (Juan 14:1-4).

Jesús pronosticó su «segunda venida» y ahora en el Apocalipsis, le dijo a Juan cómo todo iba a suceder.

Este Jesús, a quien los judíos creían haber matado, ahora se aparece en toda su gloria ante Juan:

Yo, Juan,

escribo a las siete iglesias que están en la provincia de Asia:

Gracia y paz a ustedes de parte de aquel que es y que era y que ha de venir; y de parte de los siete espíritus que están delante de su trono; y de parte de Jesucristo, el testigo fiel, el primogénito de la resurrección, el soberano de los reyes de la tierra.

Al que nos ama y que por su sangre nos ha librado de nuestros pecados, al que ha hecho de nosotros un reino, sacerdotes al servicio de Dios su Padre, ¡a él sea la gloria y el poder por los siglos de los siglos! Amén (Apocalipsis 1:4-6).

Favor notar que dice, «*aquel que es y que era y que ha de venir*».

Favor notar que dice, «*el primogénito de la resurrección*».

Favor notar que dice, «*por su sangre nos ha librado de nuestros pecados*».

Favor recordar lo que Juan escribió en el evangelio por Juan:

En el principio ya existía el Verbo, y el Verbo estaba con Dios, y el Verbo era Dios. Él estaba con Dios en el principio.

Por medio de él (Jesús) todas las cosas fueron creadas; sin él, nada de lo creado llegó a existir (Juan 1:1-3).

Apocalipsis 1:5 declara que Jesús es el primogénito de la resurrección, o sea, de entre los muertos.

…y de parte de Jesucristo, el testigo fiel, el primogénito de la resurrección, el soberano de los reyes de la tierra (Apocalipsis 1:5).

El apóstol Pablo dijo:

Ahora bien, si se predica que Cristo ha sido levantado de entre los muertos, ¿cómo dicen algunos de ustedes que no hay resurrección? Si no hay resurrección, entonces ni siquiera Cristo ha resucitado. Y si Cristo no ha resucitado, nuestra predicación no sirve para nada, como tampoco la fe de ustedes. Aun más, resultaríamos falsos testigos de Dios por haber testificado que Dios resucitó a Cristo, lo cual no habría sucedido, si en verdad los muertos no resucitan. Porque si los muertos no resucitan, tampoco Cristo ha resucitado. Y si Cristo no ha resucitado, la fe de ustedes es ilusoria y todavía están en sus pecados. En este caso, también están perdidos los que murieron en Cristo. Si la esperanza que tenemos en Cristo fuera sólo para esta vida, seríamos los más desdichados de todos los mortales.

Lo cierto es que Cristo ha sido levantado de entre los muertos, como primicias de los que murieron. De hecho, ya que la muerte vino por medio de un hombre, también por medio de un hombre viene la resurrección de los muertos. Pues así como en Adán todos mueren, también en Cristo todos volverán a vivir (1ra Corintios 15:12-22).

Pablo dice que por medio del pecado de Adán, todos experimentaremos la muerte terrenal por causa de nuestra naturaleza pecaminosa. Mas, por medio de Cristo, todos volveremos a la vida para vivir eternamente con Jesús.

El tema básico del Apocalipsis se encuentra en el primer capítulo:

¡Miren que viene en las nubes! Y todos lo verán con sus propios ojos, incluso quienes lo traspasaron; y por él harán lamentación todos los pueblos de la tierra. ¡Así será! ¡Amén! (Apocalipsis 1:7).

¡Viene otra vez! Todo ojo lo verá. Tú verás a Jesús. Muchos nos regocijaremos porque, en ese tiempo, todo sufrimiento y pecado llegará a su fin. Sin embargo, para aquellos que rechazan a Cristo seguramente no será un buen día.

Mateo, uno de los doce apóstoles, detalló las declaraciones de Jesús respecto al fin del tiempo:

Jesús salió del templo y, mientras caminaba, se le acercaron sus discípulos y le mostraron los edificios del templo. Pero él les dijo:

—¿Ven todo esto? Les aseguro que no quedará piedra sobre piedra, pues todo será derribado.

Más tarde estaba Jesús sentado en el monte de los Olivos, cuando llegaron los discípulos y le preguntaron en privado:

—¿Cuándo sucederá eso, y cuál será la señal de tu venida y del fin del mundo?

—Tengan cuidado de que nadie los engañe —les advirtió Jesús—. Vendrán muchos que, usando mi nombre, dirán: "Yo soy el

Cristo", y engañarán a muchos. Ustedes oirán de guerras y de rumores de guerras, pero procuren no alarmarse. Es necesario que eso suceda, pero no será todavía el fin. Se levantará nación contra nación, y reino contra reino. Habrá hambres y terremotos por todas partes. Todo esto será apenas el comienzo de los dolores.

»Entonces los entregarán a ustedes para que los persigan y los maten, y los odiarán todas las naciones por causa de mi nombre. En aquel tiempo muchos se apartarán de la fe; unos a otros se traicionarán y se odiarán; y surgirá un gran número de falsos profetas que engañarán a muchos. Habrá tanta maldad que el amor de muchos se enfriará, pero el que se mantenga firme hasta el fin será salvo. Y este evangelio del reino se predicará en todo el mundo como testimonio a todas las naciones, y entonces vendrá el fin.

»Así que cuando vean en el lugar santo "el horrible sacrilegio", del que habló el profeta Daniel (el que lee, que lo entienda), los que estén en Judea huyan a las montañas. El que esté en la azotea no baje a llevarse nada de su casa. Y el que esté en el campo no regrese para buscar su capa. ¡Qué terrible será en aquellos días para las que estén embarazadas o amamantando! Oren para que su huida no suceda en invierno ni en sábado. Porque habrá una gran tribulación, como no la ha habido desde el principio del mundo hasta ahora, ni la habrá jamás. Si no se acortaran esos días, nadie sobreviviría, pero por causa de los elegidos se acortarán. Entonces, si alguien les dice a ustedes: "¡Miren, aquí está el Cristo!" o "¡Allí está!", no lo crean. Porque surgirán falsos Cristos y falsos profetas que harán grandes señales y milagros para engañar, de ser posible, aun a los elegidos. Fíjense que se lo he dicho a ustedes de antemano.

»Por eso, si les dicen: "¡Miren que está en el desierto!", no salgan; o: "¡Miren que está en la casa!", no lo crean. Porque así como el relámpago que sale del oriente se ve hasta en el occidente, así será la venida del Hijo del hombre. Donde esté el cadáver, allí se reunirán los buitres.

»Inmediatamente después de la tribulación de aquellos días, "se oscurecerá el sol y no brillará más la luna; las estrellas caerán del cielo y los cuerpos celestes serán sacudidos".

»La señal del Hijo del hombre aparecerá en el cielo, y se angustiarán todas las razas de la tierra. Verán al Hijo del hombre venir sobre las nubes del cielo con poder y gran gloria. Y al sonido de la gran trompeta mandará a sus ángeles, y reunirán de los cuatro vientos a los elegidos, de un extremo al otro del cielo (Mateo 24:1-31).

A manera de resumir lo de arriba, Jesús dice que, al fin del tiempo:

«...surgirá un gran número de falsos profetas que engañarán a muchos» (Mateo 24:11).

«Habrá tanta maldad que el amor de muchos se enfriará, pero el que se mantenga firme hasta el fin será salvo» (Mateo 24:12-13).

«Porque surgirán falsos Cristos y falsos profetas que harán grandes señales y milagros para engañar, de ser posible, aun a los elegidos» (Mateo 24:24).

«Porque así como el relámpago que sale del oriente se ve hasta en el occidente, así será la venida del Hijo del hombre» (Mateo 24:27).

»La señal del Hijo del hombre aparecerá en el cielo, y se angustiarán todas las razas de la tierra. Verán al Hijo del hombre venir sobre las nubes del cielo con poder y gran gloria. Y al sonido de la gran trompeta mandará a sus ángeles, y reunirán de los cuatro vientos a los elegidos, de un extremo al otro del cielo» (Mateo 24:30-31).

¡Será un día de mucho gozo que los cristianos anticipamos! Sin embargo, será un tiempo de terror para los incrédulos. Y esto es lo que describe el libro del Apocalipsis.

Juan describe lo que le sucedió en su visión:

Yo, Juan, hermano de ustedes y compañero en el sufrimiento, en el reino y en la perseverancia que tenemos en unión con Jesús, estaba en la isla de Patmos por causa de la palabra de Dios y del testimonio de Jesús. En el día del Señor vino sobre mí el Espíritu, y oí detrás de mí una voz fuerte, como de trompeta, que decía: «Escribe en un libro lo que veas y envíalo a las siete iglesias: a Éfeso, a Esmirna, a Pérgamo, a Tiatira, a Sardis, a Filadelfia y a Laodicea.»

Me volví para ver de quién era la voz que me hablaba y, al volverme, vi siete candelabros de oro. En medio de los candelabros estaba alguien «semejante al Hijo del hombre», vestido con una túnica que le llegaba hasta los pies y ceñido con una banda de oro a la altura del pecho. Su cabellera lucía blanca como la lana, como la nieve; y sus ojos resplandecían como llama de fuego. Sus pies parecían bronce al rojo vivo en un horno, y su voz era tan fuerte como el estruendo de una catarata (Apocalipsis 1:9-15).

Estos versículos son un buen ejemplo de la clase de lenguaje que Juan usa en el Apocalipsis. Sólo puedo imaginarme la dificultad que tendría Juan, o cualquier otro, para describir la gloria de Jesús en el cielo. Juan, obviamente con temor, cayó a los pies de Jesús *«como muerto»*. Pero este amante Jesús puso su mano sobre Juan y le dijo:

«No tengas miedo. Yo soy el Primero y el Último, y el que vive. Estuve muerto, pero ahora vivo por los siglos de los siglos, y tengo las llaves de la muerte y del infierno» (Apocalipsis 1:17-18).

Jesús hizo unas declaraciones que debes considerar con seriedad. Has venido leyendo acerca de las muchas cosas que Jesús dijo e hizo en la tierra. Ahora lees acerca de un Jesús resucitado y en el cielo quien se dice ser *«el Primero y el Último»*. Muy directamente le dice a Juan:

Estuve muerto, pero ahora vivo por los siglos de los siglos, y tengo las llaves de la muerte y del infierno» (Apocalipsis 1:18).

Favor notar que Jesús dijo que sólo él tiene las llaves de la muerte y del infierno.

A Juan le fue dicho lo siguiente en el Apocalipsis:

«Escribe, pues, lo que has visto, lo que sucede ahora y lo que sucederá después» (Apocalipsis 1:19).

Y, de veras, Juan escribió! Las palabras aveces son difíciles de comprender, pero algunas están muy claras. Según vas leyendo, favor recordar que Juan está detallando lo que él vio suceder en el cielo, no en la tierra. Jesús le está hablando desde su hogar en el cielo.

En Apocalipsis 2 Jesús le dijo a Juan que escribiera al *«ángel de la iglesia de Éfeso»:*

El que tenga oídos, que oiga lo que el Espíritu dice a las iglesias. Al que salga vencedor le daré derecho a comer del árbol de la vida, que está en el paraíso de Dios (Apocalipsis 2:7).

Te acordarás que en el libro de Génesis, capítulo 2, hubo un *«árbol de vida»* en el jardín del Edén. Recordarás que, después que el hombre y la mujer (Adán y Eva) pecaron comiendo del árbol del bien y del mal, Dios hizo lo siguiente:

Luego de expulsarlo, puso al oriente del jardín del Edén a los querubines, y una espada ardiente que se movía por todos lados, para custodiar el camino que lleva al árbol de la vida (Génesis 3:24).

Él no permitió que el hombre alcanzara el árbol de la vida. Ahora en Apocalipsis, nos dice a todos que si creemos en Jesús como el Cordero sacrificado, él nuevamente nos dará derecho a comer de este árbol de la vida que ahora se halla en el paraíso de Dios.

Tú tienes que tomar una decisión. Las palabras escritas en el Apocalipsis, ¿son palabras de un hombre extraño, llamado Juan, quien escribe tonterías? O, ¿es posible que la Biblia es de verdad la

Palabra de Dios y que los eventos, detallados en Génesis unos miles de años antes de los tiempos de Jesús, que estén de alguna manera conectados con el Apocalipsis de una manera maravillosa por un Dios amante?

Dios, quien prohibió que el hombre comiera del árbol de la vida en el jardín del Edén, nuevamente permitirá a los cristianos, que han «nacido de nuevo», que coman de él y tengan la vida eterna.

Jesús le dijo a Juan que escribiera al ángel de la iglesia en Esmirna:

«Esto dice el Primero y el Último, el que murió y volvió a vivir: … No tengas miedo de lo que estás por sufrir. Te advierto que a algunos de ustedes el diablo los meterá en la cárcel para ponerlos a prueba, y sufrirán persecución durante diez días. Sé fiel hasta la muerte, y yo te daré la corona de la vida» (Apocalipsis 2:8,10).

Aquí vemos que los cristianos tendrán batalla continua con el diablo en lo que están en esta tierra, pero Jesús promete a los fieles que él, al fin, les dará la corona de la vida.

En Apocalipsis 3 Jesús le dijo a Juan que escribiera lo siguiente al ángel de la iglesia en Sardis:

«El que salga vencedor se vestirá de blanco. Jamás borraré su nombre del libro de la vida, sino que reconoceré su nombre delante de mi Padre y delante de sus ángeles» (Apocalipsis 3:5).

Jesús nos dice que aquellos que creen y vencen nunca veremos borrados nuestros nombres del libro de la vida.

Luego Jesús le dijo a Juan que escribiera al ángel en Laodicea lo siguiente:

«Yo reprendo y disciplino a todos los que amo. Por lo tanto, sé fervoroso y arrepiéntete. Mira que estoy a la puerta y llamo. Si alguno oye mi voz y abre la puerta, entraré, y cenaré con él, y él conmigo.

»Al que salga vencedor le daré el derecho de sentarse conmigo en mi trono, como también yo vencí y me senté con mi Padre en

su trono. El que tenga oídos, que oiga lo que el Espíritu dice a las iglesias» (Apocalipsis 3:19-22).

Sólo voy acentuando algunas frases claves. Pero es obvio que Juan vio y escuchó cosas nunca escuchadas antes por hombre alguno. Jesús ponía en marcha las ruedas de su regreso triunfante para recoger a todos los creyentes.

En Apocalipsis 4, Juan describe cuatro seres vivientes extraordinarios que declaran día y noche:

«Santo, santo, santo es el Señor Todopoderoso, el que era y que es y que ha de venir» (Apocalipsis 4:8).

No quiero enfocar a estos cuatro seres, pero Juan dice que hay criaturas celestiales que alaban a Dios constantemente.

En Apocalipsis 4, Juan describe a veinticuatro ancianos que echan sus coronas delante de Jesús y dicen:

«Digno eres, Señor y Dios nuestro, de recibir la gloria, la honra y el poder, porque tú creaste todas las cosas; por tu voluntad existen y fueron creadas» (Apocalipsis 4:11).

Se ha escrito muchos libros acerca de estos ancianos y quiénes son, pero yo sencillamente quiero enfatizar las alabanzas dadas a Jesús. ¡Él es poderoso! ¡Él es santo! Él no es uno a quien se debe rechazar. Los veinticuatro ancianos echaron sus coronas delante del único y sólo Rey Jesús. ¿Me permites sugerir que, cuando veamos a Jesús, nada más tendrá importancia? Nuestras casas costosas, nuestros autos lujosos, nuestras carteras de valores, y todas las coronas que hemos logrado ya no tendrán importancia.

En Apocalipsis 5 Juan detalla cuando se abre un rollo que predice los eventos futuros del fin del tiempo. Nuevamente en este punto, yo no quiero hablar de los rollos, pero quiero que notes quién fue que los abrió. Favor leer lo siguiente de Apocalipsis 5:

También vi a un ángel poderoso que proclamaba a gran voz: «¿Quién es digno de romper los sellos y de abrir el rollo?» Pero ni en el cielo ni en la tierra, ni debajo de la tierra, hubo nadie capaz de abrirlo ni de examinar su contenido.

Y lloraba yo mucho porque no se había encontrado a nadie que fuera digno de abrir el rollo ni de examinar su contenido. Uno de los ancianos me dijo: «¡Deja de llorar, que ya el León de la tribu de Judá, la Raíz de David, ha vencido! Él sí puede abrir el rollo y sus siete sellos.»

Entonces vi, en medio de los cuatro seres vivientes y del trono y los ancianos, a un Cordero que estaba de pie y parecía haber sido sacrificado. Tenía siete cuernos y siete ojos, que son los siete espíritus de Dios enviados por toda la tierra. Se acercó y recibió el rollo de la mano derecha del que estaba sentado en el trono (Apocalipsis 5:2-7).

Uno de los ancianos le dijo a Juan que *«el León de la tribu de Judá, la Raíz de David…puede abrir el rollo».*

En la tierra, se refirió a Jesús como el «Cordero sacrificado»:

Al día siguiente Juan vio a Jesús que se acercaba a él, y dijo: «¡Aquí tienen al Cordero de Dios, que quita el pecado del mundo!» (Juan 1:29).

Deshágunse de la vieja levadura para que sean masa nueva, panes sin levadura, como lo son en realidad. Porque Cristo, nuestro Cordero pascual, ya ha sido sacrificado (1ra Corintios 5:7).

Ahora en Apocalipsis se refiere a Jesús como un «León», un león conquistador, dispuesto a asumir el lugar central en el escenario de los eventos del fin del tiempo.

En Apocalipsis 5 Juan describe a un Cordero (Jesús) que parece haber sido sacrificado, que está de pie en medio del trono. Este Cordero sacrificado, quien fue muerto por el pueblo judío, está actualmente en el cielo, pero no tendido en el suelo como un Cordero muerto sino más bien de pie en el centro del trono como un León dispuesto a la batalla.

Los cuatro seres vivientes y los veinticuatro ancianos cantaron una nueva canción:

«Digno eres de recibir el rollo escrito y de romper sus sellos, porque fuiste sacrificado, y con tu sangre compraste para Dios gente de toda raza, lengua, pueblo y nación» (Apocalipsis 5:9).

Luego Juan describe lo siguiente:

Luego miré, y oí la voz de muchos ángeles que estaban alrededor del trono, de los seres vivientes y de los ancianos. El número de ellos era millares de millares y millones de millones. Cantaban con todas sus fuerzas:

«¡Digno es el Cordero, que ha sido sacrificado, de recibir el poder, la riqueza y la sabiduría, la fortaleza y la honra, la gloria y la alabanza!»

Y oí a cuanta criatura hay en el cielo, y en la tierra, y debajo de la tierra y en el mar, a todos en la creación, que cantaban:

«¡Al que está sentado en el trono y al Cordero, sean la alabanza y la honra, la gloria y el poder, por los siglos de los siglos!» (Apocalipsis 5:11-13)

Juan presenció eventos difíciles de describir. Los ángeles del cielo que se cuentan por diez mil veces diez mil rodearon el trono, y los cuatro seres vivientes y los ancianos cantaron con voz potente:

«¡Digno es el Cordero, que ha sido sacrificado, de recibir el poder, la riqueza y la sabiduría, la fortaleza y la honra, la gloria y la alabanza!» (Apocalipsis 5:12).

Es obvio que aquellos que están en el cielo se encuentran asombrados de Jesús y de lo que él hizo en la cruz por nosotros. Y nosotros, ¿no debemos rendirle la misma adoración? Pues, ¡él no murió por los ángeles! Murió por ti y por mí. Somos los beneficiarios de su gracia.

Del 6 de Apocalipsis en adelante Juan describe el desenvolvimiento de los eventos que han de ocurrir en el fin del tiempo. De nuevo, hay muchísimas y variadas interpretaciones de estos tiempos y eventos. Yo me contento con saber que Jesús murió por mí y que yo he de estar con él por toda la eternidad. Personalmente, a mí no se me ha dado la percepción como para comprender a plenitud los eventos que tendrán lugar anteriores al regreso de Jesús ni cuando regresa.

Sencillamente, estoy de acuerdo con el salmista que escribió en el Salmo 91:

El que habita al abrigo del Altísimo se acoge a la sombra del Todopoderoso. Yo le digo al SEÑOR: «Tú eres mi refugio, mi fortaleza, el Dios en quien confío».

Sólo él puede librarte de las trampas del cazador y de mortíferas plagas, pues te cubrirá con sus plumas y bajo sus alas hallarás refugio. ¡Su verdad será tu escudo y tu baluarte!

No temerás el terror de la noche, ni la flecha que vuela de día, ni la peste que acecha en las sombras ni la plaga que destruye a mediodía.

Podrán caer mil a tu izquierda, y diez mil a tu derecha, pero a ti no te afectará. No tendrás más que abrir bien los ojos, para ver a los impíos recibir su merecido.

Ya que has puesto al SEÑOR por tu refugio, al Altísimo por tu protección, ningún mal habrá de sobrevenirte, ninguna calamidad llegará a tu hogar. Porque él ordenará que sus ángeles te cuiden en todos tus caminos. Con sus propias manos te levantarán para que no tropieces con piedra alguna (Salmos 91:1-12).

En Apocalipsis 21, después de que todos los eventos del Apocalipsis se hayan sucedido, Juan describe una nueva Jerusalén, la santa ciudad, y a aquellos que la habrán de ocupar:

Después vi un cielo nuevo y una tierra nueva, porque el primer cielo y la primera tierra habían dejado de existir, lo mismo que el mar. Vi además la ciudad santa, la nueva Jerusalén, que bajaba del cielo, procedente de Dios, preparada como una novia hermosamente vestida para su prometido. Oí una potente voz que provenía del trono y decía: «¡Aquí, entre los seres humanos, está la morada de Dios! Él acampará en medio de ellos, y ellos serán su pueblo; Dios mismo estará con ellos y será su Dios. Él les enjugará toda lágrima de los ojos. Ya no habrá muerte, ni llanto, ni lamento ni dolor, porque las primeras cosas han dejado de existir.»

El que estaba sentado en el trono dijo: «¡Yo hago nuevas todas las cosas!» Y añadió: «Escribe, porque estas palabras son verdaderas y dignas de confianza.»

También me dijo: «Ya todo está hecho. Yo soy el Alfa y la Omega, el Principio y el Fin. Al que tenga sed le daré a beber gratuitamente de la fuente del agua de la vida. El que salga vencedor heredará todo esto, y yo seré su Dios y él será mi hijo. Pero los cobardes, los incrédulos, los abominables, los asesinos, los que cometen inmoralidades sexuales, los que practican artes mágicas, los idólatras y todos los mentirosos recibirán como herencia el lago de fuego y azufre. Ésta es la segunda muerte» (Apocalipsis 21:1-8).

Favor leer los versículos arriba con cuidado. Jesús, el Cordero de Dios resucitado nos da dos alternativas. Una es, creer en el Alfa y la Omega, y así para siempre estaremos bebiendo de «la fuente del agua de la vida». O, podemos unirnos a los incrédulos que serán echados en «el lago de fuego y azufre».

¡No lo dije yo! El resucitado Jesús lo dijo! Jesús es la verdad!

En Apocalipsis 22, el último capítulo de la Biblia, a Juan se le mostró lo siguiente:

Luego el ángel me mostró un río de agua de vida, claro como el cristal, que salía del trono de Dios y del Cordero, y corría por el centro de la calle principal de la ciudad. A cada lado del río estaba el árbol de la vida, que produce doce cosechas al año, una por mes; y las hojas del árbol son para la salud de las naciones. Ya no habrá maldición. El trono de Dios y del Cordero estará en la ciudad. Sus siervos lo adorarán; lo verán cara a cara, y llevarán su nombre en la frente. Ya no habrá noche; no necesitarán luz de lámpara ni de sol, porque el Señor Dios los alumbrará. Y reinarán por los siglos de los siglos (Apocalipsis 22:1-5).

Favor notar «*el agua de vida…que salía del trono de Dios y del Cordero*». También noten que el «*árbol de la vida*» está al alcance, rindiendo su fruto todos los meses.

Al fin del capítulo, Jesús dijo:

> «*¡Miren que vengo pronto! Traigo conmigo mi recompensa, y le pagaré a cada uno según lo que haya hecho. Yo soy el Alfa y la Omega, el Primero y el Último, el Principio y el Fin» (Apocalipsis 22:12-13).*

Hemos venido hablando de tres testigos que escribieron partes de la Biblia. El apóstol Juan, pescador sin preparación académica, escribió cinco libros que describen los sucesos en torno a un hombre llamado Jesús. Escribió lo que Jesús le enseñó y mostró. Todas estas cosas le fueron recordadas por obra del Espíritu Santo.

Mi ruego es que estés de acuerdo en que el apóstol Juan era testigo de acontecimientos especiales. Al fin de las cuentas, tú tienes que decidir si Juan escribió sobre un lunático llamado Jesús quien le «lavó el cerebro» a Juan para que creyese el mayor engaño jamás hecho a un hombre. O, ¿en realidad vio Juan aquellos milagros? ¿Realmente vio a Jesús levantar a los muertos?¿En verdad vio a Jesús el Mesías resucitado, después de que fue crucificado? ¿Tuvo sí el privilegio de ver a Jesús entre las multitudes en el cielo y alabado por diez mil veces diez mil ángeles?

De ti no sé, pero en cuanto a mí, yo estoy convencido que es cierto lo que Juan me cuenta respecto a Jesús el Hijo de Dios.

Si aún dudas, favor considerar ahora lo que dice Pedro, otro testigo y hombre sin letras.

Es tan sencillo.

B. Pedro — Testigo del plan de salvación

Al igual que Juan, Pedro era pescador. Era socio de Juan y Jacobo en la pescadería. Su nombre original fue Simón, lo cual Jesús cambió por Pedro, que quiere decir «la roca». Favor notar a Jesús cuando «llama» a Pedro, Jacobo y Juan, según lo detalla Lucas en el capítulo 5:

> *Un día estaba Jesús a orillas del lago de Genesaret, y la gente lo apretujaba para escuchar el mensaje de Dios. Entonces vio dos barcas que los pescadores habían dejado en la playa mientras lavaban las redes. Subió a una de las barcas, que pertenecía a Simón, y le pidió que la alejara un poco de la orilla. Luego se sentó, y enseñaba a la gente desde la barca. Cuando acabó de hablar, le dijo a Simón:*
>
> *—Lleva la barca hacia aguas más profundas, y echen allí las redes para pescar.*
>
> *—Maestro, hemos estado trabajando duro toda la noche y no hemos pescado nada —le contestó Simón—. Pero como tú me lo mandas, echaré las redes.*
>
> *Así lo hicieron, y recogieron una cantidad tan grande de peces que las redes se rompían. Entonces llamaron por señas a sus compañeros de la otra barca para que los ayudaran. Ellos se acercaron y llenaron tanto las dos barcas que comenzaron a hundirse. Al ver esto, Simón Pedro cayó de rodillas delante de Jesús y le dijo:*
>
> *—¡Apártate de mí, Señor; soy un pecador!*
>
> *Es que él y todos sus compañeros estaban asombrados ante la pesca que habían hecho, como también lo estaban Jacobo y Juan, hijos de Zebedeo, que eran socios de Simón.*
>
> *—No temas; desde ahora serás pescador de hombres —le dijo Jesús a Simón.*
>
> *Así que llevaron las barcas a tierra y, dejándolo todo, siguieron a Jesús (Lucas 5:1-11).*

Jesús tomó a estos pescadores ordinarios y sin letras y los hizo «pescadores de hombres».

Primero, vemos cómo Pedro luchaba con su fe. A pesar de que andaba a diario con el Hijo de Dios, le daba trabajo componer su vida. Más tarde verás cómo Pedro cambió después que el Espíritu Santo entró en su vida.

Muchos de los que confiesan ser cristianos ven mucho del carácter de Pedro en sus propias vidas. ¡Y ello me incluye a mí también! Los no creyentes tienen la tendencia a pensar que los cristianos, de algún modo, vivimos vidas «puras», que nunca tenemos problemas, que todo lo tenemos bajo control, que nunca perdemos la paciencia, ni maldecimos ni deseamos lo impuro. ¡Se equivocan!

La mayoría nos esforzamos por vivir una vida que agrada a Dios, pero no siempre lo logramos. Pablo, quien nos ocupará más tarde, también luchó con la vida.

Favor leer sus comentarios en Romanos 7:

Sabemos, en efecto, que la ley es espiritual. Pero yo soy meramente humano, y estoy vendido como esclavo al pecado. No entiendo lo que me pasa, pues no hago lo que quiero, sino lo que aborrezco. Ahora bien, si hago lo que no quiero, estoy de acuerdo en que la ley es buena; pero, en ese caso, ya no soy yo quien lo lleva a cabo sino el pecado que habita en mí. Yo sé que en mí, es decir, en mi naturaleza pecaminosa, nada bueno habita. Aunque deseo hacer lo bueno, no soy capaz de hacerlo. De hecho, no hago el bien que quiero, sino el mal que no quiero. Y si hago lo que no quiero, ya no soy yo quien lo hace sino el pecado que habita en mí.

Así que descubro esta ley: que cuando quiero hacer el bien, me acompaña el mal. Porque en lo íntimo de mi ser me deleito en la ley de Dios; pero me doy cuenta de que en los miembros de mi cuerpo hay otra ley, que es la ley del pecado. Esta ley lucha contra la ley de mi mente, y me tiene cautivo. ¡Soy un pobre miserable! ¿Quién me librará de este cuerpo mortal? ¡Gracias a Dios por medio de Jesucristo nuestro Señor!

En conclusión, con la mente yo mismo me someto a la ley de Dios, pero mi naturaleza pecaminosa está sujeta a la ley del pecado (Romanos 7:14-25).

La mayoría de los cristianos reconocen de inmediato que hay una batalla continua en nuestras vidas. Como dice Pablo arriba, *«aunque deseo hacer lo bueno, no soy capaz de hacerlo».*

Me consuelo al leer los comentarios arriba. Sólo Jesucristo, al morir en la cruz como el Cordero sacrificado, nos puede rescatar de este cuerpo de muerte. Pablo dice, *«¡Gracias a Dios!»* Los cristianos confesantes respondemos con un fuerte «¡Amén!»

Antes de seguir, espero que tú también te sientes animado por el hecho de que hasta el gran apóstol Pablo haya luchado con la vida. Algunos proponen hacerse cristianos sólo después de «limpiar sus vidas». Dicen que vendrán a Jesús sólo cuando estén lo suficientemente buenos.

Pero debes venir a Jesús tal y como estás. Puedes intentar limpiar tu vida y librarte de cualquier debilidad que pudieras tener, pero solamente por la sangre de Jesucristo podrás ser lo suficientemente limpio como para presentarte perfecto y santo delante de Dios Padre.

No hay pecado que Jesús no perdona en la cruz. El asesinato. La violación. La borrachera. Como dice la Biblia en Santiago 2:

> *Porque el que cumple con toda la ley pero falla en un solo punto ya es culpable de haberla quebrantado (Santiago 2:10).*

Ojalá comprendas esto por completo y que halles consolación en ello. Sí, habrá grandes cambios en tu vida después de hacerte cristiano. Sin embargo, no siempre vas a ganar todas tus batallas. Es cierto que, si te haces cristiano, lo más probable enfrentarás batallas aún mayores. El diablo hará todo lo posible por afectar tu testimonio. ¡Algunos de tus parientes hasta podrán repudiarte!

> *«Los enemigos de cada cual serán los de su propia familia» (Mateo 10:36).*

Aún Pedro, el gran apóstol, tuvo sus luchas mayores mientras crecía en su fe. Pero después que el Espíritu Santo le sobrevino en Pentecostés, no fue más pescador, sino «pescador de hombres». Él escribió dos libros, 1ra Pedro y 2da Pedro, para contarnos lo que vio y oyó al andar con Jesús.

Cuando les dimos a conocer la venida de nuestro Señor Jesucristo en todo su poder, no estábamos siguiendo sutiles cuentos supersticiosos sino dando testimonio de su grandeza, que vimos con nuestros propios ojos (2da Pedro 1:16).

Favor leer también lo que Pedro dijo en Hechos 10:

Dios envió su mensaje al pueblo de Israel, anunciando las buenas nuevas de la paz por medio de Jesucristo, que es el Señor de todos. Ustedes conocen este mensaje que se difundió por toda Judea, comenzando desde Galilea, después del bautismo que predicó Juan. Me refiero a Jesús de Nazaret: cómo lo ungió Dios con el Espíritu Santo y con poder, y cómo anduvo haciendo el bien y sanando a todos los que estaban oprimidos por el diablo, porque Dios estaba con él. Nosotros somos testigos de todo lo que hizo en la tierra de los judíos y en Jerusalén. Lo mataron, colgándolo en un madero, pero Dios lo resucitó al tercer día y dispuso que se apareciera, no a todo el pueblo, sino a nosotros, testigos previamente escogidos por Dios, que comimos y bebimos con él después de su resurrección (Hechos 10:36-41).

Pedro, así como Juan, andaba a diario con Jesús. Él era testigo ocular de todos los eventos en la vida de Jesús. Él presenció la crucifixión de Jesús, pero también vio a Jesús y comió con él después de su resurrección.

Aunque Pedro andaba con Cristo a diario, él tropezó en varias ocasiones. Favor leer varias de las siguientes historias acerca de las debilidades de Pedro. Se presentan aquí para que, más tarde en este capítulo puedas apreciar la diferencia en la vida de Pedro cuando el Espíritu Santo entró en él en Pentecostés.

Favor leer acerca de la falta de fe en Pedro en Mateo 14:

En seguida Jesús hizo que los discípulos subieran a la barca y se le adelantaran al otro lado mientras él despedía a la multitud. Después de despedir a la gente, subió a la montaña para orar a solas. Al anochecer, estaba allí él solo, y la barca ya estaba bastante lejos de la tierra, zarandeada por las olas, porque el viento le era contrario.

En la madrugada, Jesús se acercó a ellos caminando sobre el lago. Cuando los discípulos lo vieron caminando sobre el agua, quedaron aterrados.

—¡Es un fantasma! —gritaron de miedo.

Pero Jesús les dijo en seguida:

—¡Cálmense! Soy yo. No tengan miedo.

—Señor, si eres tú —respondió Pedro—, mándame que vaya a ti sobre el agua.

—Ven —dijo Jesús.

Pedro bajó de la barca y caminó sobre el agua en dirección a Jesús. Pero al sentir el viento fuerte, tuvo miedo y comenzó a hundirse.

Entonces gritó:

—¡Señor, sálvame!

En seguida Jesús le tendió la mano y, sujetándole, lo reprendió:

—¡Hombre de poca fe! ¿Por qué dudaste? (Mateo 14:22-31).

Favor leer acerca de un Pedro violento según se detalla en Juan 18:

Cuando Jesús terminó de orar, salió con sus discípulos y cruzó el arroyo de Cedrón. Al otro lado había un huerto en el que entró con sus discípulos.

También Judas, el que lo traicionaba, conocía aquel lugar, porque muchas veces Jesús se había reunido allí con sus discípulos. Así que Judas llegó al huerto, a la cabeza de un destacamento de soldados y guardias de los jefes de los sacerdotes y de los fariseos. Llevaban antorchas, lámparas y armas.

Jesús, que sabía todo lo que le iba a suceder, les salió al encuentro.

—¿A quién buscan? —les preguntó.

—A Jesús de Nazaret —contestaron.

—Yo soy.

Judas, el traidor, estaba con ellos.

Cuando Jesús les dijo: «Yo soy», dieron un paso atrás y se desplomaron.

—¿A quién buscan? — volvió a preguntarles Jesús.

—A Jesús de Nazaret —repitieron.

—Ya les dije que yo soy. Si es a mí a quien buscan, dejen que éstos se vayan.

Esto sucedió para que se cumpliera lo que había dicho: «De los que me diste ninguno se perdió.»

Simón Pedro, que tenía una espada, la desenfundó e hirió al siervo del sumo sacerdote, cortándole la oreja derecha. (El siervo se llamaba Malco.)

—¡Vuelve esa espada a su funda! —le ordenó Jesús a Pedro—. ¿Acaso no he de beber el trago amargo que el Padre me da a beber? (Juan 18:1-11).

Aunque andaba diariamente con Jesús, Pedro aún no comprendía la misión de Jesús en la tierra. El Espíritu Santo aún no le había revelado a Pedro el significado pleno del ministerio de Jesús. Más tarde veremos como el Espíritu Santo echó mano de Pedro, pero en este momento Pedro decidió resistir con una espada — como si Jesús, el Hijo de Dios, necesitaba de su protección.

En el recuento de Mateo del mismo acontecimiento, Jesús le dijo a Pedro:

—Guarda tu espada —le dijo Jesús—, porque los que a hierro matan, a hierro mueren. ¿Crees que no puedo acudir a mi Padre, y al instante pondría a mi disposición más de doce batallones de ángeles? (Mateo 26:52-53).

Favor notar que Jesús dijo que hubiera podido evitado su muerte en la cruz.

Ahora, lee de un Pedro que se jacta y a la vez que reniega:

Cuando Judas hubo salido, Jesús dijo:

—Ahora es glorificado el Hijo del hombre, y Dios es glorificado en él. Si Dios es glorificado en él, Dios glorificará al Hijo en sí mismo, y lo hará muy pronto.

»Mis queridos hijos, poco tiempo me queda para estar con ustedes. Me buscarán, y lo que antes les dije a los judíos, ahora se lo digo a ustedes: Adonde yo voy, ustedes no pueden ir.

»Este mandamiento nuevo les doy: que se amen los unos a los otros. Así como yo los he amado, también ustedes deben amarse los unos a los otros. De este modo todos sabrán que son mis discípulos, si se aman los unos a los otros.

—¿Y adónde vas, Señor? —preguntó Simón Pedro.

—Adonde yo voy, no puedes seguirme ahora, pero me seguirás más tarde.

—Señor —insistió Pedro—, ¿por qué no puedo seguirte ahora? Por ti daré hasta la vida.

—¿Tú darás la vida por mí? ¡De veras te aseguro que antes de que cante el gallo, me negarás tres veces (Juan 13:31-38)!

Pedro estuvo lleno de buenas intenciones, como lo están la mayoría de los cristianos. Él dijo que daría su vida por Jesús. La mayoría de los cristianos, yo inclusive, estamos dispuestos a hacer lo mismo. Sin embargo, nuestra carne es débil, aún cuando nuestras intenciones sean buenas.

Mateo 26 se extiende más sobre la misma conversación. Jesús conocía las debilidades de Pedro así como conoce las nuestras, pero aún así sigue amándonos.

—Esta misma noche —les dijo Jesús— todos ustedes me abandonarán, porque está escrito:

» *"Heriré al pastor, y se dispersarán las ovejas del rebaño."*

Pero después de que yo resucite, iré delante de ustedes a Galilea.

—*Aunque todos te abandonen* —*declaró Pedro*—, *yo jamás lo haré.*

—*Te aseguro* —*le contestó Jesús*— *que esta misma noche, antes de que cante el gallo, me negarás tres veces.*

—*Aunque tenga que morir contigo* —*insistió Pedro*—, *jamás te negaré. Y los demás discípulos dijeron lo mismo (Mateo 26:31-35).*

Jesús le dijo a Pedro que le había de negar tres veces. Y, efectivamente, así lo hizo. Favor leer Juan 18:

Simón Pedro y otro discípulo seguían a Jesús. Y como el otro discípulo era conocido del sumo sacerdote, entró en el patio del sumo sacerdote con Jesús; Pedro, en cambio, tuvo que quedarse afuera, junto a la puerta. El discípulo conocido del sumo sacerdote volvió entonces a salir, habló con la portera de turno y consiguió que Pedro entrara.

—*¿No eres tú también uno de los discípulos de ese hombre?* —*le preguntó la portera.*

—*No lo soy* —*respondió Pedro.*

Los criados y los guardias estaban de pie alrededor de una fogata que habían hecho para calentarse, pues hacía frío. Pedro también estaba de pie con ellos, calentándose.

Mientras tanto, el sumo sacerdote interrogaba a Jesús acerca de sus discípulos y de sus enseñanzas.

—*Yo he hablado abiertamente al mundo* —*respondió Jesús*—. *Siempre he enseñado en las sinagogas o en el templo, donde se congregan todos los judíos. En secreto no he dicho nada. ¿Por qué me interrogas a mí? ¡Interroga a los que me han oído hablar! Ellos deben saber lo que dije.*

Apenas dijo esto, uno de los guardias que estaba allí cerca le dio una bofetada y le dijo:

—¿Así contestas al sumo sacerdote?

—Si he dicho algo malo —replicó Jesús—, demuéstramelo. Pero si lo que dije es correcto, ¿por qué me pegas?

Entonces Anás lo envió, todavía atado, a Caifás, el sumo sacerdote.

Mientras tanto, Simón Pedro seguía de pie, calentándose.

—¿No eres tú también uno de sus discípulos? —le preguntaron.

—No lo soy —dijo Pedro, negándolo.

—¿Acaso no te vi en el huerto con él? —insistió uno de los siervos del sumo sacerdote, pariente de aquel a quien Pedro le había cortado la oreja.

Pedro volvió a negarlo, y en ese instante cantó el gallo (Juan 18:15-27).

Pedro negó a Jesús tres veces en el preciso momento cuando el Hijo de Dios fue conducido hacia su muerte.

Mateo 26 detalla lo siguiente:

Entonces Pedro se acordó de lo que Jesús había dicho: «Antes de que cante el gallo, me negarás tres veces.» Y saliendo de allí, lloró amargamente (Mateo 26:75).

¡Pedro lloró amargamente! ¿Me permite agregar que muchos cristianos que conocen la profundidad del plan de salvación de Jesús, también han derramado lágrimas por la manera en que nosotros tratamos algunas veces a Dios Padre, a Jesús el único Hijo, y al Espíritu Santo de Dios. ¡Gracias sean dadas a Dios por su infinita paciencia y perdón!

Pedro fracasó en otra ocasión al dormir en su puesto.

Antes de su arresto, Jesús estuvo en un jardín llamado Getsemaní. Lo siguiente fue detallado en Mateo 26:

Luego fue Jesús con sus discípulos a un lugar llamado Getsemaní, y les dijo: «Siéntense aquí mientras voy más allá a orar.» Se llevó a Pedro y a los dos hijos de Zebedeo, y comenzó a sentirse triste y angustiado. «Es tal la angustia que me invade, que me siento morir —les dijo—. Quédense aquí y manténganse despiertos conmigo.»

Yendo un poco más allá, se postró sobre su rostro y oró: «Padre mío, si es posible, no me hagas beber este trago amargo. Pero no sea lo que yo quiero, sino lo que quieres tú.»

Luego volvió adonde estaban sus discípulos y los encontró dormidos. «¿No pudieron mantenerse despiertos conmigo ni una hora? —le dijo a Pedro—. Estén alerta y oren para que no caigan en tentación. El espíritu está dispuesto, pero el cuerpo es débil.»

Por segunda vez se retiró y oró: «Padre mío, si no es posible evitar que yo beba este trago amargo, hágase tu voluntad.»

Cuando volvió, otra vez los encontró dormidos, porque se les cerraban los ojos de sueño. Así que los dejó y se retiró a orar por tercera vez, diciendo lo mismo.

Volvió de nuevo a los discípulos y les dijo: «¿Siguen durmiendo y descansando? Miren, se acerca la hora, y el Hijo del hombre va a ser entregado en manos de pecadores (Mateo 26:36-45).

Jesús llevó a Pedro y Juan (también Jacobo) a un lugar llamado Getsemaní. Él sabía que el fin se acercaba. Les dijo que su alma estaba abrumado de dolor hasta el punto de la muerte. Jesús, el único Hijo de Dios, acudió a su Padre en oración:

«Padre mío, si es posible, no me hagas beber este trago amargo. Pero no sea lo que yo quiero, sino lo que quieres tú» (Mateo 26:39).

Mientras Jesús oraba sencillamente pidió que Pedro, Juan y Jacobo (hermano de Juan) vigilaran. Estoy seguro que estos tres hombres presintieron el problema que venía y que la vida de Jesús peligraba, sin embargo, ¿qué hicieron estos grandes campeones de la fe? ¡Durmieron!

Jesús les dijo en el versículo 41:

> *«Estén alerta y oren para que no caigan en tentación. El espíritu está dispuesto, pero el cuerpo es débil» (Mateo 26:41).*

Según lo indicado arriba, temprano en el ministerio de Jesús Pedro luchaba con su fe, pero ahora, ya pronto su vida cambiará para siempre.

Después que Jesús fue crucificado sus seguidores tuvieron temor. Aunque vieron a Jesús cuando resucitó a Lázaro y a otros, la muerte había sobrevenido al hombre mismo que ellos creían ser el Mesías. Oyeron cuando Jesús les dijo a los fariseos:

> —*Destruyan este templo, y lo levantaré de nuevo en tres días.*

> —*Tardaron cuarenta y seis años en construir este templo, ¿y tú vas a levantarlo en tres días?*

> *Pero el templo al que se refería era su propio cuerpo (Juan 2:19-21).*

Aún cuando él pronosticó su propia resurrección, ellos no alcanzaban a comprender todos los eventos que ocurrían.

Juan 20 detalla eventos que ayudaron a Pedro a comprender el propósito de la venida de Jesús a la tierra:

> *El primer día de la semana, muy de mañana, cuando todavía estaba oscuro, María Magdalena fue al sepulcro y vio que habían quitado la piedra que cubría la entrada. Así que fue corriendo a ver a Simón Pedro y al otro discípulo, a quien Jesús amaba, y les dijo:*

> —*¡Se han llevado del sepulcro al Señor, y no sabemos dónde lo han puesto!*

> *Pedro y el otro discípulo se dirigieron entonces al sepulcro. Ambos fueron corriendo, pero como el otro discípulo corría más aprisa que Pedro, llegó primero al sepulcro. Inclinándose, se asomó y*

vio allí las vendas, pero no entró. Tras él llegó Simón Pedro, y entró en el sepulcro. Vio allí las vendas y el sudario que había cubierto la cabeza de Jesús, aunque el sudario no estaba con las vendas sino enrollado en un lugar aparte. En ese momento entró también el otro discípulo, el que había llegado primero al sepulcro; y vio y creyó. Hasta entonces no habían entendido la Escritura, que dice que Jesús tenía que resucitar (Juan 20:1-9).

Una mujer llamada María Magdalena vio a un sepulcro vacío. Inmediatamente corrió a contarlo a Pedro y Juan. Los dos corrieron al sepulcro vacío, y Juan corrió más aprisa que Pedro.

Los discípulos regresaron a su casa, pero María se quedó afuera, llorando junto al sepulcro. Mientras lloraba, se inclinó para mirar dentro del sepulcro, y vio a dos ángeles vestidos de blanco, sentados donde había estado el cuerpo de Jesús, uno a la cabecera y otro a los pies.

—¿Por qué lloras, mujer? —le preguntaron los ángeles.

—Es que se han llevado a mi Señor, y no sé dónde lo han puesto —les respondió.

Apenas dijo esto, volvió la mirada y allí vio a Jesús de pie, aunque no sabía que era él. Jesús le dijo:

—¿Por qué lloras, mujer? ¿A quién buscas?

Ella, pensando que se trataba del que cuidaba el huerto, le dijo:

—Señor, si usted se lo ha llevado, dígame dónde lo ha puesto, y yo iré por él.

—María —le dijo Jesús.

Ella se volvió y exclamó:

—¡Raboni! (que en arameo significa: Maestro).

—Suéltame, porque todavía no he vuelto al Padre. Ve más bien

a mis hermanos y diles: "Vuelvo a mi Padre, que es Padre de ustedes; a mi Dios, que es Dios de ustedes."

María Magdalena fue a darles la noticia a los discípulos. «¡He visto al Señor!», exclamaba, y les contaba lo que él le había dicho (Juan 20:10-18).

María fue donde Pedro y Juan con la noticia de que ella había visto a Jesús vivo y les dijo lo que él le había dicho.

Pero los discípulos de Jesús, Pedro inclusive, tenían tanto miedo que trancaron sus puertas por temor a los judíos.

Al atardecer de aquel primer día de la semana, estando reunidos los discípulos a puerta cerrada por temor a los judíos, entró Jesús y, poniéndose en medio de ellos, los saludó.

—¡La paz sea con ustedes!

Dicho esto, les mostró las manos y el costado. Al ver al Señor, los discípulos se alegraron (Juan 20: 19-20).

Jesús se apareció a sus discípulos y *«les mostró las manos y el costado»* por donde fue clavado en la cruz y donde la lanza había perforado su cuerpo.

Un hombre llamado Tomás, uno de los doce apóstoles, no estuvo presente con los otros discípulos cuando Jesús se apareció la primera vez, pero más tarde él vio al resucitado Jesús de una manera especial. Lo siguiente se lee en Juan 20:

Tomás, al que apodaban el Gemelo, y que era uno de los doce, no estaba con los discípulos cuando llegó Jesús. Así que los otros discípulos le dijeron:

—¡Hemos visto al Señor!

—Mientras no vea yo la marca de los clavos en sus manos, y meta mi dedo en las marcas y mi mano en su costado, no lo creeré —repuso Tomás.

Una semana más tarde estaban los discípulos de nuevo en la casa, y Tomás estaba con ellos. Aunque las puertas estaban cerradas, Jesús entró y, poniéndose en medio de ellos, los saludó.

—¡La paz sea con ustedes!

Luego le dijo a Tomás:

—Pon tu dedo aquí y mira mis manos. Acerca tu mano y métela en mi costado. Y no seas incrédulo, sino hombre de fe.

—¡Señor mío y Dios mío! —exclamó Tomás.

—Porque me has visto, has creído —le dijo Jesús—; dichosos los que no han visto y sin embargo creen.

Jesús hizo muchas otras señales milagrosas en presencia de sus discípulos, las cuales no están registradas en este libro (Juan 20:24-30).

Este Tomás incrédulo tuvo que *«poner su dedo»* en el costado y las manos de Jesús para poder creer. Luego Jesús le dijo a Tomás: *«no seas incrédulo, sino hombre de fe.»*

Sé que nosotros no hemos tenido oportunidad de meter nuestros dedos en las manos y el costado de Jesús. Tal vez si pudieras, creerías de inmediato como Tomás. Todo lo que tenemos son las palabras escritas de Pedro, Juan, y otros, sobre los eventos que ocurrieron. Jesús, Hijo único de Dios, el que murió en la cruz por nuestros pecados, te llamará dichoso si tan solamente crees.

Pero éstas se han escrito para que ustedes crean que Jesús es el Cristo, el Hijo de Dios, y para que al creer en su nombre tengan vida (Juan 20:31).

Sin pena ni disculpas el apóstol Juan dice confiadamente que él escribió sus libros para que tú pudieras *conocer* que Jesús es el Cristo, el Mesías, el Hijo de Dios, y que, al creer, tengan la vida eterna.

Este libro se escribe con el mismo propósito. Es tan sencillo.

Jesús tenía algo más que decirle a Pedro antes de ascender al cielo.

En Juan 21 se detalla que Pedro, junto a varios otros de los discípulos, fue a pescar y no pescó nada esa noche. Pero Jesús, el

Mesías resucitado, se les apareció y les dijo dónde hallar peces. También comisionó a Pedro para que comenzara a pescar hombres en lugar de pescado.

Al despuntar el alba Jesús se hizo presente en la orilla, pero los discípulos no se dieron cuenta de que era él.

—Muchachos, ¿no tienen algo de comer? —les preguntó Jesús.

—No —respondieron ellos.

—Tiren la red a la derecha de la barca, y pescarán algo.

Así lo hicieron, y era tal la cantidad de pescados que ya no podían sacar la red.

—¡Es el Señor! —dijo a Pedro el discípulo a quien Jesús amaba.

Tan pronto como Simón Pedro le oyó decir: «Es el Señor», se puso la ropa, pues estaba semidesnudo, y se tiró al agua. Los otros discípulos lo siguieron en la barca, arrastrando la red llena de pescados, pues estaban a escasos cien metros de la orilla. Al desembarcar, vieron unas brasas con un pescado encima, y un pan (Juan 21:4-9).

Como de costumbre, Pedro fue tan afanoso de ver a Jesús que se tiró al agua antes que ayudar a sus compañeros a traer la enorme cantidad de peces. Después de comer, Jesús le confrontó a Pedro:

Cuando terminaron de desayunar, Jesús le preguntó a Simón Pedro:

—Simón, hijo de Juan, ¿me amas más que éstos?

—Sí, Señor, tú sabes que te quiero —contestó Pedro.

—Apacienta mis corderos —le dijo Jesús.

Y volvió a preguntarle:

—Simón, hijo de Juan, ¿me amas?

—Sí, Señor, tú sabes que te quiero.

—Cuida de mis ovejas.

Por tercera vez Jesús le preguntó:

—Simón, hijo de Juan, ¿me quieres?

A Pedro le dolió que por tercera vez Jesús le hubiera preguntado: «¿Me quieres?» Así que le dijo:

—Señor, tú lo sabes todo; tú sabes que te quiero.

—Apacienta mis ovejas —le dijo Jesús. De veras te aseguro que cuando eras más joven te vestías tú mismo e ibas a donde querías; pero cuando seas viejo, extenderás las manos y otro te vestirá y te llevará a donde no quieras ir.

Esto dijo Jesús para dar a entender la clase de muerte con que Pedro glorificaría a Dios. Después de eso añadió:

—¡Sígueme! (Juan 21:15-19)

Jesús estuvo al punto de dejar la tierra y regresar al cielo. Le dijo a Pedro que apacentara sus ovejas (sus seguidores). También le dijo que cuando él era más joven decidía su propia vida. Ahora, Jesús le dijo a Pedro que sería llevado a donde él sólo no iría ni desearía ir.

En Juan 21 Jesús indica que Pedro pasaría por una muerte por la cual glorificaría a Dios. La Biblia no indica la clase de muerte que Pedro sufrió, pero la tradición indica que fue una muerte horrible. Pedro luchaba con su fe pero las siguientes páginas mostrarán como la vida de Pedro cambió drásticamente cuando el Espíritu Santo le llegó.

Un médico llamado Lucas, quien era compañero de viajes de Pablo, escribió dos libros de la Biblia —el evangelio según Lucas, y el libro de los Hechos. Él, obviamente, fue muy intrigado por este hombre Jesús.

Yo he encontrado que muchas personas que investigan al cristianismo quieren ver «los hechos». Pero como dijimos anteriormente, no hay ningún video que documenta a Jesús cuando sanaba a los enfermos, o resucitaba a los muertos, o cuando murió en la cruz o cuando salió de la tumba.

Lucas, así como muchos en el día de hoy, quiso «ver los hechos». A menudo que Lucas describe estos hechos, favor notar el cambio en la vida de Pedro:

> *Muchos han intentado hacer un relato de las cosas que se han cumplido entre nosotros, tal y como nos los transmitieron los que desde el principio fueron testigos presenciales y servidores de la palabra. Por lo tanto, yo también, excelentísimo Teófilo, habiendo investigado todo esto con esmero desde su origen, he decidido escribírtelo ordenadamente, para que llegues a tener plena seguridad de lo que te enseñaron (Lucas 1:1-4).*

El médico dijo en el versículo 3: *«yo mismo he investigado todo esto con esmero desde su origen»*. Luego dijo que le pareció bueno escribir un informe ordenado *«para que llegues a tener plena seguridad de las cosas»*.

En su evangelio por Lucas y en los primeros capítulos de los Hechos, Lucas detalla el nacimiento virginal de Jesús, sus actividades en la tierra, su muerte, su resurrección y la llegada luego del Espíritu Santo.

Para aquellos entre ustedes que necesitan ver «los hechos», les sugiero que Lucas, un médico que vivía en la época de Jesús, hizo las investigaciones por ustedes. Él habló a las personas mismas que tenían «conocimiento de primera» acerca de las actividades de Jesús.

Lucas les escribió una historia «ordenada» para ustedes para que puedan tener la seguridad de que Jesús es el Hijo único de Dios quien murió en una cruz por nuestros pecados.

En los Hechos (segundo libro escrito por Lucas), capítulo primero, Lucas describe lo siguiente:

> *Una vez, mientras comía con ellos, les ordenó:*
>
> *—No se alejen de Jerusalén, sino esperen la promesa del Padre, de la cual les he hablado: Juan bautizó con agua, pero dentro de pocos días ustedes serán bautizados con el Espíritu Santo.*

Entonces los que estaban reunidos con él le preguntaron:

—Señor, ¿es ahora cuando vas a restablecer el reino a Israel?

—No les toca a ustedes conocer la hora ni el momento determinados por la autoridad misma del Padre —les contestó Jesús—. Pero cuando venga el Espíritu Santo sobre ustedes, recibirán poder y serán mis testigos tanto en Jerusalén como en toda Judea y Samaria, y hasta los confines de la tierra (Hechos 1:4-8).

Jesús les dijo a sus seguidores que pronto serían bautizados con el Espíritu Santo. Tal vez te acuerdas que Jesús les dijo a sus seguidores que Dios Padre enviaría el Espíritu Santo:

«Todo esto lo digo ahora que estoy con ustedes. Pero el Consolador, el Espíritu Santo, a quien el Padre enviará en mi nombre, les enseñará todas las cosas y les hará recordar todo lo que les he dicho» (Juan 14:25-26).

Como se ha dicho varias veces en este libro, esta es la razón por qué Juan, Pedro, Pablo, Lucas, Mateo, y otros podían recordar y escribir acerca de Jesús y el plan de salvación. El Espíritu Santo les recordaba.

Después que Jesús les dijo a sus discípulos que se les daría el Espíritu Santo, Jesús ascendió al cielo para estar nuevamente con Dios, su Padre.

Habiendo dicho esto, mientras ellos lo miraban, fue llevado a las alturas hasta que una nube lo ocultó de su vista. Ellos se quedaron mirando fijamente al cielo mientras él se alejaba. De repente, se les acercaron dos hombres vestidos de blanco, que les dijeron:

—Galileos, ¿qué hacen aquí mirando al cielo? Este mismo Jesús, que ha sido llevado de entre ustedes al cielo, vendrá otra vez de la misma manera que lo han visto irse (Hechos 1:9-11).

Jesús no fue enviado de regreso a su hogar celestial en un ataúd cual «cordero sacrificado». Nuestro Salvador viviente ascendió triunfante al cielo en una nube después de cumplir su misión en la tierra.

Favor notar Hechos 1:11:

—Galileos, ¿qué hacen aquí mirando al cielo? Este mismo Jesús, que ha sido llevado de entre ustedes al cielo, vendrá otra vez de la misma manera que lo han visto irse (Hechos 1:11).

¡Él volverá!

En el Antiguo Testamento, se insistía en que un Mesías vendría a la tierra. ¡Jesús es aquel Mesías! El ángel de Dios profetizó que él vendrá otra vez. ¡Lo hará! Y todos nosotros debemos alistar nuestros asuntos. Como recordatorio Jesús dijo:

«No se angustien. Confíen en Dios, y confíen también en mí. En el hogar de mi Padre hay muchas viviendas; si no fuera así, ya se lo habría dicho a ustedes. Voy a prepararles un lugar. Y si me voy y se lo preparo, vendré para llevármelos conmigo. Así ustedes estarán donde yo esté. Ustedes ya conocen el camino para ir a donde yo voy» (Juan 14:1-4).

Él está preparando un lugar para todos los que creen. Él volverá a reunir a todos aquellos que vivirán con él eternamente. Yo ruego que tú estés listo!

Ahora vamos a ver qué pasó con Pedro (y Juan) después que Jesús volvió a ascender al cielo.

Como dijimos antes, en Hechos 1 se les dijo que esperaran en Jerusalén:

Una vez, mientras comía con ellos, les ordenó:

—No se alejen de Jerusalén, sino esperen la promesa del Padre, de la cual les he hablado: Juan bautizó con agua, pero dentro de pocos días ustedes serán bautizados con el Espíritu Santo (Hechos 1:4-5).

No creo que ni Pedro ni tampoco Juan tenía la menor idea de

los cambios que estaban por efectuarse. Sus vidas no serían iguales nunca, y yo ruego que tu también anheles experimentar lo que Pedro y Juan experimentaron:

> *Cuando llegó el día de Pentecostés, estaban todos juntos en el mismo lugar. De repente, vino del cielo un ruido como el de una violenta ráfaga de viento y llenó toda la casa donde estaban reunidos. Se les aparecieron entonces unas lenguas como de fuego que se repartieron y se posaron sobre cada uno de ellos. Todos fueron llenos del Espíritu Santo y comenzaron a hablar en diferentes lenguas, según el Espíritu les concedía expresarse.*
>
> *Estaban de visita en Jerusalén judíos piadosos, procedentes de todas las naciones de la tierra. Al oír aquel bullicio, se agolparon y quedaron todos pasmados porque cada uno los escuchaba hablar en su propio idioma. Desconcertados y maravillados, decían: «¿No son galileos todos estos que están hablando? ¿Cómo es que cada uno de nosotros los oye hablar en su lengua materna? Partos, medos, elamitas; habitantes de Mesopotamia, de Judea y de Capadocia, del Ponto y de Asia, de Frigia y de Panfilia, de Egipto y de las regiones de Libia cercanas a Cirene; visitantes llegados de Roma; judíos y prosélitos; cretenses y árabes: ¡todos por igual los oímos proclamar en nuestra propia lengua las maravillas de Dios!»*
>
> *Desconcertados y perplejos, se preguntaban: «¿Qué quiere decir esto?» Otros se burlaban y decían: «Lo que pasa es que están borrachos» (Hechos 2:1-13).*

Así como Jesús lo prometió, el Espíritu Santo entró en estos hombres. Estos hombres sin estudios comenzaron luego a hablar en otras lenguas según el Espíritu Santo les capacitó. ¡Ojalá hubiera yo aprendido el español tan rápido en la universidad!

Las multitudes *«pasmadas»* oyeron hablar a estos hombres *«en su propio idioma»*. Favor notar la cantidad y variedad de las naciones representadas.

Pasmadas y perplejas, las multitudes querían saber qué pasaba. Algunos hasta acusaron a los discípulos de beber demasiado vino.

Entonces, Pedro, lleno del Espíritu Santo, comenzó a cumplir el mandato de Jesús de «*apacentar mis ovejas*». Te pido que, con mucha oración, escudriñes las palabras habladas por este «testigo». ¿Estuvo él lleno del Espíritu Santo? ¿Estaba convencido de que Jesús es el Hijo de Dios? ¿Vio él a Jesús después de su resurrección? ¡Decide tú!

Pedro dijo:

> *Entonces Pedro, con los once, se puso de pie y dijo a voz en cuello: «Compatriotas judíos y todos ustedes que están en Jerusalén, déjenme explicarles lo que sucede; presten atención a lo que les voy a decir. Éstos no están borrachos, como suponen ustedes. ¡Apenas son las nueve de la mañana! En realidad lo que pasa es lo que anunció el profeta Joel:*

> *» "Sucederá que en los últimos días —dice Dios—, derramaré mi Espíritu sobre todo el género humano. Los hijos y las hijas de ustedes profetizarán, tendrán visiones los jóvenes y sueños los ancianos. En esos días derramaré mi Espíritu aun sobre mis siervos y mis siervas, y profetizarán. Arriba en el cielo y abajo en la tierra mostraré prodigios: sangre, fuego y nubes de humo. El sol se convertirá en tinieblas y la luna en sangre antes que llegue el día del Señor, día grande y esplendoroso. Y todo el que invoque el nombre del Señor será salvo".*

> *»Pueblo de Israel, escuchen esto: Jesús de Nazaret fue un hombre acreditado por Dios ante ustedes con milagros, señales y prodigios, los cuales realizó Dios entre ustedes por medio de él, como bien lo saben. Éste fue entregado según el determinado propósito y el previo conocimiento de Dios; y por medio de gente malvada, ustedes lo mataron, clavándolo en la cruz».*

Los judíos crucificaron a Jesús porque Dios Padre envió a Jesús para ser crucificado. Los Judíos no podían parar la crucifixión. Fue el plan de Dios Padre.

> *«Sin embargo, Dios lo resucitó, librándolo de las angustias de la muerte, porque era imposible que la muerte lo mantuviera bajo su dominio. En efecto, David dijo de él:*

» *"Veía yo al Señor siempre delante de mí, porque él está a mi derecha para que no caiga. Por eso mi corazón se alegra, y canta con gozo mi lengua; mi cuerpo también vivirá en esperanza. No dejarás que mi vida termine en el sepulcro; no permitirás que tu santo sufra corrupción"»*.

Pedro habló de la profecía de David en Salmos 16:8-11 en que dijo que el sepulcro «no permitirá que sufra corrupción el siervo fiel».

« *"Me has dado a conocer los caminos de la vida; me llenarás de alegría en tu presencia".*

» *Hermanos, permítanme hablarles con franqueza acerca del patriarca David, que murió y fue sepultado, y cuyo sepulcro está entre nosotros hasta el día de hoy. Era profeta y sabía que Dios le había prometido bajo juramento poner en el trono a uno de sus descendientes. Fue así como previó lo que iba a suceder. Refiriéndose a la resurrección del Mesías, afirmó que Dios no dejaría que su vida terminara en el sepulcro, ni que su fin fuera la corrupción. A este Jesús, Dios lo resucitó, y de ello todos nosotros somos testigos. Exaltado por el poder de Dios, y habiendo recibido del Padre el Espíritu Santo prometido, ha derramado esto que ustedes ahora ven y oyen. David no subió al cielo, y sin embargo declaró:*

» *"Dijo el Señor a mi Señor: Siéntate a mi derecha, hasta que ponga a tus enemigos por estrado de tus pies."*

» *Por tanto, sépalo bien todo Israel que a este Jesús, a quien ustedes crucificaron, Dios lo ha hecho Señor y Mesías»* (Hechos 2:14-36).

Tienen que reconocer que este pescador sin preparación, Pedro, no era tímido con la verdad. Él declaró haber visto suceder esas cosas.

Cuando oyeron esto, todos se sintieron profundamente conmovidos y les dijeron a Pedro y a los otros apóstoles:

—Hermanos, ¿qué debemos hacer?

—Arrepiéntase y bautícese cada uno de ustedes en el nombre de Jesucristo para perdón de sus pecados —les contestó Pedro—, y recibirán el don del Espíritu Santo. En efecto, la promesa es para ustedes, para sus hijos y para todos los extranjeros, es decir, para todos aquellos a quienes el Señor nuestro Dios quiera llamar.

Y con muchas otras razones les exhortaba insistentemente:

—¡Sálvense de esta generación perversa!

Así, pues, los que recibieron su mensaje fueron bautizados, y aquel día se unieron a la iglesia unas tres mil personas (Hechos 2:37-41).

La promesa también va dirigida a ti y a tus hijos. En aquel día especial de Pentecostés, cuando el prometido Espíritu Santo entró en Pedro, unas 3.000 personas aceptaron el mensaje y fueron bautizadas.

Este libro, *Es tan sencillo,* es escrito para que tu, también, puedas saber, sin lugar a dudas, la realidad de los hechos que Pedro presentó en su mensaje.

Es mi ruego que tu también te unas a las 3.000 personas de aquel día, y a los millones de personas desde entonces quienes han puesto su fe en Jesucristo. Oro que tú, también, permitas que el Espíritu Santo te llene así como le llenó a Pedro.

Favor leer del entusiasmo que aquellos primeros creyentes demostraron:

Se mantenían firmes en la enseñanza de los apóstoles, en la comunión, en el partimiento del pan y en la oración. Todos estaban asombrados por los muchos prodigios y señales que realizaban los apóstoles. Todos los creyentes estaban juntos y tenían todo en común: vendían sus propiedades y posesiones, y compartían sus bienes entre sí según la necesidad de cada uno. No dejaban de reunirse en el templo ni un solo día. De casa en casa partían el pan y compartían la comida con alegría y generosidad, alabando a Dios y disfrutando de la estimación general del pueblo. Y cada día el Señor añadía al grupo los que iban siendo salvos (Hechos 2:42-47).

Los cristianos continúan reuniéndose. Aunque tal vez no en las mismas dimensiones que en la iglesia primitiva, es aún hoy día una comunidad que comparte, que se reúne, que alaba y que ora — todo en respuesta a nuestra creencia en las enseñanzas de Jesús.

Pedro cambió de ser aquel hombre tambaleante de poca fe que era antes de la muerte de Jesús en un hombre lleno del Espíritu Santo que hablaba convincentemente de lo que veía y creía. También hizo milagros:

Un día subían Pedro y Juan al templo a las tres de la tarde, que es la hora de la oración. Junto a la puerta llamada Hermosa había un hombre lisiado de nacimiento, al que todos los días dejaban allí para que pidiera limosna a los que entraban en el templo. Cuando éste vio que Pedro y Juan estaban por entrar, les pidió limosna. Pedro con Juan, mirándolo fijamente, le dijo:

—¡Míranos!

El hombre fijó en ellos la mirada, esperando recibir algo.

—No tengo plata ni oro —declaró Pedro—, pero lo que tengo te doy. En el nombre de Jesucristo de Nazaret, ¡Levántate y anda!

Y tomándolo por la mano derecha, lo levantó. Al instante los pies y los tobillos del hombre cobraron fuerza. De un salto se puso en pie y comenzó a caminar. Luego entró con ellos en el templo con sus propios pies, saltando y alabando a Dios. Cuando todo el pueblo lo vio caminar y alabar a Dios, lo reconocieron como el mismo hombre que acostumbraba pedir limosna sentado junto a la puerta llamada Hermosa, y se llenaron de admiración y asombro por lo que le había ocurrido.

Mientras el hombre seguía aferrado a Pedro y a Juan, toda la gente, que no salía de su asombro, corrió hacia ellos al lugar conocido como Pórtico de Salomón. Al ver esto, Pedro les dijo: «Pueblo de Israel, ¿por qué les sorprende lo que ha pasado? ¿Por qué nos miran como si, por nuestro propio poder o virtud, hubiéramos hecho caminar a este hombre? El Dios de Abraham, de Isaac y de Jacob, el Dios de nuestros antepasados, ha glorificado a su siervo Jesús. Ustedes lo entregaron y lo rechazaron ante Pilato, aunque éste había decidido soltarlo. Rechazaron al Santo y Justo, y pidieron que se indultara a un asesino. Mataron al autor de la vida, pero Dios lo levantó de entre los muertos, y de eso nosotros somos testigos. Por la fe en el nombre de Jesús, él ha restablecido a este hombre a quien ustedes ven y conocen. Esta fe que viene por medio de Jesús lo ha sanado por completo, como les consta a ustedes.

»Ahora bien, hermanos, yo sé que ustedes y sus dirigentes actuaron así por ignorancia. Pero de este modo Dios cumplió lo que de antemano había anunciado por medio de todos los profetas: que su Mesías tenía que padecer. Por tanto, para que sean borrados sus pecados, arrepiéntanse y vuélvanse a Dios, a fin de que vengan tiempos de descanso de parte del Señor, enviándoles el Mesías que ya había sido preparado para ustedes, el cual es Jesús. Es necesario que él permanezca en el cielo hasta que llegue el tiempo de la restauración de todas las cosas, como Dios lo ha anunciado desde hace siglos por medio de sus santos profetas» (Hechos 3:1-21).

Pedro cuestionó por qué se sorprendieron viendo a un mendigo andar. Fue por el poder de Dios que el hombre fue sanado por completo. Él dijo que Jesús fue muerto pero que Dios lo levantó de los muertos, de lo cual él, Pedro, era testigo. Pedro dijo que debían arrepentirse de sus pecados y volverse a Dios.

Pedro no podía aguantar; tenía que hablar a otros de Jesús:

Mientras Pedro y Juan le hablaban a la gente, se les presentaron los sacerdotes, el capitán de la guardia del templo y los saduceos. Estaban muy disgustados porque los apóstoles enseñaban a la gente y proclamaban la resurrección, que se había hecho evidente en el caso de Jesús. Prendieron a Pedro y a Juan y, como ya anochecía, los metieron en la cárcel hasta el día siguiente. Pero muchos de los que oyeron el mensaje creyeron, y el número de éstos llegaba a unos cinco mil.

Al día siguiente se reunieron en Jerusalén los gobernantes, los ancianos y los maestros de la ley. Allí estaban el sumo sacerdote Anás, Caifás, Juan, Alejandro y los otros miembros de la familia del sumo sacerdote. Hicieron que Pedro y Juan comparecieran ante ellos y comenzaron a interrogarlos:

—¿Con qué poder, o en nombre de quién, hicieron ustedes esto?

Pedro, lleno del Espíritu Santo, les respondió:

—Gobernantes del pueblo y ancianos: Hoy se nos procesa por haber favorecido a un inválido, ¡y se nos pregunta cómo fue sanado! Sepan, pues, todos ustedes y todo el pueblo de Israel que este hombre está aquí delante de ustedes, sano gracias al nombre de Jesucristo de Nazaret, crucificado por ustedes pero resucitado por Dios. Jesucristo es "la piedra que desecharon ustedes los constructores, y que ha llegado a ser la piedra angular". De hecho, en ningún otro hay salvación, porque no hay bajo el cielo otro nombre dado a los hombres mediante el cual podamos ser salvos.

Los gobernantes, al ver la osadía con que hablaban Pedro y Juan, y al darse cuenta de que eran gente sin estudios ni preparación, quedaron asombrados y reconocieron que habían estado con Jesús. Además, como vieron que los acompañaba el hombre que había sido sanado, no tenían nada que alegar. Así que les mandaron que se retiraran del Consejo, y se pusieron a deliberar entre sí: «¿Qué vamos a hacer con estos sujetos? Es un hecho que por medio de ellos ha ocurrido un milagro evidente; todos los que viven en Jerusalén lo saben, y no podemos negarlo. Pero para evitar que este asunto siga divulgándose entre la gente, vamos a amenazarlos para que no vuelvan a hablar de ese nombre a nadie.»

Los llamaron y les ordenaron terminantemente que dejaran de hablar y enseñar acerca del nombre de Jesús. Pero Pedro y Juan replicaron:

—¿Es justo delante de Dios obedecerlos a ustedes en vez de obedecerle a él? ¡Júzguenlo ustedes mismos! Nosotros no podemos dejar de hablar de lo que hemos visto y oído.

Después de nuevas amenazas, los dejaron irse. Por causa de la gente, no hallaban manera de castigarlos: todos alababan a Dios por lo que había sucedido, pues el hombre que había sido milagrosamente sanado tenía más de cuarenta años (Hechos 4:1-22).

¿Qué más podría decirse? Cantidades de libros no podrían hacer lo que hacen estos veintidós versículos.

Los saduceos eran gente judía que no creían en la resurrección de los muertos y, obviamente, no creían que Jesús había resucitado. Pedro y Juan fueron arrestados y encarcelados por motivo de sus enseñanzas. Los creyentes ya habían aumentado a ser unas 5.000 personas, de los 3.000 que creyeron el día de Pentecostés. Los judíos estaban preocupados. Preguntaron en qué nombre este milagro había sido hecho. Pedro replicó:

«Gracias al nombre de Jesucristo de Nazaret, crucificado por ustedes pero resucitado por Dios.»

«En ningún otro hay salvación, porque no hay bajo el cielo otro nombre dado a los hombres mediante el cual podamos ser salvos» (Hechos 4:10,12).

Podrías leer todos libros en el mundo. Podrías estudiar todas las religiones. Puedes estudiar los movimientos de las estrellas, pero todo se reduce a una misma cosa. Jesús murió en una cruz como el Cordero sacrificado por tus pecados. ¡Es un regalo! ¡No tienes que trabajar por él! Sencillamente tienes que extender la mano, recibir el regalo, y decir, «Yo creo».

¿Quiénes son estos dos hombres, Pedro y Juan, quienes enfrentaron a los líderes de los judíos? Hechos capítulo 4 detalla lo siguiente:

Al ver la osadía con que hablaban Pedro y Juan, y al darse cuenta de que eran gente sin estudios ni preparación, quedaron asombrados y reconocieron que habían estado con Jesús (Hechos 4:13).

Estos hombres sin preparación, estos testigos llamados Pedro y Juan, nos dieron siete libros acerca de Jesús. ¿Realidad, o ficción? ¡Tienes tú que decidir!

Hechos capítulo 4 declara:

Los llamaron y les ordenaron terminantemente que dejaran de hablar y enseñar acerca del nombre de Jesús. Pero Pedro y Juan replicaron:

—¿Es justo delante de Dios obedecerlos a ustedes en vez de obedecerlo a él? ¡Júzguenlo ustedes mismos! Nosotros no podemos dejar de hablar de lo que hemos visto y oído (Hechos 4:18-20).

Pedro y Juan dijeron que no podían dejar de hablar de lo que vieron y oyeron.

El libro de los Hechos contiene muchas otras historias acerca de los hechos de los apóstoles.

Después que Pedro y Juan fueron soltados de la cárcel, fueron a informarlo a los suyos. Favor leer la alabanza dada a Dios Padre por estos creyentes:

Al quedar libres, Pedro y Juan volvieron a los suyos y les relataron todo lo que les habían dicho los jefes de los sacerdotes y los ancianos. Cuando lo oyeron, alzaron unánimes la voz en oración a Dios: «Soberano Señor, creador del cielo y de la tierra, del mar y de todo lo que hay en ellos, tú, por medio del Espíritu Santo, dijiste en labios de nuestro padre David, tu siervo:

»"¿Por qué se sublevan las naciones y en vano conspiran los pueblos? Los reyes de la tierra se rebelan y los gobernantes se confabulan contra el Señor y contra su ungido."

»En efecto, en esta ciudad se reunieron Herodes y Poncio Pilato, con los gentiles y con el pueblo de Israel, contra tu santo siervo Jesús, a quien ungiste para hacer lo que de antemano tu poder

y tu voluntad habían determinado que sucediera. Ahora, Señor, toma en cuenta sus amenazas y concede a tus siervos el proclamar tu palabra sin temor alguno. Por eso, extiende tu mano para sanar y hacer señales y prodigios mediante el nombre de tu santo siervo Jesús.»

Después de haber orado, tembló el lugar en que estaban reunidos; todos fueron llenos del Espíritu Santo, y proclamaban la palabra de Dios sin temor alguno (Hechos 4:23-31).

Oraron para que pudieran hablar la palabra *«sin temor alguno».* Favor notar que *«tembló el lugar en que estaban reunidos; todos fueron llenos del Espíritu Santo, y proclamaban la palabra de Dios sin temor alguno».*

Aunque estaban perseguidos continuaron predicando la «verdad» y nuevamente fueron arrestados, pero un ángel de Dios los soltó y les dijo que volvieran a predicar:

El sumo sacerdote y todos sus partidarios, que pertenecían a la secta de los saduceos, se llenaron de envidia. Entonces arrestaron a los apóstoles y los metieron en la cárcel común. Pero en la noche un ángel del Señor abrió las puertas de la cárcel y los sacó. «Vayan —les dijo—, preséntense en el templo y comuniquen al pueblo todo este mensaje de vida» (Hechos 5:17-20).

Poco después se había programado una reunión del Sanedrín, el consejo en pleno de los ancianos de Israel. Ellos ordenaron que los apóstoles fueran traídos de la cárcel a su consejo. Para su gran sorpresa, ellos no estaban en la cárcel, sino que de nuevo estaban predicando en el recinto del templo.

Conforme a lo que habían oído, al amanecer entraron en el templo y se pusieron a enseñar. Cuando llegaron el sumo sacerdote y sus partidarios, convocaron al Consejo, es decir, a la asamblea general de los ancianos de Israel, y mandaron traer de la cárcel a los apóstoles. Pero al llegar los guardias a la cárcel, no los encontraron. Así que volvieron con el siguiente informe: «Encontramos la cárcel cerrada, con todas las medidas de seguridad, y a los guardias firmes a las puertas; pero cuando abrimos, no encontramos a nadie adentro.»

Al oírlo, el capitán de la guardia del templo y los jefes de los sacerdotes se quedaron perplejos, preguntándose en qué terminaría todo aquello. En esto, se presentó alguien que les informó: «¡Miren! Los hombres que ustedes metieron en la cárcel están en el templo y siguen enseñando al pueblo.»

Fue entonces el capitán con sus guardias y trajo a los apóstoles sin recurrir a la fuerza, porque temían ser apedreados por la gente. Los condujeron ante el Consejo, y el sumo sacerdote les reclamó:

—Terminantemente les hemos prohibido enseñar en ese nombre, Sin embargo, ustedes han llenado a Jerusalén con sus enseñanzas, y se han propuesto echarnos la culpa a nosotros de la muerte de ese hombre (Hechos 5:21-28).

Estos apóstoles, ¿fueron intimidados por el Sanedrín? Favor leer su respuesta:

—¡Es necesario obedecer a Dios antes que a los hombres! —respondieron Pedro y los demás apóstoles—. El Dios de nuestros antepasados resucitó a Jesús, a quien ustedes mataron colgándolo de un madero. Por su poder, Dios lo exaltó como Príncipe y Salvador, para que diera a Israel arrepentimiento y perdón de pecados. Nosotros somos testigos de estos acontecimientos, y también lo es el Espíritu Santo que Dios ha dado a quienes le obedecen.

A los que oyeron esto se les subió la sangre a la cabeza y querían matarlos (Hechos 5:29-33).

Los judíos se enfurecían. Un hombre llamado Gamaliel, un maestro de la ley, se puso de pie en el Sanedrín (el cuerpo de los gobernantes de Israel) y dijo:

«En este caso les aconsejo que dejen a estos hombres en paz. ¡Suéltenlos! Si lo que se proponen y hacen es de origen humano,

fracasará; pero si es de Dios, no podrán destruirlos, y ustedes se encontrarán luchando contra Dios» (Hechos 5:38-39).

Permíteme agregar que el mensaje no ha fracasado. Van 2.000 años y el mensaje sigue igual. ¿Es de Dios? ¡Decide tú!

Gamaliel les convenció a soltar a los apóstoles.

Así, pues, los apóstoles salieron del Consejo, llenos de gozo por haber sido considerados dignos de sufrir afrentas por causa del Nombre. Y día tras día, en el templo y de casa en casa, no dejaban de enseñar y anunciar las buenas nuevas de que Jesús es el Mesías (Hechos 5:41-42).

En aquel tiempo Pedro creía que el mensaje de salvación correspondía solamente al pueblo judío, pero Dios resolvió el asunto de inmediato. Favor leer Hechos 10.

Vivía en Cesarea un centurión llamado Cornelio, del regimiento conocido como el Italiano. El y toda su familia eran devotos y temerosos de Dios. Realizaba muchas obras de beneficencia para el pueblo de Israel y oraba a Dios constantemente (Hechos 10:1-2).

Brevemente, a Cornelio le visitó un ángel. Pedro, al mismo tiempo, tuvo una visión que fue repetida tres veces. Mientras Pedro contemplaba el significado de las visiones, sucedió lo siguiente:

Mientras Pedro seguía reflexionando sobre el significado de la visión, el Espíritu le dijo: «Mira, Simón, tres hombres te buscan» (Hechos 10:19).

Ellos le contestaron:

—Venimos de parte del centurión Cornelio, un hombre justo y temeroso de Dios, respetado por todo el pueblo judío. Un ángel de Dios le dio instrucciones de invitarlo a usted a su casa para escuchar lo que usted tiene que decirle (Hechos 10:22).

Pedro se sorprendió cuando entró en la casa de Cornelio.

Al llegar Pedro a la casa, Cornelio salió a recibirlo y, postrándose delante de él, le rindió homenaje (Hechos 10:25).

Es obvio que la fama de Pedro se extendía rápidamente en el breve tiempo después de la ascensión de Jesús al cielo. Pero Pedro no reclamaba ser nadie especial, ni creía que la gente debiera postrarse delante de él. Él no era Jesús.

Pero Pedro hizo que se levantara, y le dijo:

—Ponte de pie, que sólo soy un hombre como tú (Hechos 10:26).

En Hechos 10 se detalla el siguiente diálogo entre Pedro, el judío, y Cornelio, centurión gentil:

Pedro entró en la casa conversando con él, y encontró a muchos reunidos.

Entonces les habló así:

—Ustedes saben muy bien que nuestra ley prohíbe que un judío se junte con un extranjero o lo visite. Pero Dios me ha hecho ver que a nadie debo llamar impuro o inmundo. Por eso, cuando mandaron por mí, vine sin poner ninguna objeción. Ahora permítanme preguntarles: ¿para qué me hicieron venir?

(Y pido que, con oración, comprendan la creencia de este testigo.)

Cornelio contestó:

—Hace cuatro días a esta misma hora, las tres de la tarde, estaba yo en casa orando. De repente apareció delante de mí un hombre vestido con ropa brillante, y me dijo: "Cornelio, Dios ha oído tu oración y se ha acordado de tus obras de beneficencia. Por lo tanto, envía a alguien a Jope para hacer venir a Simón, apodado Pedro, que se hospeda en casa de Simón el curtidor, junto al mar." Así que inmediatamente mandé a llamarte, y tú has tenido la bondad de venir. Ahora estamos todos aquí, en la presencia de Dios, para escuchar todo lo que el Señor te ha encomendado que nos digas.

Pedro tomó la palabra, y dijo:

—Ahora comprendo que en realidad para Dios no hay favoritismos, sino que en toda nación él ve con agrado a los que le temen y actúan con justicia. Dios envió su mensaje al pueblo de Israel, anunciando las buenas nuevas de la paz por medio de Jesucristo, que es el Señor de todos. Ustedes conocen este mensaje que se difundió por toda Judea, comenzando desde Galilea, después del bautismo que predicó Juan. Me refiero a Jesús de Nazaret: cómo lo ungió Dios con el Espíritu Santo y con poder, y cómo anduvo haciendo el bien y sanando a todos los que estaban oprimidos por el diablo, porque Dios estaba con él. Nosotros somos testigos de todo lo que hizo en la tierra de los judíos y en Jerusalén. Lo mataron, colgándolo de un madero, pero Dios lo resucitó al tercer día y dispuso que se apareciera, no a todo el pueblo, sino a nosotros, testigos previamente escogidos por Dios, que comimos y bebimos con él después de su resurrección. Él nos mandó a predicar al pueblo y a dar solemne testimonio de que ha sido nombrado por Dios como juez de vivos y muertos. De él dan testimonio todos los profetas, que todo el que cree en él recibe, por medio de su nombre, el perdón de los pecados.

Mientras Pedro estaba todavía hablando, el Espíritu Santo descendió sobre todos los que escuchaban el mensaje. Los defensores de la circuncisión que habían llegado con Pedro se quedaron asombrados de que el don del Espíritu Santo se hubiera derramado también sobre los gentiles (Hechos 10:27-45).

Por primera vez, Pedro se dio cuenta de que el mensaje de Jesús no fue dirigido al pueblo judío exclusivamente, sino que abarcaba a todos los pueblos del mundo que creen en Jesús.

Pablo habla con frecuencia sobre este tema:

No hay diferencia entre judíos y gentiles, pues el mismo Señor es Señor de todos y bendice abundantemente a cuantos lo invocan, porque «todo el que invoque el nombre del Señor será salvo» (Romanos 10:12-13).

Y, retrocediendo un poco, agrego:

Ahora bien, ¿cómo invocarán a aquel en quien no han creído? ¿Y cómo creerán en aquel de quien no han oído? ¿Y cómo oirán si no hay quien les predique? ¿Y quién predicará sin ser enviado? Así está escrito: «¡Qué hermoso es recibir al mensajero que trae buenas nuevas!» (Romanos 10:14-15)

Gracias a Dios por Juan, Pedro y Pablo, y los otros quienes nos escribieron acerca de las buenas nuevas de Jesús.

En Hechos 11 Pedro habló del hecho de que los apóstoles y otros hermanos se disgustaron de que él había visitado a Cornelio, un gentil.

Los apóstoles y los hermanos de toda Judea se enteraron de que también los gentiles habían recibido la palabra de Dios. Así que cuando Pedro subió a Jerusalén, los defensores de la circuncisión lo criticaron, diciendo:

—Entraste en casa de hombres incircuncisos y comiste con ellos.

Entonces Pedro comenzó a explicarles paso a paso lo que había sucedido:

—Yo estaba orando en la ciudad de Jope y tuve en éxtasis una visión. Vi que del cielo descendía algo parecido a una gran sábana que, suspendida por las cuatro puntas, bajaba hasta donde yo estaba. Me fijé en lo que había en ella, y vi cuadrúpedos, fieras, reptiles y aves. Luego oí una voz que me decía: "Levántate, Pedro; mata y come."

»Repliqué: "¡De ninguna manera, Señor! Jamás ha entrado en mi boca nada impuro o inmundo." Por segunda vez insistió la voz del cielo: "Lo que Dios ha purificado, tú no lo llames impuro." Esto sucedió tres veces, y luego todo volvió a ser llevado al cielo.

»En aquel momento se presentaron en la casa donde yo estaba tres hombres que desde Cesarea habían sido enviados a verme.

El Espíritu me dijo que fuera con ellos sin dudar. También fueron conmigo estos seis hermanos, y entramos en la casa de aquel hombre. Él nos contó cómo en su casa se le había aparecido un ángel que le dijo: "Manda a alguien a Jope para hacer venir a Simón, apodado Pedro. Él te traerá un mensaje mediante el cual serán salvos tú y toda tu familia."

»Cuando comencé a hablarles, el Espíritu Santo descendió sobre ellos tal como al principio descendió sobre nosotros. Entonces recordé lo que había dicho el Señor: "Juan bautizó con agua, pero ustedes serán bautizados con el Espíritu Santo." Por tanto, si Dios les ha dado a ellos el mismo don que a nosotros al creer en el Señor Jesucristo, ¿quién soy yo para pretender estorbar a Dios?

Al oír esto, se apaciguaron y alabaron a Dios diciendo:

—¡Así que también a los gentiles les ha concedido Dios el arrepentimiento para vida! (Hechos 11:1-18).

Favor notar que la conclusión es que Dios ha concedido aún a los gentiles el arrepentimiento para la vida.

Los Hechos de los Apóstoles también detalla los peligros que acompañaban a los cristianos en la iglesia primitiva. Hechos 6 y 7 hablan de uno llamado Esteban, a quien se describe así:

Esteban, hombre lleno de la gracia y del poder de Dios, hacía grandes prodigios y señales milagrosas entre el pueblo (Hechos 6:8).

A Esteban lo arrestaron por

«...blasfemar contra Moisés y contra Dios.»

Agitaron al pueblo, a los ancianos y a los maestros de la ley. Se apoderaron de Esteban y lo llevaron ante el Consejo (Hechos 6:11-12).

Todos los que estaban sentados en el Consejo fijaron la mirada en Esteban y vieron que su rostro se parecía al de un ángel (Hechos 6:15).

Hechos 7 documenta una oración que Esteban pronunció ante el Sanedrín. Fue un repaso de la historia del pueblo judío que abarca unos 60 versículos. Detalla que Esteban dijo:

> *«¡Tercos, duros de corazón y torpes de oídos! Ustedes son iguales que sus antepasados: ¡Siempre resisten al Espíritu Santo! ¿A cuál de los profetas no persiguieron sus antepasados? Ellos mataron a los que de antemano anunciaron la venida del Justo, y ahora a éste lo han traicionado y asesinado ustedes» (Hechos 7:51-52).*

A Esteban lo apedrearon, y murió. Pero aún en su muerte, Esteban murió en paz conociéndose preparado para encontrarse con su Salvador en el cielo.

> *Y Saulo estaba allí, aprobando la muerte de Esteban.*

> *Aquel día se desató una gran persecución contra la iglesia en Jerusalén, y todos, excepto los apóstoles, se dispersaron por las regiones de Judea y Samaria (Hechos 8:1).*

Este Saulo es aquel cuyo nombre más tarde fue cambiado en Pablo, quien, como Juan y Pedro, llegó a ser uno de los líderes mayores en la iglesia cristiana primitiva. Pero en esta ocasión era líder de la persecución de la iglesia.

> *Unos hombres piadosos sepultaron a Esteban e hicieron gran duelo por él. Saulo, por su parte, causaba estragos en la iglesia: entrando de casa en casa, arrastraba a hombres y mujeres y los metía en la cárcel (Hechos 8:2-3).*

Pedro también enfrentaba la muerte. Hechos 12 detalla lo siguiente:

> *En ese tiempo el rey Herodes hizo arrestar a algunos de la iglesia con el fin de maltratarlos. A Jacobo, hermano de Juan, lo mandó matar a espada. Al ver que esto agradaba a los judíos, procedió a prender también a Pedro. Esto sucedió durante la fiesta de los Panes sin levadura (Hechos 12:1-3).*

Jacobo, uno de los apóstoles, y hermano del apóstol Juan, fue muerto por Herodes. Este es el mismo Juan que escribió los cinco libros mencionados anteriormente.

Herodes también planificó matar a Pedro, pero Dios aún no había terminado el ministerio de Pedro. Hechos 12 detalla lo siguiente:

> *Al ver que esto agradaba a los judíos, procedió a prender también a Pedro. Esto sucedió durante la fiesta de los Panes sin levadura. Después de arrestarlo, lo metió en la cárcel y lo puso bajo la vigilancia de cuatro grupos de cuatro soldados cada uno. Tenía la intención de hacerlo comparecer en juicio público después de la Pascua. Pero mientras mantenían a Pedro en la cárcel, la iglesia oraba constante y fervientemente a Dios por él.*

> *La misma noche en que Herodes estaba a punto de sacar a Pedro para someterlo a juicio, éste dormía entre dos soldados, sujeto con dos cadenas. Unos guardias vigilaban la entrada de la cárcel. De repente apareció un ángel del Señor y una luz resplandeció en la celda. Despertó a Pedro con unas palmadas en el costado y le dijo: «¡Date prisa, levántate!» Las cadenas cayeron de las manos de Pedro. Le dijo además el ángel: «Vístete y cálzate las sandalias.» Así lo hizo, y el ángel añadió: «Échate la capa encima y sígueme.»*

> *Pedro salió tras él, pero no sabía si realmente estaba sucediendo lo que el ángel hacía. Le parecía que se trataba de una visión. Pasaron por la primera y la segunda guardia, y llegaron al portón de hierro que daba a la ciudad. El portón se les abrió por sí solo, y salieron. Caminaron unas cuadras, y de repente el ángel lo dejó solo.*

> *Entonces Pedro volvió en sí y se dijo: «Ahora estoy completamente seguro de que el Señor ha enviado a su ángel para librarme del poder de Herodes y de todo lo que el pueblo judío esperaba.»*

> *Cuando cayó en cuenta de esto, fue a casa de María, la madre de Juan, apodado Marcos, donde muchas personas estaban reunidas orando. Llamó a la puerta de la calle, y salió a re-*

sponder una sierva llamada Rode. Al reconocer la voz de Pedro, se puso tan contenta que volvió corriendo sin abrir.

—¡Pedro está a la puerta! —exclamó.

—¡Estás loca! —le dijeron.

Ella insistía en que así era, pero los otros decían:

—Debe ser su ángel.

Entre tanto, Pedro seguía llamando. Cuando abrieron la puerta y lo vieron, quedaron pasmados. Con la mano Pedro les hizo señas de que se callaran, y les contó cómo el Señor lo había sacado de la cárcel.

—Cuéntenles esto a Jacobo y a los hermanos —les dijo.

Luego salió y se fue a otro lugar.

Al amanecer se produjo un gran alboroto entre los soldados respecto al paradero de Pedro. (Hechos 12:3-18)

El resto del libro de los Hechos, hasta el capítulo 28, detalla Pablo, quien, para entonces, se había hecho creyente y devoto. Más tarde cubriré algo de eso, pero estos capítulos describen cómo Pablo también fue arrestado y perseguido en numerosas ocasiones.

Espero que tú comprendas plenamente que los primeros cristianos sufrían por su fe. Predicaban a Cristo hasta la muerte. Eran convencidos de lo que vieron y oyeron. Sus vidas peligraban constantemente. Estos hombres creían tan intensamente que estaban dispuestos a ceder sus vidas por hablar a otros del plan de salvación.

¡Caminaron ellos con Cristo! Vieron la crucifixión. Vieron el sepulcro vacío. Vieron a Jesús en numerosas ocasiones después de su resurrección de entre los muertos. Lo vieron ascender en una nube al cielo. Recibieron al Espíritu Santo en Pentecostés con tal poder que estos hombres sin preparación hablaron el evangelio en muchas lenguas.

¡Sucedieron cosas asombrosas en aquellos días! Los libros de Juan, Pedro y Pablo, ¿fueron escritos por seguidores fanáticos de un líder fanático y lunático llamado Jesús? ¿Escribieron acerca de un hombre que engaña al mundo entero con sus enseñanzas irracionales? O, ¿son hombres cuerdos llenos del prometido Espíritu Santo? Yo sé cuál es mi posición. Espero que tú también crees. Es tan sencillo.

Habiendo visto lo que le pasó a Pedro, ahora vamos a ver lo que él escribió en sus dos libros, 1ra epístola de Pedro y 2da epístola de Pedro. Estos libros fueron escritos «a los elegidos por Dios», extranjeros en este mundo. Sus palabras corresponden a los que han «nacido de nuevo», sin embargo, permiten comprender la seguridad de la vida eterna que tenía Pedro por Jesús.

1ra Pedro

Cuando les dimos a conocer la venida de nuestro Señor Jesucristo en todo su poder, no estábamos siguiendo sutiles cuentos supersticiosos sino dando testimonio de su grandeza, que vimos con nuestros propios ojos. Él recibió honor y gloria de parte de Dios el Padre, cuando desde la majestuosa gloria se le dirigió aquella voz que dijo: «Éste es mi Hijo amado; estoy muy complacido con él.» Nosotros mismos oímos esa voz que vino del cielo cuando estábamos con él en el monte santo (2da Pedro 1:16-18).

Después de todo lo que Pedro había experimentado, enfatiza que éstos no son «sutiles cuentos supersticiosos». Él fue testigo ocular de los eventos que sucedieron en torno a Jesús.

¡Alabado sea Dios, Padre de nuestro Señor Jesucristo! Por su gran misericordia, nos ha hecho nacer de nuevo mediante la resurrección de Jesucristo, para que tengamos una esperanza viva y recibamos una herencia indestructible, incontaminada e inmarchitable. Tal herencia está reservada en el cielo para ustedes, a quienes el poder de Dios protege mediante la fe hasta que llegue la salvación que se ha de revelar en los últimos tiempos. Esto es para ustedes motivo de gran alegría, a pesar de que hasta ahora han tenido que sufrir diversas pruebas por un tiempo. El oro, aunque perecedero, se acrisola al fuego. Así

también la fe de ustedes, que vale mucho más que el oro, al ser acrisolada por las pruebas demostrará que es digna de aprobación, gloria y honor cuando Jesucristo se revele (1ra Pedro 1:3-7).

Tenemos una herencia (la vida eterna) que nunca será destruida, ni se contaminará ni se marchitará, y nos está guardada en el cielo.

Pedro, a pesar de todas sus pruebas, dijo que debemos regocijarnos en la seguridad de la vida eterna, aunque por un tiempo hayamos de sufrir penas en esta tierra en toda clase de pruebas y tribulaciones. ¿Por qué regocijarnos? Porque la salvación nos es asegurada. No importa qué adversidad o enfermedad se nos pueda presentar, nuestra herencia jamás será destruida, ni se contaminará ni se marchitará.

Ya que invocan como Padre al que juzga con imparcialidad las obras de cada uno, vivan con temor reverente mientras sean peregrinos en este mundo (1ra Pedro 1:17).

Pedro dice aquí que nosotros (los cristianos) somos extranjeros en esta tierra. Vivimos en un mundo secular que promueve la mentira que es contraria a las Palabras de Dios. En el versículo anterior Pedro nos estimula a ser gente santa y a no conformarnos a los malos deseos que teníamos antes de conocer a Cristo.

Como bien saben, ustedes fueron rescatados de la vida absurda que heredaron de sus antepasados. El precio de su rescate no se pagó con cosas perecederas, como el oro o la plata, sino con la preciosa sangre de Cristo, como de un cordero sin mancha y sin defecto (1ra Pedro 1:18-19).

La salvación no se compra con plata ni oro. El mundo se satura a diario del informe de los resultados de la bolsa de valores. La gente vive por conseguir casas más grandes, autos más grandes, costosas joyerías y vestimenta. Hoy día la sociedad vive por el entretenimiento. Tal parece que todo el mundo, muchos de los hermanos en Cristo inclusive, vive intrigado por el dinero. Pero Pedro dice que la salvación no puede comprarse con plata u oro.

Sólo la preciosa sangre de un Cordero sin mancha, llamado Jesús, te puede salvar. ¿Me permites sugerir que tu salvación importa más que el dinero?

Jesús dijo:

«*No acumulen para sí tesoros en la tierra, donde la polilla y el óxido destruyen, y donde los ladrones se meten a robar. Más bien, acumulen para sí tesoros en el cielo, donde ni la polilla ni el óxido carcomen, ni los ladrones se meten a robar. Porque donde esté tu tesoro, allí estará también tu corazón.*

»*El ojo es la lámpara del cuerpo. Por tanto, si tu visión es clara, todo tu ser disfrutará de la luz. Pero si tu visión está nublada, todo tu ser estará en oscuridad. Si la luz que hay en ti es oscuridad, ¡qué densa será esa oscuridad!*

»*Nadie puede servir a dos señores, pues menospreciará a uno y amará al otro, o querrá mucho a uno y despreciará al otro. No se puede servir a la vez a Dios y a las riquezas.*

»*Por eso les digo: No se preocupen por su vida, qué comerán o beberán; ni por su cuerpo, cómo se vestirán. ¿No tiene la vida más valor que la comida, y el cuerpo más que la ropa? Fíjense en las aves del cielo: no siembran ni cosechan ni almacenan en graneros; sin embargo, el Padre celestial las alimenta. ¿No valen ustedes mucho más que ellas? ¿Quién de ustedes, por mucho que se preocupe, puede añadir una sola hora al curso de su vida?*

»*¿Y por qué se preocupan por la ropa? Observen cómo crecen los lirios del campo. No trabajan ni hilan; sin embargo, les digo que ni siquiera Salomón, con todo su esplendor, se vestía como uno de ellos. Si así viste Dios a la hierba que hoy está en el campo y mañana es arrojada al horno, ¿no hará mucho más por ustedes, gente de poca fe? Así que no se preocupen diciendo: "¿Qué beberemos?" o "¿Con qué nos vestiremos?" Porque los paganos andan tras todas estas cosas, y el Padre celestial sabe que ustedes las necesitan. Más bien, busquen primeramente el reino de Dios* *y su justicia, y todas estas cosas les serán añadidas. Por lo tanto, no se angustien por el mañana, el cual tendrá sus propios afanes. Cada día tiene ya sus problemas (Mateo 6:19-34).*

Yo sé que tenemos que trabajar, pero Jesús dijo, *«Busquen primeramente el reino de Dios y su justicia y Dios proveerá tus necesidades diarias.»* Hay un dicho que declara que «no lo puedes llevar contigo (cuando te vas de esta vida)». ¡Es cierto!

Pudieras tener una vida cómoda aquí en la tierra ahora, pero ¡debes asegurar que tu salvación sea más cierta que tus valores en cartera!

Jesús dijo también:

«¿De qué sirve ganar el mundo entero si se pierde la vida?» (Marcos 8:36)

Pedro nos insta a todos a desear leche espiritual para que crezcamos en la salvación:

Deseen con ansias la leche pura de la palabra, como niños recién nacidos. Así, por medio de ella, crecerán en su salvación, ahora que han probado lo bueno que es el Señor (1ra Pedro 2:2-3).

Más tarde, Pedro recuerda a los cristianos nuevamente que somos extranjeros y forasteros en esta tierra:

Queridos hermanos, les ruego como a extranjeros y peregrinos en este mundo, que se aparten de los deseos pecaminosos que combaten contra la vida. Mantengan entre los incrédulos una conducta tan ejemplar que, aunque los acusen de hacer el mal, ellos observen las buenas obras de ustedes y glorifiquen a Dios en el día de la salvación (1ra Pedro 2:11-12).

Pedro nos avisa que nos abstengamos de los deseos pecaminosos que hacen que la vida sea una lucha.

Sabemos que, como cristianos, hemos de ser perseguidos. Pero debemos llevar *«una conducta tan ejemplar»* en el mundo secular que, aunque nos acusen de hacer mal aquí en la tierra, hayan de reconocer nuestras buenas obras cuando Jesús regrese.

Pedro dice lo siguiente:

Sométanse por causa del Señor a toda autoridad humana, ya sea al rey como suprema autoridad, o a los gobernadores que él envía para castigar a los que hacen el mal y reconocer a los que hacen el bien. Porque ésta es la voluntad de Dios: que, practicando el bien, hagan callar la ignorancia de los insensatos (1ra Pedro 2:13-15).

Debemos obedecer a las autoridades seculares, al presidente, y al tribunal supremo, aunque sabemos que sus dictámenes son seculares. Claro está, Pedro no comprometía su fe, ni tampoco debemos hacerlo los cristianos.

Criados, sométanse con todo respeto a sus amos, no sólo a los buenos y comprensivos sino también a los insoportables. Porque es digno de elogio que, por sentido de responsabilidad delante de Dios, se soporten las penalidades, aun sufriendo injustamente (1ra Pedro 2:18-19).

En nuestro empleo hemos de darle respeto al patrón, ¡no importa qué tan difícil sea! La gente debe ver a Cristo viviendo en nosotros.

Pedro, en sus dos libros, estimuló a los cristianos a vivir vidas ejemplares sobre la tierra, sin importarnos las circunstancias de la vida. Debemos someternos a toda autoridad establecida entre los hombres. Debemos ser ejemplos en nuestro trabajo.

Pedro declara lo siguiente:

Para esto fueron llamados, porque Cristo sufrió por ustedes, dándoles ejemplo para que sigan sus pasos.

«Él no cometió ningún pecado, ni hubo engaño en su boca.»

Cuando proferían insultos contra él, no replicaba con insultos; cuando padecía, no amenazaba, sino que se entregaba a aquel que juzga con justicia. Él mismo, en su cuerpo, llevó al madero nuestros pecados, para que muramos al pecado y vivamos para la justicia. Por sus heridas ustedes han sido sanados. Antes eran ustedes como ovejas descarriadas, pero ahora han vuelto al Pastor que cuida de sus vidas (1ra Pedro 2:21-25).

Pedro dice que Jesús puso el ejemplo y debemos seguir en sus pisadas. Jesús no se vengó —ni siquiera cuando pusieron una corona de espinas sobre su cabeza y le clavaron al madero.

Pedro detalla lo siguiente:

Más bien, honren en su corazón a Cristo como Señor. Estén siempre preparados para responder a todo el que les pida razón de la esperanza que hay en ustedes (1ra Pedro 3:15).

Fue por eso que decidí escribir este libro, *Es tan sencillo*. Estoy dando respuestas respecto a la esperanza que tengo en el mensaje de salvación de Jesucristo. Quiero que tu compartas esta esperanza conmigo.

Porque Cristo murió por los pecados una vez por todas, el justo por los injustos, a fin de llevarlos a ustedes a Dios (1ra Pedro 3:18).

Te acuerdas que anteriormente en este libro, hablé de cómo la gente judía sacrificaba animales y aves como «continuo recordatorio de sus pecados». Los sacrificios fueron ofrecidos continuamente. Pedro dice que Jesús, el Hijo unigénito de Dios, el Cordero perfecto de Dios, murió por nuestros pecados una vez por todo el tiempo. Jamás ese sacrificio tendrá que volver a ofrecerse. ¡Está hecho! ¡Terminado! Si crees, estás perdonado. Es así de sencillo. El Justo murió por los pecadores injustos.

Al fin del capítulo 3, Pedro habla de la ascensión de Jesús:

…quien subió al cielo y tomó su lugar a la derecha de Dios, y a quien están sometidos los ángeles, las autoridades y los poderes (1ra Pedro 3:22).

Así como Juan describe en el Apocalipsis, Pedro aquí declara que Jesús, «*el Cordero de Dios sacrificado*», ha resucitado y ahora reside en el cielo. ¡Él lo atestiguó, y ahora nos lo cuenta!

2da Pedro

En sus dos libros, Pedro hace recomendaciones sobre la manera en que los cristianos debemos conducir nuestras vidas sobre la tierra. Dijo:

> *Queridos hermanos, ésta es ya la segunda carta que les escribo. En las dos he procurado refrescarles la memoria para que, con una mente íntegra, recuerden las palabras que los santos profetas pronunciaron en el pasado, y el mandamiento que dio nuestro Señor y Salvador por medio de los apóstoles (2da Pedro 3:1-2).*

Cuando uno se hace cristiano, habrá cambios en su vida. Pero, favor recordar que el vivir una vida buena o el hacer buenas obras no te permiten «ganar la vida eterna». ¡Lo oigo tan frecuente! Las personas dicen que son «buena gente», y, a los ojos del mundo secular, así son. Muchos de los que conozco son personas amantes. Cuidan bien a sus familias. No maldicen. Son fieles a sus cónyuges, y etcétera. Sin embargo, la Biblia declara muy explícitamente que es por la gracia que uno se salva, no por obras.

Pablo escribió:

> *Porque por gracia ustedes han sido salvados mediante la fe; esto no procede de ustedes, sino que es el regalo de Dios, no por obras, para que nadie se jacte (Efesios 2:8-9).*

Las obras son simplemente un espejo de la fe que uno tiene en Cristo.

Pedro escribió lo siguiente:

> *Su divino poder, al darnos el conocimiento de aquel que nos llamó por su propia gloria y potencia, nos ha concedido todas las cosas que necesitamos para vivir como Dios manda. Así Dios nos ha entregado sus preciosas y magníficas promesas para que ustedes, luego de escapar de la corrupción que hay en el mundo debido a los malos deseos, lleguen a tener parte en la naturaleza divina.*

Precisamente por eso, esfuércense por añadir a su fe, virtud; a su virtud, entendimiento; al entendimiento, dominio propio; al dominio propio, constancia; a la constancia, devoción a Dios; a la devoción a Dios, afecto fraternal; y al afecto fraternal, amor. Porque estas cualidades, si abundan en ustedes, les harán crecer en el conocimiento de nuestro Señor Jesucristo, y evitarán que sean inútiles e improductivos (2da Pedro 1:3-8).

Pedro nos estimula a crecer en nuestro conocimiento del Señor Jesucristo. ¿Por qué motivo? Aquí nos da la respuesta:

Por lo tanto, hermanos, esfuércense más todavía por asegurarse del llamado de Dios, que fue quien los eligió. Si hacen estas cosas, no caerán jamás, y se les abrirán de par en par las puertas del reino eterno de nuestro Señor y Salvador Jesucristo (2da Pedro 1:10-11).

Pedro dice que, creyendo en Jesús, habrás de recibir una abundante entrada en el reino eterno de nuestro Señor y Salvador Jesucristo.

Pedro estaba convencido del mensaje de salvación que lleva a la vida eterna. El apóstol Juan estaba convencido. Más tarde en este libro leerás lo que escribió Pablo. ¡Él estaba convencido!

¡Y yo estoy convencido! Yo sé plenamente que no me merezco una entrada abundante en el reino eterno de Jesús. Les he dicho a muchos que mientras más conozco del plan de salvación, más reconozco lo pecaminoso que soy, y qué tan inmerecedor. Aunque escribo este libro, y aunque sé absolutamente que soy salvo, jamás comprenderé a plenitud lo profundo del amor que Dios Padre mostró al enviar a su Hijo unigénito, Jesús, para morir en una cruz en mi lugar.

Quiero presentarte a los «testigos oculares» de los eventos en torno a la vida de Jesús. Juan, Pedro, Pablo, Lucas y otros estaban presentes allí hace unos 2.000 años. Ruego que estés convencido de que estos hombres oyeron al Hijo de Dios cuando hablaba de un plan de salvación que conduce a la vida eterna. Y Pedro nos dice en sus dos libros que creamos en Jesús y nos preparemos para una «entrada abundante» en el reino eterno de nuestro Señor y Salvador Jesucristo. Yo estoy preparado. Espero que tú estés preparado para unirte conmigo.

¿Por qué escribió Pedro sus dos libros? ¡Porque estaba convencido que Jesús es precisamente quien se decía ser!

Cuando les dimos a conocer la venida de nuestro Señor Jesucristo en todo su poder, no estábamos siguiendo sutiles cuentos supersticiosos sino dando testimonio de su grandeza, que vimos con nuestros propios ojos. Él recibió honor y gloria de parte de Dios el Padre, cuando desde la majestuosa gloria se le dirigió aquella voz que dijo: «Éste es mi Hijo amado; estoy muy complacido con él» (2da Pedro 1:16-17).

Pedro dice que él oyó a Dios Padre cuando le dijo a su Hijo, Jesús:

«Éste es mi Hijo amado; estoy muy complacido con él.»

Favor leerlo según Mateo lo contó:

Seis días después, Jesús tomó consigo a Pedro, a Jacobo y a Juan, el hermano de Jacobo, y los llevó aparte, a una montaña alta. Allí se transfiguró en presencia de ellos; su rostro resplandeció como el sol, y su ropa se volvió blanca como la luz. En esto, se les aparecieron Moisés y Elías conversando con Jesús. Pedro le dijo a Jesús:

—Señor, ¡qué bien que estemos aquí! Si quieres, levantaré tres albergues: uno para ti, otro para Moisés y otro para Elías.

Mientras estaba aún hablando, apareció una nube luminosa que los envolvió, de la cual salió una voz que dijo: «Éste es mi Hijo amado; estoy muy complacido con él. ¡Escúchenlo!»

Al oír esto, los discípulos se postraron sobre sus rostros, aterrorizados. Pero Jesús se acercó a ellos y los tocó.

—Levántense —les dijo—. No tengan miedo.

Cuando alzaron la vista, no vieron a nadie más que a Jesús.

Mientras bajaban de la montaña, Jesús les encargó:

—No le cuenten a nadie lo que han visto hasta que el Hijo del hombre resucite (Mateo 17:1-9).

El rostro de Jesús resplandeció como el sol y su ropa se volvió tan blanca como la luz. Dios Padre habló desde el cielo: *«Éste es mi Hijo amado; estoy muy complacido con él. ¡Escúchenlo!»* ¡Escúchenlo!

Pedro y Juan fueron testigos oculares. ¡No es de maravillarse que decidieron escribir libros para contarnos lo que vieron!

Dios Padre dice, *«¡Escúchenlo!»* Escuchemos lo que dijo Jesús:

«Porque tanto amó Dios al mundo, que dio a su Hijo unigénito, para que todo el que cree en él no se pierda, sino que tenga vida eterna» (Juan 3:16).

En 2da Pedro 1, Pedro se refiere a los profetas mencionados en el Antiguo Testamento quienes profetizaron acerca de la venida del Mesías:

Esto ha venido a confirmarnos la palabra de los profetas, a la cual ustedes hacen bien en prestar atención, como a una lámpara que brilla en un lugar oscuro, hasta que despunte el día y salga el lucero de la mañana en sus corazones. Ante todo, tengan muy presente que ninguna profecía de la Escritura surge de la interpretación particular de nadie. Porque la profecía no ha tenido su origen en la voluntad humana, sino que los profetas hablaron de parte de Dios, impulsados por el Espíritu Santo (2da Pedro 1:19-21).

Pedro enfatizó que aquellos profetas no dieron su *«interpretación particular»*, sino que esos hombres hablaron de Dios según fueron impulsados por el Espíritu Santo. ¿No suena conocido esto?

Juan citó a Jesús cuando dijo:

«Todo esto lo digo ahora que estoy con ustedes. Pero el Consolador, el Espíritu Santo, a quien el Padre enviará en mi nombre, les enseñará todas las cosas y les hará recordar todo lo que les he dicho» (Juan 14:25-26).

El Espíritu Santo habilitó a los profetas, así como a Juan, Pedro, y Pablo, para escribir partes de este libro que se llama la Biblia. ¿No sorprende que la raza humana deje de leer las palabras mismas de Dios?

Lucas cita a Jesús cuando dijo:

> *«Así que yo les digo: Pidan, y se les dará; busquen, y encontrarán; llamen, y se les abrirá la puerta» (Lucas 11:9).*

Pedro, sin embargo, reconoció que no todos han de creer en el plan de salvación de Jesús. Él advirtió a los cristianos a reconocer a los falsos profetas.

> *En el pueblo judío hubo falsos profetas, y también entre ustedes habrá falsos maestros que encubiertamente introducirán herejías destructivas, al extremo de negar al mismo Señor que los rescató. Esto les traerá una pronta destrucción. Muchos los seguirán en sus prácticas vergonzosas, y por causa de ellos se difamará el camino de la verdad. Llevados por la avaricia, estos maestros los explotarán a ustedes con palabras engañosas. Desde hace mucho tiempo su condenación está preparada y su destrucción los acecha (2da Pedro 2:1-3).*

Nuevamente cito de 1ra Corintios:

> *Ahora bien, Dios nos ha revelado esto por medio de su Espíritu, pues el Espíritu lo examina todo, hasta las profundidades de Dios. En efecto, ¿quién conoce los pensamientos del ser humano sino su propio espíritu que está en él? Así mismo, nadie conoce los pensamientos de Dios sino el Espíritu de Dios. Nosotros no hemos recibido el espíritu del mundo sino el Espíritu que procede de Dios, para que entendamos lo que por su gracia él nos ha concedido. Esto es precisamente de lo que hablamos, no con las palabras que enseña la sabiduría humana sino con las que enseña el Espíritu, de modo que expresamos verdades espirituales en términos espirituales. El que no tiene el Espíritu no acepta lo que procede del Espíritu de Dios, pues para él es locura. No*

puede entenderlo, porque hay que discernirlo espiritualmente (1ra Corintios 2:10-14).

¡Tienes que decidir a quién creer! ¿El espíritu del mundo? ¿El Espíritu de Dios? ¡Tu decisión determinará dónde pasarás la eternidad!

En 2da Pedro, capítulos 2 y 3, Pedro habla de lo que les sucederá a los falsos maestros. Escribió:

Estos individuos son fuentes sin agua, niebla empujada por la tormenta, para quienes está reservada la más densa oscuridad (2da Pedro 2:17).

En el capítulo 3, Pedro responde a las preocupaciones de algunos burladores en cuanto a la venida de Jesús.

Ante todo, deben saber que en los últimos días vendrá gente burlona que, siguiendo sus malos deseos, se mofará: «¿Qué hubo de esa promesa de su venida? Nuestros padres murieron, y nada ha cambiado desde el principio de la creación» (2da Pedro 3:3-4).

Pero Pedro les recuerda a ellos y a nosotros que Jesús vendrá otra vez así como prometió.

Pero no olviden, queridos hermanos, que para el Señor un día es como mil años, y mil años como un día. El Señor no tarda en cumplir su promesa, según entienden algunos la tardanza. Más bien, él tiene paciencia con ustedes, porque no quiere que nadie perezca sino que todos se arrepientan (2da Pedro 3:8-9).

Yo amo las palabras que Pedro escribió según fue inspirado por el Espíritu Santo. *«Él tiene paciencia con ustedes, porque no quiere que nadie perezca sino que todos se arrepientan.»*

Para ustedes que aún no han creído, Él es paciente. Pero recomiendo que no esperen demasiado. Nuestros cuerpos terrenales son frágiles. Pasarás por la muerte terrenal. Pero si crees en Jesús, despertarás a una «abundante entrada» al reino eterno de su Señor y Salvador Jesucristo.

Jesús dijo:

«Porque la voluntad de mi Padre es que todo el que reconozca al Hijo y crea en él, tenga vida eterna, y yo lo resucitaré en el día final» (Juan 6:40).

Juan estará allí. Pedro estará allí. Pablo estará allí. Yo estaré allí. Estos están convencidos del plan de salvación de Jesús. Yo estoy convencido. ¿Y tú?

Pedro fue testigo ocular, así como lo fue Juan. Ahora, escuchemos lo que tuvo que decir un judío instruido, llamado Pablo!

¡Es tan sencillo!

C. Pablo — Testigo del plan de salvación

Juan y Pedro eran pescadores sin instrucción quienes anduvieron con Jesús y quienes escribieron lo que vieron. Vieron los milagros. Vieron las sanidades. Vieron a Jesús cuando resucitó a los muertos. Ellos le oyeron y luego escribieron del plan de salvación que Dios Padre coordinó y que Jesús obedientemente efectuó. Ellos fueron testigos de la crucifixión y la resurrección de Jesús. Fueron llenos del Espíritu Santo en Pentecostés.

Fueron convencidos de que Jesús es el Mesías, y escribieron para decirnos que podemos tener la vida eterna creyendo en Jesucristo.

Pablo, sin embargo, llegó por otro camino a la cruz y al plan de salvación. A Pablo también le llamaban Saulo según se dice en Hechos 13:9: *«Entonces Saulo, o sea Pablo...»* Él era judío instruido. Entró al escenario después de la resurrección de Jesús.

Favor leer la manera en que Pablo se describe a sí mismo:

Porque la circuncisión somos nosotros, los que por medio del Espíritu de Dios adoramos, nos enorgullecemos en Cristo Jesús y no ponemos nuestra confianza en esfuerzos humanos. Yo mismo tengo motivos para tal confianza. Si cualquier otro cree tener motivos para confiar en esfuerzos humanos, yo más: circuncidado al octavo día, del pueblo de Israel, de la tribu de Benjamín, hebreo de pura cepa; en cuanto a la interpretación de la ley fariseo; en cuanto al celo, perseguidor de la iglesia; en cuanto a la justicia que la ley exige, intachable (Filipenses 3:3-6).

Pablo era fariseo celoso, uno que no creía en Jesús, ni en la iglesia cristiana primitiva. De hecho, no sólo no creía, sino andaba persiguiendo la iglesia primitiva.

Favor leer lo siguiente para comprender el extremo al cual Pablo perseguía a los primeros cristianos. El libro de los Hechos (escrito por Lucas, un doctor médico) describe a un devoto cristiano que se llamaba Esteban.

Esteban, hombre lleno de la gracia y del poder de Dios, hacía grandes prodigios y señales milagrosas entre el pueblo (Hechos 6:8).

Hechos capítulo 6 detalla una polémica entre Esteban y algunos miembros de un grupo de judíos:

Con él se pusieron a discutir ciertos individuos de la sinagoga llamada de los Libertos, donde había judíos de Cirene y de Alejandría, de Cilicia y de la provincia de Asia. Como no podían hacer frente a la sabiduría ni al Espíritu con que hablaba Esteban, instigaron a unos hombres a decir: «Hemos oído a Esteban blasfemar contra Moisés y contra Dios.»

Agitaron al pueblo, a los ancianos y a los maestros de la ley. Se apoderaron de Esteban y lo llevaron ante el Consejo (Hechos 6:9-12).

Hechos capítulo 7 detalla una disertación que dio Esteban ante el consejo dirigente de los judíos llamado el Sanedrín. Sus palabras enfurecieron a los líderes judíos. Esteban concluyó su disertación diciendo:

«¡Tercos, duros de corazón y torpes de oídos! Ustedes son iguales que sus antepasados: ¡Siempre resisten al Espíritu Santo! ¿A cuál de los profetas no persiguieron sus antepasados? Ellos mataron a los que de antemano anunciaron la venida del Justo, y ahora a éste lo han traicionado y asesinado ustedes, que

recibieron la ley promulgada por medio de ángeles y no la han obedecido» (Hechos 7:51-53).

Esteban acusó a los judíos no sólo de matar a los profetas que profetizaron de la venida del Mesías, sino que también los acusó de matar al Mesías, llamado Jesús. Favor leer lo que los judíos le hicieron a Esteban.

Al oír esto, rechinando los dientes montaron en cólera contra él. Pero Esteban, lleno del Espíritu Santo, fijó la mirada en el cielo y vio la gloria de Dios, y a Jesús de pie a la derecha de Dios.

—¡Veo el cielo abierto —exclamó—, y al Hijo del hombre de pie a la derecha de Dios!

Entonces ellos, gritando a voz en cuello, se taparon los oídos y todos a una se abalanzaron sobre él, lo sacaron a empellones fuera de la ciudad y comenzaron a apedrearlo. Los acusadores le encargaron sus mantos a un joven llamado Saulo. Mientras lo apedreaban, Esteban oraba.

—Señor Jesús —decía—, recibe mi espíritu.

Luego cayó de rodillas y gritó:

—¡Señor, no les tomes en cuenta este pecado!

Cuando hubo dicho esto, murió (Hechos 7:54-60).

Saulo (Pablo) estuvo presente dando su aprobación a la muerte de Esteban. Saulo obviamente era un líder en la persecución contra la comunidad de los primeros cristianos. Hechos dice:

Y Saulo estaba allí, aprobando la muerte de Esteban.

Aquel día se desató una gran persecución contra la iglesia en Jerusalén, y todos, excepto los apóstoles, se dispersaron por las regiones de Judea y Samaria. Unos hombres piadosos sepultaron a Esteban e hicieron gran duelo por él. Saulo, por su parte, causaba estragos en la iglesia: entrando de casa en casa, arrastraba a hombres y mujeres y los metía en la cárcel (Hechos 8:1-3).

Mientras tanto, Saulo, respirando aún amenazas de muerte contra los discípulos del Señor, se presentó al sumo sacerdote y le pidió cartas de extradición para las sinagogas de Damasco. Tenía la intención de encontrar y llevarse presos a Jerusalén a todos los que pertenecieran al Camino, fueran hombres o mujeres (Hechos 9:1-2).

¡Tal es la historia de Saulo! Este mismo Saulo, el judío religioso y celoso, quien emprendió campaña de destruir a la iglesia primitiva, no tenía idea de que Jesús, el resucitado Hijo de Dios Padre, tenía otros planes para él.

Camino a Damasco, donde se propuso perseguir a la iglesia cristiana, Pablo se encontró con el resucitado Jesús —el mismo Jesús cuyos seguidores él iba persiguiendo.

En el viaje sucedió que, al acercarse a Damasco, una luz del cielo relampagueó de repente a su alrededor. Él cayó al suelo y oyó una voz que le decía:

—Saulo, Saulo, ¿por qué me persigues?

—¿Quién eres, Señor? —preguntó.

—Yo soy Jesús, a quien tú persigues —le contestó la voz—. Levántate y entra en la ciudad, que allí se te dirá lo que tienes que hacer.

Los hombres que viajaban con Saulo se detuvieron atónitos, porque oían la voz pero no veían a nadie. Saulo se levantó del suelo, pero cuando abrió los ojos no podía ver, así que lo tomaron de la mano y lo llevaron a Damasco. Estuvo ciego tres días, sin comer ni beber nada (Hechos 9:3-9).

Los judíos, Pablo inclusive, creían que habían matado a Jesús. Sin embargo, el resucitado Jesús, quien había ascendido al cielo, se le acercó a Saulo en una luz del cielo que se le resplandeció en derredor. «*Saulo, Saulo, ¿por qué me persigues?*»

La historia sigue. Saulo, quien quedó ciego por la luz del cielo, fue llevado a un discípulo llamado Ananías. Bien puedes imaginarte el temor que sintieran los cristianos al ver a este asesino Pablo en su presencia. Pero Jesús habló a Ananías en una visión.

> *Había en Damasco un discípulo llamado Ananías, a quien el Señor llamó en una visión.*

> *—¡Ananías!*

> *—Aquí estoy, Señor.*

> *—Anda, ve a la casa de Judas, en la calle llamada Derecha, y pregunta por un tal Saulo de Tarso. Está orando, y ha visto en una visión a un hombre llamado Ananías, que entra y pone las manos sobre él para que recobre la vista.*

> *Entonces Ananías respondió:*

> *—Señor, he oído hablar mucho de ese hombre y de todo el mal que ha causado a tus santos en Jerusalén. Y ahora lo tenemos aquí, autorizado por los jefes de los sacerdotes, para llevarse presos a todos los que invocan tu nombre.*

> *—¡Ve! —insistió el Señor—, porque ese hombre es mi instrumento escogido para dar a conocer mi nombre tanto a las naciones y a sus reyes como al pueblo de Israel. Yo le mostraré cuánto tendrá que padecer por mi nombre (Hechos 9:10-16).*

Jesús eligió a este asesino, quien perseguía a sus seguidores, y le llamó *«mi instrumento escogido para dar a conocer mi nombre tanto a las naciones y a sus reyes como al pueblo de Israel».*

Hechos 9 detalla la restauración de la vista de Saulo y su bautismo:

> *Ananías se fue y, cuando llegó a la casa, le impuso las manos a Saulo y le dijo: «Hermano Saulo, el Señor Jesús, que se te apareció en el camino, me ha enviado para que recobres la vista y seas lleno del Espíritu Santo.» Al instante cayó de los ojos de Saulo algo como escamas, y recobró la vista. Se levantó y fue bautizado; y habiendo comido, recobró las fuerzas.*

Saulo pasó varios días con los discípulos que estaban en Damasco (Hechos 9:17-19).

La vista de Saulo le fue restaurada. No sólo recibió su vista física, sino que fue lleno del Espíritu Santo, para que su cuerpo espiritual pudiera ver con más claridad a Jesús y al plan de salvación. Pablo pasó de ser asesino y perseguidor de los cristianos a ser uno de los seguidores de Cristo. Jesús dijo, *«yo le mostraré cuánto tendrá que padecer por mi nombre»*.

¡Y Pablo sí sufrió! Pasó de perseguidor a perseguido.

El libro de los Hechos, que fue escrito por Lucas el médico, describe tres viajes misioneros que Pablo hizo a varios países alrededor del Mediterráneo. ¡Pablo fue perseguido! Este libro no puede tocar a cada incidente que le ocurrió a Pablo. Pero permite que él describa cómo le era predicar el plan de salvación de Jesucristo.

¿Son servidores de Cristo? ¡Qué locura! Yo lo soy más que ellos. He trabajado más arduamente, he sido encarcelado más veces, he recibido los azotes más severos, he estado en peligro de muerte repetidas veces. Cinco veces recibí de los judíos los treinta y nueve azotes. Tres veces me golpearon con varas, una vez me apedrearon, tres veces naufragué, y pasé un día y una noche como náufrago en alta mar. Mi vida ha sido un continuo ir y venir de un sitio a otro; en peligros de ríos, peligros de bandidos, peligros de parte de mis compatriotas, peligros a manos de los gentiles, peligros en la ciudad, peligros en el campo, peligros en el mar y peligros de parte de falsos hermanos. He pasado muchos trabajos y fatigas, y muchas veces me he quedado sin dormir; he sufrido hambre y sed, y muchas veces me he quedado en ayunas; he sufrido frío y desnudez. Y como si fuera poco, cada día pesa sobre mí la preocupación por todas las iglesias. ¿Cuando alguien se siente débil, no comparto yo su debilidad? ¿Y cuando a alguien se le hace tropezar, no ardo yo de indignación?

Si me veo obligado a jactarme, me jactaré de mi debilidad. El Dios y Padre del Señor Jesús (¡sea por siempre alabado!) sabe que no miento. En Damasco, el gobernador bajo el rey Aretas mandó que se vigilara la ciudad de los damascenos con el fin de arrestarme (2da Corintios 11:23-32).

Obviamente, Pablo se encontró con Jesús en el camino a Damasco. Así él, de la misma manera que Pedro y Juan, se convenció que Jesucristo es el Mesías. Como puedes ver por 2da Corintios, según citado arriba, nada detendría a Pablo de anunciarle al mundo el plan de salvación mediante Jesucristo.

A Pablo se le cita cuando dijo:

«A judíos y a griegos les he instado a convertirse a Dios y a creer en nuestro Señor Jesús.

»Y ahora tengan en cuenta que voy a Jerusalén obligado por el Espíritu, sin saber lo que allí me espera. Lo único que sé es que en todas las ciudades el Espíritu Santo me asegura que me esperan prisiones y sufrimientos. Sin embargo, considero que mi vida carece de valor para mí mismo, con tal de que termine mi carrera y lleve a cabo el servicio que me ha encomendado el Señor Jesús, que es el de dar testimonio del evangelio de la gracia de Dios» (Hechos 20:21-24).

Pablo consideraba como nada su vida terrenal. A Pablo Jesús le puso delante una carrera, y Pablo, contra todo obstáculo, fijó su ojo en completar la encomienda que Jesucristo le puso, la de testificar de la gracia de Dios, de testificar que el creer en Jesucristo lleva a la vida eterna.

Pero Pablo encontró que no es cosa fácil ser seguidor de Jesús. Y me permitirás agregar que tampoco es fácil ser cristiano en el mundo de hoy. Aquí en Norteamérica aún no hemos tenido que enfrentar pruebas parecidas a las que Pablo experimentaba. Sin embargo, miles y miles de cristianos son perseguidos y matados cada año en todo el mundo.

Es así como dijo Jesús:

«Si el mundo los aborrece, tengan presente que antes que a ustedes, me aborreció a mí. Si fueran del mundo, el mundo los querría como a los suyos. Pero ustedes no son del mundo, sino

que yo los he escogido de entre el mundo. Por eso el mundo los aborrece. Recuerden lo que les dije: "Ningún siervo es más que su amo." Si a mí me han perseguido, también a ustedes los perseguirán. Si han obedecido mis enseñanzas, también obedecerán las de ustedes» (Juan 15:18-20).

¡Jesús fue perseguido! Pablo fue perseguido, y los cristianos hoy en día han de ser perseguidos o verbalmente o con violencia física. Este mundo es del diablo quien es padre de toda mentira.

Como se dijo anteriormente, Pablo no anduvo con Jesús como lo hicieron Juan y Pedro. Pablo, sin embargo, habla de visiones y revelaciones personales de Jesús. Te acordarás que Juan también tuvo una visión. El libro del Apocalipsis cuenta lo que él vio y oyó acerca de eventos relacionados con el fin de los tiempos.

Pablo describió su visión como sigue:

Me veo obligado a jactarme, aunque nada se gane con ello. Paso a referirme a las visiones y revelaciones del Señor. Conozco a un seguidor de Cristo que hace catorce años fue llevado al tercer cielo (no sé si en el cuerpo o fuera del cuerpo; Dios lo sabe). Y sé que este hombre (no sé si en el cuerpo o aparte del cuerpo; Dios lo sabe) fue llevado al paraíso y escuchó cosas indecibles que a los humanos no se nos permite expresar. De tal hombre podría hacer alarde; pero de mí no haré alarde sino de mis debilidades. Sin embargo, no sería insensato si decidiera jactarme, porque estaría diciendo la verdad. Pero no lo hago, para que nadie suponga que soy más de lo que aparento o de lo que digo.

Para evitar que me volviera presumido por estas sublimes revelaciones, una espina me fue clavada en el cuerpo, es decir, un mensajero de Satanás, para que me atormentara. Tres veces le rogué al Señor que me la quitara; pero él me dijo: «Te basta con mi gracia, pues mi poder se perfecciona en la debilidad.» Por lo tanto, gustosamente haré más bien alarde de mis debilidades, para que permanezca sobre mí el poder de Cristo. Por eso me regocijo en debilidades, insultos, privaciones, persecuciones y dificultades que sufro por Cristo; porque cuando soy débil, entonces soy fuerte (2da Corintios 12:1-10).

Dice haber sido llevado al paraíso (el cielo). Escuchó cosas imposibles de expresar que no le fue permitido contar.

Y escribe que, por amor a Jesucristo, se deleita en debilidades, insultos, privaciones, persecuciones y dificultades.

Pablo, testigo del plan de salvación, llegó a convencerse que Jesús es el Mesías. Estuvo dispuesto a sufrir toda clase de privación con tal de poder contarte a ti y a mí que la salvación se obtiene únicamente por medio de Jesucristo.

En Gálatas 1:11 Pablo declara:

Quiero que sepan, hermanos, que el evangelio que yo predico no es invención humana (Gálatas 1:11).

Pablo declara que el evangelio, el mensaje de Jesucristo, no es un cuento inventado. También declara que lo que él aprendió acerca de Jesús y el plan de salvación, ¡le fue revelado por Jesucristo!

A resumir: a Pablo, un religioso, celoso fariseo, que entregaba a muerte a los seguidores de Jesús y perseguía a la iglesia cristiana primitiva: al tal le fueron dadas visiones y revelaciones directa y personalmente por Jesucristo, el Mesías resucitado. Y él nos cuenta de este Jesús de la misma manera como Pedro y Juan lo hicieron. Él decidió contarles a otros el plan de salvación.

Este libro no puede representar adecuadamente los escritos de Pablo. Él escribió, al menos, trece libros del Nuevo Testamento. No estamos seguros en cuanto al escritor del libro de los Hebreos.

Los escritos de Pablo no sólo cubren el mensaje de salvación, sino que también describen normas de la vida aceptable que los cristianos, nacidos de nuevo, debieran vivir. Aunque tratamos como tema principal el plan de salvación, permítanme hablar brevemente de la vida de los cristianos. *Conociendo* las normas del vivir cristiano y *vivir* tal vida son dos cosas distintas.

Pablo, en el libro a los Gálatas, contrasta las actividades de la naturaleza secular y pecaminosa con las de una vida obediente a Jesucristo.

Así que les digo: Vivan por el Espíritu, y no seguirán los deseos de la naturaleza pecaminosa. Porque ésta desea lo que es contrario al Espíritu, y el Espíritu desea lo que es contrario a ella. Los dos se oponen entre sí, de modo que ustedes no pueden hacer lo que quieren. Pero si los guía el Espíritu, no están bajo la ley.

Las obras de la naturaleza pecaminosa se conocen bien: inmoralidad sexual, impureza y libertinaje; idolatría y brujería; odio, discordia, celos, arrebatos de ira, rivalidades, disensiones, sectarismos y envidia; borracheras, orgías, y otras cosas parecidas. Les advierto ahora, como antes lo hice, que los que practican tales cosas no heredarán el reino de Dios.

En cambio, el fruto del Espíritu es amor, alegría, paz, paciencia, amabilidad, bondad, fidelidad, humildad y dominio propio. No hay ley que condene estas cosas. Los que son de Cristo Jesús han crucificado la naturaleza pecaminosa, con sus pasiones y deseos (Gálatas 5:16-24).

Aunque uno conozca a Jesucristo y aunque tenga asegurada la salvación, aún así habrá batallas espirituales en la vida de uno hasta su último suspiro en esta tierra.

Hasta Pablo luchaba en tales batallas.

Sabemos, en efecto, que la ley es espiritual. Pero yo soy meramente humano, y estoy vendido como esclavo al pecado. No entiendo lo que me pasa, pues no hago lo que quiero, sino lo que aborrezco. Ahora bien, si hago lo que no quiero, estoy de acuerdo en que la ley es buena; pero, en ese caso, ya no soy yo quien lo lleva a cabo sino el pecado que habita en mí. Yo sé que en mí, es decir, en mi naturaleza pecaminosa, nada bueno habita. Aunque deseo hacer lo bueno, no soy capaz de hacerlo. De hecho, no hago el bien que quiero, sino el mal que no quiero. Y si hago lo que no quiero, ya no soy yo quien lo hace sino el pecado que habita en mí.

Así que descubro esta ley: que cuando quiero hacer el bien, me acompaña el mal. Porque en lo íntimo de mi ser me deleito en la ley de Dios; pero me doy cuenta de que en los miembros de mi cuerpo hay otra ley, que es la ley del pecado. Esta ley lucha contra la ley de mi mente, y me tiene cautivo. ¡Soy un pobre miserable! ¿Quién me librará de este cuerpo mortal? ¡Gracias a Dios por medio de Jesucristo nuestro Señor!

En conclusión, con la mente yo mismo me someto a la ley de Dios, pero mi naturaleza pecaminosa está sujeta a la ley del pecado (Romanos 7:14-25).

Pablo enfrentó la batalla de la vida así como lo hizo Pedro y como lo han hecho la mayoría de mis hermanos cristianos. Y yo también lucho a diario en tales batallas. ¡A algunas las ganamos! ¡Perdemos algunas! Pero sabemos que nada nos separará del amor de Dios que es en Cristo Jesús nuestro Salvador.

Pablo escribió en Romanos 8:

Sin embargo, en todo esto somos más que vencedores por medio de aquel que nos amó. Pues estoy convencido de que ni la muerte ni la vida, ni los ángeles ni los demonios, ni lo presente ni lo por venir, ni los poderes, ni lo alto ni lo profundo, ni cosa alguna en toda la creación, podrá apartarnos del amor que Dios nos ha manifestado en Cristo Jesús nuestro Señor (Romanos 8:37-39).

Nuestras luchas terrenales son sencillamente piedras de tropiezo en nuestra marcha hacia la vida eterna. Juan dice en Apocalipsis 21 que en la vida venidera se terminará la batalla.

Él les enjugará toda lágrima de los ojos. Ya no habrá muerte, ni llanto, ni lamento ni dolor, porque las primeras cosas han dejado de existir (Apocalipsis 21:4).

¡Qué día glorioso será! ¿Quieres hacer planes de acompañarme allí?

Vamos a ver lo que dice Pablo acerca del plan de salvación. Mientras lees las palabras de Pablo, favor recordar nuevamente que él fue hombre, escogido personalmente por Jesús para hablarnos del plan de salvación. Ya que Jesús le dijo a Pablo que me dijera algo, he decidido oír atentamente. ¡Espero que tú escuches también!

Romanos

Pablo dice en Romanos 1:

A la verdad, no me avergüenzo del evangelio, pues es poder de Dios para la salvación de todos los que creen: de los judíos primeramente, pero también de los gentiles. De hecho, en el evangelio se revela la justicia que proviene de Dios, la cual es por fe de principio a fin, tal como está escrito: «El justo vivirá por la fe» (Romanos 1:16-17).

Este libro jamás podría «comprobar» que Jesús es el Hijo de Dios. Uno debe aceptar el plan de salvación por la fe. Desafortunadamente, el mundo creerá sólo cuando tenga los hechos, y aún teniéndolos, sigue dudando.

Pablo declara en 1ra Corintios 1:

Pues la locura de Dios es más sabia que la sabiduría humana, y la debilidad de Dios es más fuerte que la fuerza humana (1ra Corintios 1:25).

Jesús dijo:

«Les aseguro que a menos que ustedes cambien y se vuelvan como niños, no entrarán en el reino de los cielos» (Mateo 18:3).

Se puede conocer a Jesús únicamente por medio de una fe sencilla como la de un niño. Como citamos anteriormente, Salomón dijo en Eclesiastés 12:

El hacer muchos libros es algo interminable y…el mucho leer causa fatiga.

El fin de este asunto es que ya se ha escuchado todo. Teme, pues, a Dios y cumple sus mandamientos, porque esto es todo para el hombre (Eclesiastés 12:12-13).

Podrías leer y estudiar las veinticuatro horas del día, pero sólo cuando el Espíritu Santo ilumine tu fe de niño conocerás de verdad a Jesús.

Pablo dice también que los hombres están sin excusa.

Ciertamente, la ira de Dios viene revelándose desde el cielo contra toda impiedad e injusticia de los seres humanos, que con su maldad obstruyen la verdad. Me explico: lo que se puede conocer acerca de Dios es evidente para ellos, pues él mismo se lo ha revelado. Porque desde la creación del mundo las cualidades invisibles de Dios, es decir, su eterno poder y su naturaleza divina, se perciben claramente a través de lo que él creó, de modo que nadie tiene excusa (Romanos 1:18-20).

Se me hace difícil comprender por qué los seres humanos no pueden ver a Dios al sólo mirar alrededor a su creación.

Muchos de los 150 Salmos en el Antiguo Testamento reconocen a Dios como Creador. Quisiera brevemente volver de los escritos de Pablo a considerar algunos de ellos.

Los cielos cuentan la gloria de Dios, el firmamento proclama la obra de sus manos. Un día comparte al otro la noticia, una noche a la otra se lo hace saber. Sin palabras, sin lenguaje, sin una voz perceptible, por toda la tierra resuena su eco, ¡sus palabras llegan hasta los confines del mundo! (Salmos 19:1-4)

Por la palabra del SEÑOR fueron creados los cielos, y por el soplo de su boca, las estrellas. Él recoge en un cántaro el agua de los mares, y junta en vasijas los océanos. Tema toda la tierra al SEÑOR; hónrenlo todos los pueblos del mundo; por que él habló, y todo fue creado; dio una orden, y todo quedó firme (Salmos 33:6-9).

El salmista vio a Dios al sencillamente mirar los cielos con el sol, la luna y las estrellas. Él vio a Dios en sus alrededores en la tierra. Favor leer el Salmo 104:

¡Alaba, alma mía, al SEÑOR !

SEÑOR mi Dios, tú eres grandioso; te has revestido de gloria y majestad. Te cubres de luz como con un manto; extiendes los cielos como un velo. Afirmas sobre las aguas tus altos aposentos y haces de las nubes tus carros de guerra. ¡Tú cabalgas en las alas del viento! Haces de los vientos tus mensajeros, y de las llamas de fuego tus servidores.

Tú pusiste la tierra sobre sus cimientos, y de allí jamás se moverá; la revestiste con el mar, y las aguas se detuvieron sobre los montes. Pero a tu represión huyeron las aguas; ante el estruendo de tu voz se dieron a la fuga. Ascendieron a los montes, descendieron a los valles, al lugar que tú les asignaste. Pusiste una frontera que ellas no pueden cruzar; ¡jamás volverán a cubrir la tierra!

Tú haces que los manantiales viertan sus aguas en las cañadas, y que fluyan entre las montañas. De ellas beben todas las bestias del campo; allí los asnos monteses calman su sed. Las aves del cielo anidan junto a las aguas y cantan entre el follaje. Desde tus altos aposentos riegas las montañas; la tierra se sacia con el fruto de tu trabajo. Haces que crezca la hierba para el ganado, y las plantas que la gente cultiva para sacar de la tierra su alimento: el vino que alegra el corazón, el aceite que hace brillar el rostro, y el pan que sustenta la vida.

Los árboles del Señor están bien regados, los cedros del Líbano que él plantó. Allí las aves hacen sus nidos; en los cipreses tienen su hogar las cigüeñas. En las altas montañas están las cabras monteses, y en los escarpados peñascos tienen su madriguera los tejones.

Tú hiciste la luna, que marca las estaciones, y el sol, que sabe cuándo ocultarse. Tú traes la oscuridad, y cae la noche, y en sus sombras se arrastran los animales del bosque. Los leones rugen, reclamando su presa, exigiendo que Dios les dé su alimento. Pero al salir el sol se escabullen y vuelven a echarse en sus guaridas. Sale entonces la gente a cumplir sus tareas, a hacer su trabajo hasta el anochecer.

¡Oh Señor, cuán numerosas son tus obras! ¡Todas ellas las hiciste con sabiduría! ¡Rebosa la tierra con todas tus criaturas! Allí está el mar, ancho e infinito, que abunda en animales, grandes

y pequeños, cuyo número es imposible conocer. Allí navegan los barcos y se mece Leviatán, que tú creaste para jugar con él.

Todos ellos esperan de ti que a su tiempo les des su alimento. Tú les das, y ellos recogen; abres la mano, y se colman de bienes. Si escondes tu rostro, se aterran; si les quitas el aliento, mueren y vuelven al polvo. Pero si envías tu Espíritu, son creados, y así renuevas la faz de la tierra.

Que la gloria del Señor perdure eternamente; que el Señor se regocije en sus obras. Él mira la tierra y la hace temblar; toca los montes y los hace echar humo.

Cantaré al Señor toda mi vida; cantaré salmos a mi Dios mientras tenga aliento. Quiera él agradarse de mi meditación; yo, por mi parte, me alegro en el Señor. Que desaparezcan de la tierra los pecadores; ¡que no existan más los malvados!

¡Alaba, alma mía, al Señor!

¡Aleluya! ¡Alabado sea el Señor! (Salmo 104)

El salmista vio a Dios también en su propio hermoso nacimiento:

Tú creaste mis entrañas; me formaste en el vientre de mi madre. ¡Te alabo porque soy una creación admirable! ¡Tus obras son maravillosas, y esto lo sé muy bien! Mis huesos no te fueron desconocidos cuando en lo más recóndito era yo formado, cuando en lo más profundo de la tierra era yo entretejido. Tus ojos vieron mi cuerpo en gestación: todo estaba ya escrito en tu libro; todos mis días se estaban diseñando, aunque no existía uno solo de ellos (Salmo 139:13-16).

El salmista vio a Dios en los cielos. Vio a Dios obrando en la tierra. Vio a Dios en el nacimiento. No es de maravillarse que Pablo dijera:

Porque desde la creación del mundo las cualidades invisibles de Dios, es decir, su eterno poder y su naturaleza divina, se perciben claramente a través de lo que él creó, de modo que nadie tiene excusa (Romanos 1:20).

Favor recordar lo que Juan dijo respecto a Jesús:

En el principio ya existía el Verbo, y el Verbo estaba con Dios, y el Verbo era Dios. Él estaba con Dios en el principio.

Por medio de él todas las cosas fueron creadas; sin él, nada de lo creado llegó a existir (Juan 1:1-3).

El que era la luz ya estaba en el mundo, y el mundo fue creado por medio de él, pero el mundo no lo reconoció. Vino a lo que era suyo, pero los suyos no lo recibieron (Juan 1:10-11).

Jesús, Hijo de Dios y Creador de este mundo, fue rechazado por su propia creación.

Pablo dice la misma cosa. Aunque la evidencia de la creación de Dios está a todo nuestro alrededor, sin embargo la humanidad no le ha reconocido. Y no sólo que la humanidad no le ha reconocido, sino que siguen adorando más bien a los ídolos.

A pesar de haber conocido a Dios, no lo glorificaron como a Dios ni le dieron gracias, sino que se extraviaron en sus inútiles razonamientos, y se les oscureció su insensato corazón. Aunque afirmaban ser sabios, se volvieron necios y cambiaron la gloria del Dios inmortal por imágenes que eran réplicas del hombre mortal, de las aves, de los cuadrúpedos y de los reptiles (Romanos 1:21-23).

La humanidad ha cambiado la verdad de Dios por la mentira. Este libro habla con frecuencia del Espíritu de verdad quien procede de Dios y el espíritu de la mentira expuesta por el enemigo de Dios, el diablo. El diablo ha hecho creer a la humanidad que todo lo que vemos existió por la sola casualidad. Una mariposa, un hipopótamo, y tú, todos son parientes por medio de la evolución.

Obviamente Dios no se agrada de que los hombres adoren y sirvan a las cosas creadas más bien que a él. Pablo nos dice lo que hace Dios al respecto.

Por eso Dios los entregó a los malos deseos de sus corazones, que conducen a la impureza sexual, de modo que degradaron sus cuerpos los unos con los otros. Cambiaron la verdad de Dios por la mentira, adorando y sirviendo a los seres creados antes que al Creador, quien es bendito por siempre. Amén.

Por tanto, Dios los entregó a pasiones vergonzosas. En efecto, las mujeres cambiaron las relaciones naturales por las que van contra la naturaleza. Así mismo los hombres dejaron las relaciones naturales con la mujer y se encendieron en pasiones lujuriosas los unos con los otros. Hombres con hombres cometieron actos indecentes, y en sí mismos recibieron el castigo que merecía su perversión.

Además, como estimaron que no valía la pena tomar en cuenta el conocimiento de Dios, él a su vez los entregó a la depravación mental, para que hicieran lo que no debían hacer. Se han llenado de toda clase de maldad, perversidad, avaricia y depravación. Están repletos de envidia, homicidios, disensiones, engaño y malicia. Son chismosos, calumniadores, enemigos de Dios, insolentes, soberbios y arrogantes; se ingenian maldades; se rebelan contra sus padres; son insensatos, desleales, insensibles, despiadados. Saben bien que, según el justo decreto de Dios, quienes practican tales cosas merecen la muerte; sin embargo, no sólo siguen practicándolas sino que incluso aprueban a quienes las practican (Romanos 1:24-32).

No sé cómo tú lo miras, pero estos versículos se parecen mucho a la vida en esta tierra hoy día. Tú, sin embargo, puedes elegir. ¿Apruebas y aceptas tales comportamientos? No hay terreno intermedio.

Favor leer lo que Pablo dice en Romanos 2:

Pero por tu obstinación y por tu corazón empedernido sigues acumulando castigo contra ti mismo para el día de la ira, cuando Dios revelará su justo juicio. Porque Dios «pagará a cada uno según lo que merezcan sus obras.» Él dará vida eterna a los que, perseverando en las buenas obras, buscan gloria, honor e inmortalidad. Pero los que por egoísmo rechazan la verdad para aferrarse a la maldad, recibirán el gran castigo de Dios (Romanos 2:5-8).

Enfáticamente te digo que esta vida terrenal es como un terreno de pruebas para tu vida eterna. Tienes que tomar una decisión. ¿Formarás parte de las mentiras del diablo, o creerás en la verdad de Jesús, quien es el Hijo de Dios?

Jesús tuvo que venir a la tierra para morir en la cruz como el Cordero sacrificado en lugar tuyo y el mío. Por razón de nuestra naturaleza pecaminosa no tenemos ningún derecho a la vida eterna con Dios. Perdimos tal derecho allá en el lejano pasado cuando Adán cometió el pecado original. Solamente por medio del sacrificio de Jesús es posible que volvamos a entrar en comunión con Dios Padre. Pero si sigues rechazando a Jesús enfrentarás, por desgracia, la condenación eterna y la eterna separación de Dios. Yo ruego que llegues a reconocer la importancia de conocer y aceptar a Jesús.

Favor recordar que Pablo estaba escribiendo palabras que le fueron dadas por Jesús mediante el Espíritu Santo. Él no inventó esas palabras. Fueron enviadas del cielo para ti y para mí.

En el libro de Romanos Pablo habla extensamente acerca de las leyes (los mandamientos) dadas a Moisés, y las compara con el sacrificio de Jesús sobre la cruz. Pablo, en efecto, dice que la ley no le dará a nadie entrada al cielo.

Por tanto, nadie será justificado en presencia de Dios por hacer las obras que exige la ley; más bien, mediante la ley cobramos conciencia del pecado (Romanos 3:20).

La ley (los mandamientos) sólo nos da conciencia del pecado. Por ejemplo, sabemos que no debemos cometer adulterio ni robar.

No cometas adulterio. No robes (Éxodo 20:14-15).

Pablo dice, sin embargo, que, aunque somos todos pecadores, somos perdonados por fe en Jesucristo, si creemos. Favor leer lo siguiente del capítulo 3 de Romanos:

Pero ahora, sin la mediación de la ley, se ha manifestado la justicia de Dios, de la que dan testimonio la ley y los profetas. Esta justicia de Dios llega, mediante la fe en Jesucristo, a todos los que creen. De hecho, no hay distinción, pues todos han pecado y están privados de la gloria de Dios, pero por su gracia son justificados gratuitamente mediante la redención que Cristo Jesús efectuó. Dios lo ofreció como un sacrificio de expiación que se recibe por la fe en su sangre (Romanos 3:21-25).

Favor notar que Pablo dice que todos han pecado y están privados de la gloria de Dios. He oído decir a muchos que ellos son buena gente que hacen buenas obras. Procuran explicar racionalmente como Dios jamás los castigaría por cuanto son buenas personas. Desafortunadamente, los tales han estado escuchando las mentiras del diablo. Pablo dice que *«todos han pecado»*. Aún si te consideras una «buena persona», y aunque hubieras cometido siquiera un solo pecadito, tú, personalmente, has clavado a Jesús en la cruz de Calvario. Él murió por tu pequeñito pecado tanto como por uno que haya cometido asesinato.

Pablo nos está diciendo lo que Jesús le dijo que dijera. Jesús te está diciendo que tú eres pecador. Las buenas obras no te abrirán las puertas del cielo. Como Pablo dice en Efesios:

Porque por gracia ustedes han sido salvados mediante la fe; esto no procede de ustedes, sino que es el regalo de Dios, no por obras, para que nadie se jacte (Efesios 2:8-9).

Cuando te enfrentes al día del juicio después que esta vida haya pasado, no intentes entrar al cielo por tus buenas obras. Tienes que entrar allí reconociendo que el regalo del Hijo de Dios, Jesús, es tu único boleto de entrada a la vida eterna. Pablo dice:

Ahora bien, cuando alguien trabaja, no se le toma en cuenta el salario como un favor sino como una deuda. Sin embargo, al que no trabaja, sino que cree en el que justifica al malvado, se le toma en cuenta la fe como justicia (Romanos 4:4-5).

A menudo que trabajas en tu empleo terrenal te pagan un salario por tu labor. Pagarte no es un regalo sino una obligación de parte de tu patrón.

Sin embargo, con respecto a Dios, el asunto es diferente. Tienes derecho a la vida eterna —no por las obras que haces, sino sencillamente por aceptar el regalo de Jesucristo. No tienes que trabajar por él. ¡No puedes trabajar por él! Jesús hizo la obra en la cruz del Calvario. Es tan sencillo.

No solamente se nos ofrece aceptar el regalo, sino que a la vez recibimos la paz que lo acompaña. Nosotros los cristianos, los nacidos de nuevo, sabemos que la vida eterna nos espera al fin de esta vida terrenal. En realidad, ¡mi vida eterna comenzó ya! Sencillamente me falta un poco más de carretera para llegar al cielo.

Favor leer con oración lo siguiente:

A la verdad, como éramos incapaces de salvarnos, en el tiempo señalado Cristo murió por los malvados. Difícilmente habrá quien muera por un justo, aunque tal vez haya quien se atreva a morir por una persona buena. Pero Dios demuestra su amor por nosotros en esto: en que cuando todavía éramos pecadores, Cristo murió por nosotros (Romanos 5:6-8).

Cuando aún éramos pecadores, Cristo murió por nosotros. Favor procurar imaginarte al Hijo de Dios colgado de la cruz en pleno reconocimiento que lo hacía en lugar tuyo. Favor procurar reconocer qué tanto Dios te ama. Como dijo Pedro:

El Señor no tarda en cumplir su promesa, según entienden algunos la tardanza. Más bien, él tiene paciencia con ustedes, porque no quiere que nadie perezca sino que todos se arrepientan (2da Pedro 3:9).

En el capítulo 5 de Romanos, Pablo habla de la realidad que la muerte vino mediante Adán y que la vida vino por Jesús. Como observación incidental, favor notar que Pablo habla de Adán como una persona real. Pablo escribe bajo la inspiración del Espíritu Santo de Dios. Muchos cuestionan la historia de la creación. La Biblia dice que la raza humana comenzó en el jardín de Edén con un hombre llamado Adán. No dice que la vida comenzó por la evolución. Génesis capítulo 1 dice:

> *Y Dios creó al ser humano a su imagen; lo creó a imagen de Dios. Hombre y mujer los creó (Génesis 1:27).*

Pablo dijo:

> *Por medio de un solo hombre el pecado entró en el mundo, y por medio del pecado entró la muerte; fue así como la muerte pasó a toda la humanidad, porque todos pecaron (Romanos 5:12).*

Por causa de Adán, todos nacimos en el pecado, y la muerte es el resultado de aquel pecado original. Las buenas nuevas son:

> *Pero la transgresión de Adán no puede compararse con la gracia de Dios. Pues si por la transgresión de un solo hombre murieron todos, ¡cuánto más el don que vino por la gracia de un solo hombre, Jesucristo, abundó para todos! Tampoco se puede comparar la dádiva de Dios con las consecuencias del pecado de Adán. El juicio que lleva a la condenación fue resultado de un solo pecado, pero la dádiva que lleva a la justificación tiene que ver con una multitud de transgresiones. Pues si por la transgresión de un solo hombre reinó la muerte, con mayor razón los que reciben en abundancia la gracia y el don de la justicia reinarán en vida por medio de un solo hombre, Jesucristo.*
>
> *Por tanto, así como una sola transgresión causó la condenación de todos, también un solo acto de justicia produjo la justificación que da vida a todos. Porque así como por la desobediencia de uno solo muchos fueron constituidos pecadores, también por la obediencia de uno solo muchos serán constituidos justos (Romanos 5:15-19).*

El pecado original de Adán nos trajo la muerte. La dádiva de Dios, es decir, Jesús, nos ha traído el perdón de nuestros pecados.

Uno de los versículos más consoladores en la Biblia se encuentra en Romanos:

En lo que atañe a la ley, ésta intervino para que aumentara la transgresión. Pero allí donde abundó el pecado, sobreabundó la gracia (Romanos 5:20).

Cuando Adán pecó, Jesús tuvo que perdonar un solo pecado. Hoy día hay unos 6 mil millones de personas que quebrantan los mandamientos de Dios a diario. Sin embargo, no obstante qué tan alta la montaña de los pecados, Jesús, como el Cordero sacrificado, está dispuesto a perdonar a todos los que creen.

Jesús llevó a *todos* tus pecados a la cruz. Yo ruego que tú le demuestres tu aprecio diciendo, «ahora, sí, reconozco lo que hiciste por mí en el Calvario. Yo creo».

Es tan sencillo.

Pero Jesús no permaneció en la cruz. Pablo habla de la resurrección de la siguiente manera:

Pues sabemos que Cristo, por haber sido levantado de entre los muertos, ya no puede volver a morir; la muerte ya no tiene dominio sobre él. En cuanto a su muerte, murió al pecado una vez y para siempre; en cuanto a su vida, vive para Dios.

De la misma manera, también ustedes considérense muertos al pecado, pero vivos para Dios en Cristo Jesús (Romanos 6:9-11).

¡Jesús no volverá a morir! Murió una vez por todos los pecados. De la misma manera, nosotros debemos reconocer que viviremos por la eternidad mediante Cristo. Por cuanto él vive, nosotros también viviremos eternamente.

Pero ahora que han sido liberados del pecado y se han puesto al servicio de Dios, cosechan la santidad que conduce a la vida eterna. Porque la paga del pecado es muerte, mientras que la dádiva de Dios es vida eterna en Cristo Jesús, nuestro Señor (Romanos 6:22-23).

Nosotros, los que creemos, ya no más somos esclavos del pecado y de la muerte que es consecuencia del pecado. La dádiva de Dios es vida eterna a todos los que creen.

Pablo nos recuerda constantemente que la ley sólo nos hace concientes del pecado y de la muerte que resulta, pero mediante Jesús somos libres.

> *Por lo tanto, ya no hay ninguna condenación para los que están unidos a Cristo Jesús, pues por medio de él la ley del Espíritu de vida me ha liberado de la ley del pecado y de la muerte (Romanos 8:1-2).*

Este libro habla con frecuencia acerca del Espíritu de verdad expuesta por Dios en contraste con el espíritu de la mentira expuesta por el diablo. A esto Pablo lo describe claramente en Romanos.

> *Los que viven conforme a la naturaleza pecaminosa fijan la mente en los deseos de tal naturaleza; en cambio, los que viven conforme al Espíritu fijan la mente en los deseos del Espíritu. La mentalidad pecaminosa es muerte, mientras que la mentalidad que proviene del Espíritu es vida y paz. La mentalidad pecaminosa es enemiga de Dios, pues no se somete a la ley de Dios, ni es capaz de hacerlo. Los que viven según la naturaleza pecaminosa no pueden agradar a Dios.*

> *Sin embargo, ustedes no viven según la naturaleza pecaminosa sino según el Espíritu, si es que el Espíritu de Dios vive en ustedes. Y si alguno no tiene el Espíritu de Cristo, no es de Cristo. Pero si Cristo está en ustedes, el cuerpo está muerto a causa del pecado, pero el Espíritu que está en ustedes es vida a causa de la justicia. Y si el Espíritu de aquel que levantó a Jesús de entre los muertos vive en ustedes, el mismo que levantó a Cristo de entre los muertos también dará vida a sus cuerpos mortales por medio de su Espíritu, que vive en ustedes (Romanos 8:5-11).*

Yo creo que lo de arriba se explica a sí mismo. Si tú no tienes al Espíritu Santo de Dios, no perteneces a Cristo y no tendrás vida eterna con él.

Pablo sigue:

Porque si ustedes viven conforme a ella, morirán; pero si por medio del Espíritu dan muerte a los malos hábitos del cuerpo, vivirán. Porque todos los que son guiados por el Espíritu de Dios son hijos de Dios (Romanos 8:13-14).

En pocas palabras, tienes que escoger: o la vida eterna, o la condenación eterna.

Me inspira lo que Pablo dice en lo que sigue:

El Espíritu mismo le asegura a nuestro espíritu que somos hijos de Dios. Y si somos hijos, somos herederos; herederos de Dios y coherederos con Cristo, pues si ahora sufrimos con él, también tendremos parte con él en su gloria (Romanos 8:16-17).

Si crees, el Espíritu Santo te dice que has de ser heredero de Dios. Sí, y te haces coheredero con Jesús, Hijo de Dios Padre, y compartirás su gloria. Nosotros, los que creemos, en la eternidad compartiremos con Jesús su gloria. ¿Cómo es posible responder «no»?

Y Pablo acentúa su sentir con respecto a ser heredero de Dios.

De hecho, considero que en nada se comparan los sufrimientos actuales con la gloria que habrá de revelarse en nosotros (Romanos 8:18).

¡Ojalá que estés de acuerdo!

El libro de Pablo, «Romanos», contiene unas perspectivas profundas respecto a la ley (los mandamientos). Él tenía gran preocupación por su propia raza judía. Declaró que ellos trataban de obtener la salvación por sus obras, por ser buenas personas, por obedecer la ley. Pablo dijo que Israel no había obtenido la justificación por la fe por ese mismo motivo.

¿Qué concluiremos? Pues que los gentiles, que no buscaban la justicia, la han alcanzado. Me refiero a la justicia que es por la fe. En cambio Israel, que iba en busca de una ley que le diera justicia, no ha alcanzado esa justicia. ¿Por qué no? Porque no la buscaron mediante la fe sino mediante las obras, como si

fuera posible alcanzarla así. Por eso tropezaron con la «piedra de tropiezo» (Romanos 9:30-32).

Dijo en Romanos 10:

Puedo declarar en favor de ellos que muestran celo por Dios, pero su celo no se basa en el conocimiento (Romanos 10:2).

Me atrevo a decir que Pablo diría lo mismo a muchas personas en el día de hoy. ¡La obras no traen la salvación! Ser buena persona no obtiene la salvación. Ser celoso de Dios sin reconocer el motivo de la muerte de Jesús en el Calvario no obtiene la salvación.

Favor leer la sencillez del mensaje de Pablo a nosotros:

¿Qué afirma entonces? «La palabra está cerca de ti; la tienes en la boca y en el corazón.» Ésta es la palabra de fe que predicamos: que si confiesas con tu boca que Jesús es el Señor, y crees en tu corazón que Dios lo levantó de entre los muertos, serás salvo. Porque con el corazón se cree para ser justificado, pero con la boca se confiesa para ser salvo. Así dice la Escritura: «Todo el que confíe en él no será jamás defraudado.» No hay diferencia entre judíos y gentiles, pues el mismo Señor es Señor de todos y bendice abundantemente a cuantos lo invocan, porque «todo el que invoque el nombre del Señor será salvo» (Romanos 10:8-13).

¡Es tan sencillo! Como he dicho muchas veces, tú tienes que hacer una decisión. Pablo el asesino se volteó para andar en sentido opuesto al reconocer a Jesús como el Cordero de Dios. Pablo confesó lo que creyó. Es mi ruego que tú te unas a Pablo, a Pedro y a Juan, y a otros millones en aceptar el bendito y gratuito regalo de Jesús y la vida eterna.

Tu decisión es sí o no. No hay plano intermedio. Favor recordar otra vez lo que dijo Jesús:

El que cree en él no es condenado, pero el que no cree ya está condenado por no haber creído en el nombre del Hijo unigénito de Dios (Juan 3:18).

Algunos querrán excusarse de que no han oído las buenas nuevas del plan de salvación de Jesús. Están a todo alrededor de cada uno de nosotros. Algunos estamos sintonizados a la Palabra de Dios. Otros sintonizan al mundo secular. ¿A cuál emisora escuchas tú?

Pablo declara en Romanos 10:

Ahora bien, ¿cómo invocarán a aquel en quien no han creído? ¿Y cómo creerán en aquel de quien no han oído? ¿Y cómo oirán si no hay quien les predique? ¿Y quién predicará sin ser enviado? Así está escrito: «¡Qué hermoso es recibir al mensajero que trae buenas nuevas!» (Romanos 10:14-15).

No sé si incluirme entre los tales, pero, tú, si lees este libro, ya no tienes excusa.

Así que la fe viene como resultado de oír el mensaje, y el mensaje que se oye es la palabra de Cristo (Romanos 10:17).

Las buenas nuevas de Cristo se hallan en la Biblia. Yo las encontré y ahora las comparto contigo.

He hablado con frecuencia del Espíritu de la verdad en contraste con el espíritu del diablo, que es el padre de la mentira. ¡Tu mente es una esponja! ¡Tu mente es una computadora! Pablo dice que renueves tu pensar. Líbrate de las mentiras seculares del diablo y absorbe la verdad del plan de salvación de Dios. Al hacerlo, comprenderás la perfecta voluntad de Dios para tu vida.

Mucho de lo que Pablo escribe en los últimos capítulos de Romanos prescribe unas normas para el vivir cristiano. De nuevo, este libro enfoca el plan de salvación. Cuando ya una persona cree, Dios, en su infinita sabiduría, poco a poco le va guiando a vivir una vida que le agrada a él. Digo «poco a poco», pues es un proceso de toda la vida. No es que Dios es profesor flojo, sino más bien que nosotros somos alumnos flojos. Fracasamos en la clase del vivir cristiano por cuanto nos acomodamos demasiado a las costumbres de la vida antigua. Ello no quiere decir que hemos perdido nuestra salvación. Sencillamente quiere decir que Dios no nos puede usar eficazmente para promover su reino. Romanos, capítulo 12, y 1ra Corintios, capítulo 12, ambos hablan de los cristianos como miembros de la familia de Dios. Es por eso que los cristianos nos llamamos hermanas y hermanos en Cristo. Efectivamente, así somos. Romanos 8 dice:

El Espíritu mismo le asegura a nuestro espíritu que somos hijos de Dios. Y si somos hijos, somos herederos; herederos de Dios y coherederos con Cristo, pues si ahora sufrimos con él, también tendremos parte con él en su gloria (Romanos 8:16-17).

¡Somos los hijos de Dios! Oramos, «Padre nuestro, que estás en los cielos», por cuanto él es nuestro Padre celestial.

Sin embargo, si desobedecemos al Espíritu Santo de Dios a menudo que nos instruye en el vivir cristiano, nuestras acciones haremos efecto negativo en la familia de Dios.

Pablo, en algunos de los últimos versículos de Romanos, dice lo siguiente:

Les ruego, hermanos, que se cuiden de los que causan divisiones y dificultades, y van en contra de lo que a ustedes se les ha enseñado. Apártense de ellos. Tales individuos no sirven a Cristo nuestro Señor, sino a sus propios deseos. Con palabras suaves y lisonjeras engañan a los ingenuos (Romanos 16:17-18).

Estuvo hablando a sus «hermanos en Cristo». Sin embargo, las palabras se aplican tanto a creyentes como a no creyentes. Anteriormente dije que hay muchas creencias «religiosas» así como una variedad de denominaciones en la comunidad cristiana. La razón principal es que estamos engañados. Esas personas ingenuas, por motivo de su pobre percepción espiritual en el plan de salvación, extravían a quienes están enseñando. Es como si los ciegos guiasen a los ciegos. Debemos enfocar fijamente a Jesucristo y el plan de salvación. Evitemos de todos modos los obstáculos que diluyen el mensaje sencillo de Jesús y que oscurecen nuestra comprensión más profunda del plan de salvación.

Pablo dice:

Sin embargo, como está escrito: «Ningún ojo ha visto, ningún oído ha escuchado, ninguna mente humana ha concebido lo que Dios ha preparado para quienes lo aman.»

Ahora bien, Dios nos ha revelado esto por medio de su Espíritu, pues el Espíritu lo examina todo, hasta las profundidades de Dios (1ra Corintios 2:9-10).

El plan de salvación de Dios está revelado por el Espíritu Santo. El espíritu del diablo procura convencernos de que la verdad de Dios es falsa. Cuando la gente empieza a creer las mentiras del diablo, la confusión nace en las organizaciones religiosas tanto como en las vidas de los individuos. Enfocar directamente a Jesucristo y el plan de salvación es la manera en que uno puede ver hasta la eternidad.

1ra Corintios

Pablo escribió dos epístolas a la iglesia en Corinto. En la primera, Pablo habla de su ministerio:

Pues Cristo no me envió a bautizar sino a predicar el evangelio, y eso sin discursos de sabiduría humana, para que la cruz de Cristo no perdiera su eficacia.

Me explico: El mensaje de la cruz es una locura para los que se pierden; en cambio, para los que se salvan, es decir, para nosotros, este mensaje es el poder de Dios. Pues está escrito: «Destruiré la sabiduría de los sabios; frustraré la inteligencia de los inteligentes.»

¿Dónde está el sabio? ¿Dónde el erudito? ¿Dónde el filósofo de esta época? ¿No ha convertido Dios en locura la sabiduría de este mundo? Ya que Dios, en su sabio designio, dispuso que el mundo no lo conociera mediante la sabiduría humana, tuvo a bien salvar, mediante la locura de la predicación, a los que creen. Los judíos piden señales milagrosas y los gentiles buscan sabiduría, mientras que nosotros predicamos a Cristo crucificado. Este mensaje es motivo de tropiezo para los judíos, y es locura para los gentiles, pero para los que Dios ha llamado, lo mismo judíos que gentiles, Cristo es el poder de Dios y la sabiduría de Dios. Pues la locura de Dios es más sabia que la

sabiduría humana, y la debilidad de Dios es más fuerte que la fuerza humana (1ra Corintios 1:17-25).

Pablo enfatizaba que el evangelio no puede predicarse con la sabiduría humana del mundo secular. ¿Por qué? Pues, porque el mundo secular no tiene al Espíritu Santo de Dios para guiar sus pensamientos.

Pablo habla a los llamados intelectuales de este mundo sencillamente al declarar que la cruz en la cual Jesús murió es locura para los que se pierden, pero a los cristianos que confiesan a Cristo, es *«el poder de Dios».*

Pues está escrito: «Destruiré la sabiduría de los sabios; frustraré la inteligencia de los inteligentes» (1ra Corintios 1:19)

El mundo secular busca y busca y busca por la razón de la vida. Los diarios, la radio y la televisión son testigos del hecho de que aún no la han hallado. La solución es tan clara, mas el mundo secular la quiere hacer complicada.

Dios ha hecho locura la sabiduría del mundo. Los del mundo son tan necios que han rechazado al mismo Creador del mundo en que viven.

El que era la luz ya estaba en el mundo, y el mundo fue creado por medio de él, pero el mundo no lo reconoció. Vino a lo que era suyo, pero los suyos no lo recibieron. Mas a cuantos lo recibieron, a los que creen en su nombre, les dio el derecho de ser hijos de Dios (Juan 1:10-12).

Muchos de los del mundo han rechazado a Jesús. De acuerdo a 1ra Corintios 1:22:

Los judíos piden señales milagrosas y los gentiles buscan sabiduría (1ra Corintios 1:22).

¡Todo el mundo busca señales milagrosas! ¡Todos quieren sabiduría e intelecto antes de aceptar a Jesús como su Salvador! Pero Pablo dice:

De hecho, en el evangelio se revela la justicia que proviene de Dios, la cual es por fe de principio a fin, tal como está escrito: «El justo vivirá por la fe» (Romanos 1:17).

¡Es tan sencillo! Sencillamente debes acudir con la fe de un niño. Pudieras estudiar durante toda tu vida. Podrías asistir a las grandes universidades del mundo. Pudieras estudiar bajo los llamados grandes intelectos del mundo. Pero, si estudias bajo intelectos seculares que no son guiados por el Espíritu Santo, seguirás rumbo a la condenación eterna.

Por otra parte, Pablo describe su ministerio de la siguiente manera:

Yo mismo, hermanos, cuando fui a anunciarles el testimonio de Dios, no lo hice con gran elocuencia y sabiduría. Me propuse más bien, estando entre ustedes, no saber de cosa alguna, excepto de Jesucristo, y de éste crucificado. Es más, me presenté ante ustedes con tanta debilidad que temblaba de miedo. No les hablé ni les prediqué con palabras sabias y elocuentes sino con demostración del poder del Espíritu, para que la fe de ustedes no dependiera de la sabiduría humana sino del poder de Dios (1ra Corintios 2:1-5).

Evidentemente, Pablo no les habló con la magna presencia de un gran orador. Habló con debilidad, temor y temblor. Sus palabras, aparentemente, no fluían elocuentemente persuadiendo a la gente por una sabiduría terrenal. Sencillamente habló un mensaje que era demostración del poder del Espíritu Santo. ¿Por qué? Pues, para que los hombres creyeran por fe y no por la sabiduría humana.

Me refiero de nuevo a los siguientes versículos:

Ahora bien, Dios nos ha revelado esto por medio de su Espíritu, pues el Espíritu lo examina todo, hasta las profundidades de Dios. En efecto, ¿quién conoce los pensamientos del ser humano sino su propio espíritu que está en él? Así mismo, nadie conoce los pensamientos de Dios sino el Espíritu de Dios. Nosotros no hemos recibido el espíritu del mundo sino el Espíritu que procede de Dios, para que entendamos lo que por su gracia él nos ha concedido. Esto es precisamente de lo que hablamos, no con las palabras que enseña la sabiduría humana sino con las que enseña el Espíritu, de modo que expresamos verdades espirituales en términos espirituales. El que no tiene el Espíritu no acepta lo que procede del Espíritu de Dios, pues para él es locura. No puede entenderlo, porque hay que discernirlo espiritualmente. En cambio, el que es espiritual lo juzga todo, aunque él mismo no está sujeto al juicio de nadie (1ra Corintios 2:10-15).

No me excuso por haber citado estos versículos repetidamente. Sencillamente, nadie puede conocer el pensar de Dios Padre a menos que el Espíritu Santo nos lo revele. No podemos conocer a Dios mediante el razonamiento secular. Un hombre o una mujer sin el Espíritu Santo no puede comprender a Dios, ni a su plan de salvación, ni a su Hijo, Jesucristo.

El Espíritu Santo de Dios nos enseña verdades espirituales en términos espirituales, no por sabiduría humana.

Yo quiero que toda mi familia, mis amigos y conocidos, y todos los demás, conozcan a Jesús. Yo conozco el plan de salvación. Conozco la dádiva de la vida eterna. Yo quiero que tú estés con Pablo, Pedro, Juan, mi esposa, y conmigo, viviendo eternamente con Dios Padre y con Jesús su Hijo. Mi frustración es que tantas personas rechazan este mensaje sencillo. ¿Por qué preferir la sabiduría humana por sobre la sabiduría espiritual? ¿Por qué? ¿Qué cosa impide que un hombre busque a Dios en su santa Palabra, la Biblia? ¿Por qué tienen tanto polvo las Biblias? ¿Por qué la Biblia nunca se abre? ¿Por qué nunca la estudian?

¡Yo sé por qué! El mundo cree las mentiras del diablo. La humanidad ha perdido su comunión con Dios. El diablo, por todos estos 2.000 años, ha convencido a la humanidad a que acepte los placeres del mundo más bien que luchar por la vida eterna mediante Jesucristo. Aman las diversiones. Realmente están diciendo, ¡comamos, bebamos y hagamos fiesta, pues mañana moriremos!

Todo esto va completamente en contra de lo que Jesús el Hijo nos dice:

«No acumulen para sí tesoros en la tierra, donde la polilla y el óxido destruyen, y donde los ladrones se meten a robar. Más bien, acumulen para sí tesoros en el cielo, donde ni la polilla ni el óxido carcomen, ni los ladrones se meten a robar. Porque donde esté tu tesoro, allí estará también tu corazón (Mateo 6:19-21).

¡Lo dijo Jesús! Hagan sus tesoros en el cielo donde la vida eterna te espera. Los tesoros terrenales se deshacen por el óxido. Es un refrán bien conocido, pero no hay nada más cierto que esto: «no te lo puedes llevar» al salir de esta vida. Puedes gozar de tus posesiones mientras vives sobre la tierra, pero no son nada en comparación con lo que Dios ha preparado para aquellos que confían en él.

Aquí Pablo, como en muchos de sus libros, habla de una gran variedad de temas. Hay uno que necesito tocar brevemente. La gente debe reconocer que sus cuerpos son templo del Espíritu Santo —el mismo Espíritu Santo quien es la tercera persona de la trinidad. El Espíritu Santo está dispuesto a presentarte ante Dios Padre cuando te dispongas a escuchar.

Pablo, inspirado por el Espíritu Santo, escribió lo siguiente:

¿No saben que los malvados no heredarán el reino de Dios? ¡No se dejen engañar! Ni los fornicarios, ni los idólatras, ni los adúlteros, ni los sodomitas, ni los pervertidos sexuales, ni los ladrones, ni los avaros, ni los borrachos, ni los calumniadores, ni los estafadores heredarán el reino de Dios (1ra Corintios 6:9-10).

«Los alimentos son para el estómago y el estómago para los alimentos»; así es, y Dios los destruirá a ambos. Pero el cuerpo no es para la inmoralidad sexual sino para el Señor, y el Señor para el cuerpo. Con su poder Dios resucitó al Señor, y nos resucitará también a nosotros. ¿No saben que sus cuerpos son miembros de Cristo mismo? ¿Tomaré acaso los miembros de Cristo para unirlos con una prostituta? ¡Jamás! ¿No saben que el que se une a una prostituta se hace un solo cuerpo con ella? Pues la Escritura dice: «Los dos llegarán a ser un solo cuerpo.» Pero el que se une al Señor se hace uno con él en espíritu.

Huyan de la inmoralidad sexual. Todos los demás pecados que una persona comete quedan fuera de su cuerpo; pero el que comete inmoralidades sexuales peca contra su propio cuerpo. ¿Acaso no saben que su cuerpo es templo del Espíritu Santo, quien está en ustedes y al que han recibido de parte de Dios? Ustedes no son sus propios dueños; fueron comprados por un precio. Por tanto, honren con su cuerpo a Dios (1ra Corintios 6:13-20).

Nuestros cuerpos son vasos especiales que durante nuestra vida terrenal son templo del Espíritu Santo. La humanidad vive abusando del mismo vaso en que el Espíritu Santo de Dios está supuesto a vivir. Pablo dice que el templo de Dios es sagrado. No voy a hablar en detalle del asunto. Creo que las palabras de Pablo son bastante claras. Si quieres conocer a Jesús como tu Salvador personal, te será difícil hacerlo si sigues viviendo en la inmoralidad sexual. Si eres cristiano, nacido de nuevo, una vida de inmoralidad sexual afecta gravemente la promoción del plan de salvación de Dios.

Inspirado por el Espíritu Santo, Pablo habla del comportamiento de un hombre que convivía con la esposa de su padre (supuestamente, su madrastra). Pablo recomienda que el hombre sea *«expulsado de entre ustedes».*

Él trata este asunto y otras formas del vivir pecaminoso, al decir:

Pero en esta carta quiero aclararles que no deben relacionarse con nadie que, llamándose hermano, sea inmoral o avaro, idólatra, calumniador, borracho o estafador. Con tal persona ni siquiera deben juntarse para comer (1ra Corintios 5:11).

Desgraciadamente, muchos cristianos ahora aceptan como vida normal prácticas que son contrarias al verdadero cristianismo. Al aceptar tales normas de vida les decimos a los no cristianos que tal comportamiento está bien.

Pablo dice ¡no! Tu cuerpo es templo del Espíritu Santo. Él declara:

…fueron comprados por un precio. Por tanto, honren con su cuerpo a Dios (1ra Corintios 6:20).

Estas son palabras de Dios, no mías. Favor considerar cuidadosamente su significado.

En 1ra Corintios, capítulo 9, Pablo habla de su misión como apóstol:

> *¿No soy libre? ¿No soy apóstol? ¿No he visto a Jesús nuestro Señor? ¿No son ustedes el fruto de mi trabajo en el Señor? Aunque otros no me reconozcan como apóstol, ¡para ustedes sí lo soy! Porque ustedes mismos son el sello de mi apostolado en el Señor (1ra Corintios 9:1-2).*

De nuevo Pablo enfatiza: «*¿No he visto a Jesús nuestro Señor?*»; y después de verlo y creer, fue un hombre libre. Antes de su conversión era esclavo del pecado. Después de ver a Jesús, llegó a ser heredero del reino de Dios con todos los derechos de la vida eterna.

> *Sin embargo, cuando predico el evangelio, no tengo de qué enorgullecerme, ya que estoy bajo la obligación de hacerlo. ¡Ay de mí si no predico el evangelio! (1ra Corintios 9:16)*

Pablo no podía dejar de predicar las buenas nuevas de salvación. ¡Él vio a Cristo! Cristo le dio visiones y revelaciones. Gracias a Dios, Pablo nos compartió las buenas nuevas de Jesús. Y nos dio consejos sobre cómo vivir nuestras vidas.

> *¿No saben que en una carrera todos los corredores compiten, pero sólo uno obtiene el premio? Corran, pues, de tal modo que lo obtengan. Todos los deportistas se entrenan con mucha disciplina. Ellos lo hacen para obtener un premio que se echa a perder; nosotros, en cambio, por uno que dura para siempre (1ra Corintios 9:24-25).*

La mayoría de nosotros hemos recibido premios, sea por la excelencia atlética, por logros en el empleo o en el salón de clase. Tales premios generalmente son temporeros. Algunos de los premios que yo he recibido los he olvidado desde hace mucho ya. La mayoría de las medallas y los premios que mi hija ganó en la natación se han despintado o deshecho. La mayoría de las marcas dejadas por ellos ya han sido superadas por otros atletas más jóvenes y más fuertes.

Pero Pablo nos insta a luchar por un premio que ha de durar para siempre.

Una vez más te recuerdo que Jesús dijo...

> *«No acumulen para sí tesoros en la tierra, donde la polilla y el óxido destruyen, y donde los ladrones se meten a robar. Más bien, acumulen para sí tesoros en el cielo, donde ni la polilla ni el óxido carcomen, ni los ladrones se meten a robar. Porque donde esté tu tesoro, allí estará también tu corazón (Mateo 6:19-21).*

Y Jesús dijo en Marcos:

> *¿De qué sirve ganar el mundo entero si se pierde la vida? (Marcos 8:36)*

Es mi ruego que reconozcas lo que es importante para Dios.

En 1ra Corintios Pablo trata varios temas que tienen que ver con el vivir cristiano. Favor recordar que estos libros son realmente cartas que él escribió a varias comunidades. Cada carta fue enviada para fortalecer su fe en Jesús. Aveces Pablo los estimuló. Otras veces les amonestó. Aveces sencillamente les recordaba a seguir firmes en la fe.

En 1ra Corintios 15, Pablo recuerda a los corintios en términos bien claros que Jesús fue resucitado de los muertos, y nombra unos cuantos testigos del hecho.

> *Ahora, hermanos, quiero recordarles el evangelio que les prediqué, el mismo que recibieron y en el cual se mantienen firmes. Mediante este evangelio son salvos, si se aferran a la palabra que les prediqué. De otro modo, habrán creído en vano.*

> *Porque ante todo les transmití a ustedes lo que yo mismo recibí: que Cristo murió por nuestros pecados según las Escrituras, que fue sepultado, que resucitó al tercer día según las Escrituras, y que se apareció a Cefas, y luego a los doce. Después se apareció a más de quinientos hermanos a la vez, la mayoría de los cuales vive todavía, aunque algunos han muerto. Luego se apareció a Jacobo, más tarde a todos los apóstoles, y por último, como a*

uno nacido fuera de tiempo, se me apareció también a mí (1ra Corintios 15:1-8).

Nota que Pablo habla «*ante todo*» de la muerte de Cristo por nuestros pecados, de su sepultura, y de su resurrección, de que se apareció a Pedro, a todos los discípulos, a unos 500 hermanos cristianos, y por fin a Pablo.

Favor recordar que Pablo llegó a formar parte de la historia cristiana después de la resurrección de Jesús y después de su ascensión al cielo. Pablo vio a Jesús, el Jesús viviente, en una visión en aquel camino a Damasco. Él dice:

Admito que yo soy el más insignificante de los apóstoles y que ni siquiera merezco ser llamado apóstol, porque perseguí a la iglesia de Dios. Pero por la gracia de Dios soy lo que soy (1ra Corintios 15:9-10).

Y yo te pregunto, ¿cómo se podrá dudar de Pablo, de Pedro o de Juan? Fueron testigos oculares del Jesús viviente! Te aconsejo que permitas que el Espíritu Santo de Dios te ilumine con la verdad. Si Pablo, Pedro y Juan hablan la verdad, según les inspira el Espíritu Santo, tu tienes que tomar una decisión —¡la vida eterna, o la condenación eterna!

Pablo enfáticamente declara lo siguiente:

Ahora bien, si se predica que Cristo ha sido levantado de entre los muertos, ¿cómo dicen algunos de ustedes que no hay resurrección? Si no hay resurrección, entonces ni siquiera Cristo ha resucitado. Y si Cristo no ha resucitado, nuestra predicación no sirve para nada, como tampoco la fe de ustedes. Aun más, resultaríamos falsos testigos de Dios por haber testificado que Dios resucitó a Cristo, lo cual no habría sucedido, si en verdad los muertos no resucitan. Porque si los muertos no resucitan, tampoco Cristo ha resucitado. Y si Cristo no ha resucitado, la fe de ustedes es ilusoria y todavía están en sus pecados. En este caso, también están perdidos los que murieron en Cristo. Si la esperanza que tenemos en Cristo fuera sólo para esta vida, seríamos los más desdichados de todos los mortales (1ra Corintios 15:12-19).

Pablo dice que si Cristo no ha resucitado, entonces nuestra fe es en vano. Y, por decirlo en términos sencillos, nuestra vida no es otra cosa que unos aproximadamente setenta años que pasamos antes de volver al polvo en la tierra. Y la mayoría del mundo vive exactamente de esa manera. Van acumulando tesoros en la tierra, pensando que «sólo pasamos por esta vida una vez».

Pablo nuevamente procura convencernos de lo que le fue dicho por el Jesús viviente.

Lo cierto es que Cristo ha sido levantado de entre los muertos, como primicias de los que murieron. De hecho, ya que la muerte vino por medio de un hombre, también por medio de un hombre viene la resurrección de los muertos. Pues así como en Adán todos mueren, también en Cristo todos volverán a vivir (1ra Corintios 15:20-22).

Todos nacimos en el pecado por el pecado original de Adán. Sin la muerte de Jesús, el Cordero sacrificado, en el Calvario, nosotros seguiríamos viviendo en el pecado durante estos setenta años para luego deshacernos en polvo.

Pablo, sin embargo, dice que no hemos de permanecer como polvo. Favor leer lo siguiente con el pleno conocimiento de que a Pablo Dios le dio este entendimiento espiritual.

Tal vez alguien pregunte: «¿Cómo resucitarán los muertos? ¿Con qué clase de cuerpo vendrán? ¡Qué tontería! Lo que tú siembras no cobra vida a menos que muera. No plantas el cuerpo que luego ha de nacer sino que siembras una simple semilla de trigo o de otro grano. Pero Dios le da el cuerpo que quiso darle, y a cada clase de semilla le da un cuerpo propio. No todos los cuerpos son iguales: hay cuerpos humanos; también los hay de animales terrestres, de aves y de peces. Así mismo hay cuerpos celestes y cuerpos terrestres; pero el esplendor de los cuerpos celestes es uno, y el de los cuerpos terrestres es otro. Uno es el esplendor del sol, otro el de la luna y otro el de las estrellas. Cada estrella tiene su propio brillo.

Así sucederá también con la resurrección de los muertos. Lo que se siembra en corrupción, resucita en incorrupción; lo que se siembra en oprobio, resucita en gloria; lo que se siembra en debilidad, resucita en poder; se siembra un cuerpo natural, resucita un cuerpo espiritual.

Si hay un cuerpo natural, también hay un cuerpo espiritual. Así está escrito: «El primer hombre, Adán, se convirtió en un ser viviente»; el último Adán, en el Espíritu que da vida. No vino primero lo espiritual sino lo natural, y después lo espiritual. El primer hombre era del polvo de la tierra; el segundo hombre, del cielo. Como es aquel hombre terrenal, así son también los de la tierra; y como es el celestial, así son también los del cielo. Y así como hemos llevado la imagen de aquel hombre terrenal, llevaremos también la imagen del celestial (Jesús).

Les declaro, hermanos, que el cuerpo mortal no puede heredar el reino de Dios, ni lo corruptible puede heredar lo incorruptible. Fíjense bien en el misterio que les voy a revelar: No todos moriremos, pero todos seremos transformados, en un instante, en un abrir y cerrar de ojos, al toque final de la trompeta. Pues sonará la trompeta y los muertos resucitarán con un cuerpo incorruptible, y nosotros seremos transformados. Porque lo corruptible tiene que revestirse de lo inco-rruptible, y lo mortal, de inmortalidad. Cuando lo corruptible se revista de lo incorruptible, y lo mortal, de inmortalidad, entonces se cumplirá lo que está escrito: «La muerte ha sido devorada por la victoria.»

«¿Dónde está, oh muerte, tu victoria? ¿Dónde está, oh muerte, tu aguijón?» (1ra Corintios 15:35-55).

¿Cómo puede alguien rechazar un «cuerpo incorruptible»? Eso es precisamente lo que se hace al rechazar el mensaje de salvación de Cristo.

Yo quiero resumir estos versículos para estimularte a que hagas una decisión:

Tu cuerpo terrestre morirá, es perecedero. Cree en Jesucristo y serás resucitado a la vida eterna con un cuerpo indestructible. Vives en la tierra en deshonra por motivo de tu naturaleza pecaminosa. Al creer en Jesucristo entrarás en la vida eterna en la gloria por cuanto Jesús te ha limpiado de todos tus pecados. En la tierra todos nos parecemos los unos a los otros. En la vida eterna seremos semejantes al hombre (Jesús) del cielo.

¿No quieres participar en esta gloriosa vida más allá? ¡Yo, sí! Espero que tú me acompañes creyendo en Jesús.

Pablo declara:

Les declaro, hermanos, que el cuerpo mortal no puede heredar el reino de Dios, ni lo corruptible puede heredar lo incorruptible (1ra Corintios 15:50).

Tu cuerpo pecaminoso de carne y sangre no puede heredar el reino de Dios. Tu cuerpo perecedero no puede heredar el cuerpo indestructible de la vida eterna.

Pablo dice que *«el aguijón de la muerte es el pecado»*. Morimos por cuanto nuestros cuerpos perecederos se deshacen como resultado de nuestra naturaleza pecaminosa.

¿Cómo uno puede deshacerse del cuerpo perecedero en bien del cuerpo indestructible en la vida eterna? Pablo dice:

¡Pero gracias a Dios, que nos da la victoria por medio de nuestro Señor Jesucristo! (1ra Corintios 15:57)

Victoria mediante Jesús. Él es la resurrección y la vida. Por cuanto él vive, nosotros también viviremos.

Pues así como en Adán todos mueren, también en Cristo todos volverán a vivir (1ra Corintios 15:22).

2da Corintios

Pablo escribió una segunda carta a los corintios. En ella compara el antiguo trato, con sus leyes y mandamientos, con el nuevo trato por Jesucristo. Pablo habla de un velo que cubre una persona que trata de vivir por el antiguo trato. Dice que cuando alguien cree en Jesús, el velo se quita.

> *Pero cada vez que alguien se vuelve al Señor, el velo es quitado. Ahora bien, el Señor es el Espíritu; y donde está el Espíritu del Señor, allí hay libertad. Así, todos nosotros, que con el rostro descubierto reflejamos como en un espejo la gloria del Señor, somos transformados a su semejanza con más y más gloria por la acción del Señor, que es el Espíritu (2da Corintios 3:16-18).*

Al aceptar el regalo de Jesús, nos hacemos libres. Ya no estamos amarrados al antiguo trato.

Pero Pablo reconoce que el velo todavía ciega a la gente de manera que no pueda ver a Cristo.

> *Pero si nuestro evangelio está encubierto, lo está para los que se pierden (2da Corintios 4:3).*

Sí, el diablo, el padre de toda mentira, siempre distorsionará la verdad y cegará el entendimiento de los que no creen. ¿Cómo se le puede quitar el velo a uno? Pablo dice, *«sólo en Cristo se quita».* Dice:

> *El amor de Cristo nos obliga, porque estamos convencidos de que uno murió por todos, y por consiguiente todos murieron. Y él murió por todos, para que los que viven ya no vivan para sí, sino para el que murió por ellos y fue resucitado.*

> *Así que de ahora en adelante no consideramos a nadie según criterios meramente humanos. Aunque antes conocimos a Cristo de esta manera, ya no lo conocemos así. Por lo tanto, si alguno está en Cristo, es una nueva creación. ¡Lo viejo ha pasado, ha llegado ya lo nuevo! Todo esto proviene de Dios, quien por medio de Cristo nos reconcilió consigo mismo y nos dio el ministerio de la reconciliación: esto es, que en Cristo, Dios estaba reconciliando al mundo consigo mismo, no tomándole en cuenta sus pecados y encargándonos a nosotros el mensaje de la*

reconciliación. Así que somos embajadores de Cristo, como si Dios los exhortara a ustedes por medio de nosotros: «En nombre de Cristo les rogamos que se reconcilien con Dios.» Al que no cometió pecado alguno, por nosotros Dios lo trató como pecador, para que en él recibiéramos la justicia de Dios (2da Corintios 5:14-21).

Dios el Padre envió a su Hijo unigénito para reconciliar al mundo consigo mismo. ¡Es un regalo! La única condición que requiere es que creamos en su Hijo, Jesús.

«Porque tanto amó Dios al mundo, que dio a su Hijo unigénito, para que todo el que cree en él no se pierda, sino que tenga vida eterna» (Juan 3:16).

Dios hizo que Jesús, el que no tenía pecado alguno, que fuera crucificado como el Cordero de sacrificio, para que nosotros fuéramos reconciliados con Dios Padre.

Pablo declara:

Por lo tanto, si alguno está en Cristo, es una nueva creación. ¡Lo viejo ha pasado, ha llegado ya lo nuevo! (2da Corintios 5:17)

¡Nos hacemos nueva creación! ¡Nacemos de nuevo!
Es tan sencillo.
Recuerda lo que Pablo dice:

Les digo que éste es el momento propicio de Dios; ¡hoy es el día de salvación! (2da Corintios 6:2)

Pudiera ser que jamás tengas otra oportunidad de decir, «Sí, creo.» ¡Sabes que la vida es frágil! Las noticias funerarias en el diario lo atestiguan. ¿Por qué piensas que puedes esperar otra oportunidad?

Dios el Padre hizo su parte. Él dio la dádiva de Jesús. ¡Ya te toca recibir el regalo!

Pablo dice:

La tristeza que proviene de Dios produce el arrepentimiento que lleva a la salvación, de la cual no hay que arrepentirse, mientras que la tristeza del mundo produce la muerte (2da Corintios 7:10).

Este Jesús vino de la gloria del cielo hasta la tierra justamente por ti.

Ya conocen la gracia de nuestro Señor Jesucristo, que aunque era rico, por causa de ustedes se hizo pobre, para que mediante su pobreza ustedes llegaran a ser ricos (2da Corintios 8:9).

Pablo, Pedro, Juan, los demás apóstoles, y 500 testigos más dicen que es cierto. Yo ruego que tú reconozcas que eres una persona especial a los ojos de Dios. ¡Él murió justamente por ti!

En el último capítulo de 2da Corintios, Pablo les dice que aseguren su fe.

Examínense para ver si están en la fe; pruébense a sí mismos. ¿No se dan cuenta de que Cristo Jesús está en ustedes? ¡A menos que fracasen en la prueba (2da Corintios 13:5)!

¡Fracasar en la prueba trae consecuencias eternas!

Gálatas

Pablo también escribió una carta (un libro) a las iglesias en Galacia. El libro se llama Gálatas. Como es el caso en todos sus libros, su mensaje es sencillamente el mensaje de salvación y vida eterna por fe en Jesús. En el primer capítulo declara:

Que Dios nuestro Padre y el Señor Jesucristo les concedan gracia y paz. Jesucristo dio su vida por nuestros pecados para rescatarnos de este mundo malvado, según la voluntad de nuestro Dios y Padre (Gálatas 1:3-4).

Favor notar que Jesucristo murió voluntariamente por nuestros pecados de acuerdo a la voluntad de Dios el Padre.

Los escritos de Juan, Pedro y Pablo muestran la íntima relación que ellos tuvieron con Jesús. No buscaron gloria ni recompensa monetaria para sí mismos. Lo único que escribieron fue con referencia a Jesús, lo que vieron y lo que oyeron.

Pablo enfatiza su relación con Jesús de esta manera:

¿Qué busco con esto: ganarme la aprobación humana o la de Dios? ¿Piensan que procuro agradar a los demás? Si yo buscara agradar a otros, no sería siervo de Cristo (Gálatas 1:10).

Él se decía ser siervo de Dios, no siervo de los hombres. No le interesaba la aprobación de los hombres. Sencillamente, procuraba hablar a otros de un Jesús viviente a quien él había visto y escuchado.

Pablo dice algo muy interesante:

Quiero que sepan, hermanos, que el evangelio que yo predico no es invención humana. No lo recibí ni lo aprendí de ningún ser humano, sino que me llegó por revelación de Jesucristo.

Ustedes ya están enterados de mi conducta cuando pertenecía al judaísmo, de la furia con que perseguía a la iglesia de Dios, tratando de destruirla. En la práctica del judaísmo, yo aventajaba a muchos de mis contemporáneos en mi celo exagerado por las tradiciones de mis antepasados. Sin embargo, Dios me había apartado desde el vientre de mi madre y me llamó por su gracia. Cuando él tuvo a bien revelarme a su Hijo para que yo lo predicara entre los gentiles, no consulté con nadie. Tampoco subí a Jerusalén para ver a los que eran apóstoles antes que yo, sino que fui de inmediato a Arabia, de donde luego regresé a Damasco (Gálatas 1:11-17).

Mientras Juan y Pedro anduvieron y hablaron con Jesús, Pablo recibió su información directamente mediante una revelación del Jesús resucitado, el Mesías.

Pablo dijo que él no fue enseñado por hombre alguno. No tenía en absoluto conocimiento del mensaje de salvación. Era judío celoso que perseguía a los cristianos. Sólo al cabo de tres años llegó a conocer a Pedro, y a Jacobo hermano de Jesús.

Después de tres años, subí a Jerusalén para visitar a Pedro, y me quedé con él quince días. No vi a ningún otro de los apóstoles; sólo vi a Jacobo, el hermano del Señor. Dios me es testigo que en esto que les escribo no miento (Gálatas 1:18-20).

Mi ruego es que veas que Pablo vivía sólo por Cristo, no para él mismo. En Gálatas, Pablo habla de su relación con Pedro. Se pusieron de acuerdo de que Pablo, aunque judío, predicara el mensaje de salvación a los gentiles, y se les dio a los otros apóstoles la tarea de predicar a los judíos.

Al contrario, reconocieron que a mí se me había encomendado predicar el evangelio a los gentiles, de la misma manera que se le había encomendado a Pedro predicarlo a los judíos. El mismo Dios que facultó a Pedro como apóstol de los judíos me facultó también a mí como apóstol de los gentiles. En efecto, Jacobo, Pedro y Juan, que eran considerados columnas, al reconocer la gracia que yo había recibido, nos dieron la mano a Bernabé y a mí en señal de compañerismo, de modo que nosotros fuéramos a los gentiles y ellos a los judíos (Gálatas 2:7-9).

Pablo recalca en muchos de sus libros que es únicamente por la fe en Jesucristo que uno puede salvarse.

«Nosotros somos judíos de nacimiento y no "pecadores paganos". Sin embargo, al reconocer que nadie es justificado por las obras que demanda la ley sino por la fe en Jesucristo, también nosotros hemos puesto nuestra fe en Cristo Jesús, para ser justificados por la fe en él y no por las obras de la ley; porque por éstas nadie será justificado» (Gálatas 2:15-16).

Pablo está diciendo que la ley (los mandamientos) sólo nos hace concientes de nuestra naturaleza pecaminosa. No podemos ser salvos por obedecer la ley. Nadie puede obtener la salvación mediante las «buenas obras». Dijo:

He sido crucificado con Cristo, y ya no vivo yo sino que Cristo vive en mí. Lo que ahora vivo en el cuerpo, lo vivo por la fe en el Hijo de Dios, quien me amó y dio su vida por mí. No desecho la gracia de Dios. Si la justicia se obtuviera mediante la ley, Cristo habría muerto en vano» (Gálatas 2:20-21).

Si pudiéramos obtener la salvación mediante las buenas obras, entonces la muerte de Jesús en la cruz fue una tontería. Sin embargo, si Jesús es el Hijo único de Dios, y si fue enviado por el Padre, entonces la cruz es supremamente importante.

Obviamente hubo mucha discusión en la primitiva comunidad de los cristianos que comparaba la ley con la fe. Algunos de los primeros cristianos creían en Jesús pero aún intentaban obtener la salvación mediante la observancia de las leyes.

Pablo amonestó a las iglesias en Galacia como sigue:

Sólo quiero que me respondan a esto: ¿Recibieron el Espíritu por las obras que demanda le lay, o por la fe con que aceptaron el mensaje? ¿Tan torpes son? Después de haber comenzado con el Espíritu, ¿pretenden ahora perfeccionarse con esfuerzos humanos? ¿Tanto sufrir, para nada? ¡Si es que de veras fue para nada! Al darles Dios su Espíritu y hacer milagros entre ustedes, ¿lo hace por las obras que demanda la ley o por la fe con que han aceptado el mensaje? (Gálatas 3:2-5)

Como dice Pablo continuamente, no podrás alcanzar la salvación mediante esfuerzos humanos al observar la ley.

Ahora bien, es evidente que por la ley nadie es justificado delante de Dios, porque «el justo vivirá por la fe» (Gálatas 3:11).

He mencionado muchas veces que yo no puedo comprobar que existe un Dios, un Hijo llamado Jesús, o el Espíritu Santo de Dios. No tengo fotografías que mostrarte. ¡Tienes que acudir por fe! Sencillamente quiero darte «evidencia» de que el Hijo unigénito de Dios en verdad vivió entre nosotros por un tiempo, y que él se te recomienda mediante hechos, milagros, muerte, resurrección y ascensión al cielo. Jesús es tu pasaporte a la vida eterna.

En el tercer capítulo de Gálatas Pablo comparte unos conocimientos profundos del contraste entre la ley y la fe. En realidad, Pablo dice que Dios prometió a Abraham, muchos siglos antes de Cristo, que le había de dar una «simiente», y que Jesús es aquella simiente. Dios le prometió a Abraham que enviaría a su Hijo Jesús para morir por los pecados del mundo.

Ahora bien, las promesas se le hicieron a Abraham y a su descendencia. La Escritura no dice: «y a los descendientes», como refiriéndose a muchos, sino: «y a tu descendencia», dando a entender uno solo, que es Cristo (Gálatas 3:16).

Después de prometer que por el linaje de Abraham daría una «simiente» (o, «descendencia»), Dios dio las leyes y los diez mandamientos. Pablo, sin embargo, dice que las leyes que fueron dadas no cancelaron la promesa de Dios de enviar a su Hijo, Jesús.

Si la herencia se basa en la ley, ya no se basa en la promesa; pero Dios se la concedió gratuitamente a Abraham mediante una promesa (Gálatas 3:18).

Pablo está diciendo que la ley no puede dar vida eterna, sino sólo mediante la promesa de Dios de darnos a Jesús. Favor entender con cuidado lo siguiente:

Entonces, ¿cuál era el propósito de la ley? Fue añadida por causa de las transgresiones hasta que viniera la descendencia a la cual se hizo la promesa (Gálatas 3:19).

La ley sencillamente trajo a todos la conciencia de sus pecados hasta que la prometida «simiente» (Jesús) llegara a la tierra.

Si esto es así, ¿estará la ley en contra de las promesas de Dios? ¡De ninguna manera! Si se hubiera promulgado una ley capaz de dar vida, entonces sí que la justicia se basaría en la ley. Pero la Escritura declara que todo el mundo es prisionero del pecado, para que mediante la fe en Jesucristo lo prometido se les conceda a los que creen.

Antes de venir esta fe, la ley nos tenía presos, encerrados hasta que la fe se revelara. Así que la ley vino a ser nuestro guía

encargado de conducirnos a Cristo, para que fuéramos
justificados por la fe. Pero ahora que ha llegado la fe, ya no
estamos sujetos al guía (Gálatas 3:21-25).

Antes de que Jesús llegara a la tierra, dice Pablo, éramos
prisioneros de la ley, pero Jesús ha libertado a los que creen en él.
Para ustedes que aún no han creído, pues, todavía son presos de la
ley y sus ojos son cegados por el padre de toda mentira, el diablo. La
verdad está en lo siguiente:

> *Pero cuando se cumplió el plazo, Dios envió a su Hijo, nacido*
> *de una mujer, nacido bajo la ley, para rescatar a los que estaban*
> *bajo la ley, a fin de que fuéramos adoptados como hijos. Ustedes*
> *ya son hijos. Dios ha enviado a nuestros corazones el Espíritu*
> *de su Hijo, que clama: «¡Abba! ¡Padre!» Así que ya no eres*
> *esclavo sino hijo; y como eres hijo, Dios te ha hecho también*
> *heredero (Gálatas 4:4-7).*

Si tú crees, ya no eres preso. Ya no eres esclavo del pecado. Te
has hecho heredero del reino con todos los derechos de un hijo de
Dios.

¿Le has solicitado a Jesús tus documentos de ciudadanía en el
cielo? ¡Es un regalo! ¡Sencillamente tienes que pedirlo!

Efesios

Pablo también escribió una carta a un pueblo llamado Éfeso.
El libro se llama Efesios.

El libro fue escrito *«a los santos y fieles en Cristo Jesús».* Estos
fueron personas que ya creían que Jesucristo murió en la cruz por
su pecados y fue resucitado. A los Efesios Pablo los recordaba de su
fe y les hizo recomendaciones en cuanto a cómo vivir su vida
cristiana.

Te recuerdo que Pablo había perseguido a la iglesia cristiana
primitiva; sin embargo llegó a ser el gran predicador de la historia
de la salvación. Te pido que con oración considizes a fondo la
convicción de Pablo según lo expone en Efesios. El libro está cargado

de percepciones espirituales en el plan de salvación de Dios. Y, por favor, recuerda que Pablo escribió estas palabras según le inspiró el Espíritu Santo.

Alabado sea Dios, Padre de nuestro Señor Jesucristo, que nos ha bendecido en las regiones celestiales con toda bendición espiritual en Cristo. Dios nos escogió en él antes de la creación del mundo, para que seamos santos y sin mancha delante de él. En amor nos predestinó para ser adoptados como hijos suyos por medio de Jesucristo, según el buen propósito de su voluntad, para alabanza de su gloriosa gracia, que nos concedió en su Amado. En él tenemos la redención mediante su sangre, el perdón de nuestros pecados, conforme a las riquezas de la gracia que Dios nos dio en abundancia con toda sabiduría y entendimiento (Efesios 1:3-8).

Antes de la creación del mundo, Dios el Padre nos predestinó para ser adoptados como hijos suyos mediante la muerte de Jesucristo en la cruz de Calvario. De alguna manera, Dios Padre sabía que su creación de los hombres le volvería amarga, que el hombre sería pecaminoso, y que necesitaría un redentor.

Y en unión con Cristo Jesús, Dios nos resucitó y nos hizo sentar con él en las regiones celestiales (Efesios 2:6).

Tal vez en «los tiempos venideros» estaremos más concientes del amor de Dios de lo que estaríamos si no hubiéramos pecado! Yo sé que me quedo sorprendido de que el Hijo único de Dios, Jesús, haya muerto por mis pecados! Y cuando vea la gloria de Jesús en aquella vida, por toda la eternidad le adoraré asombrado de «la incomparable riqueza de su gracia».

Efesios, capítulo 1, tiene declaraciones que se han interpretado de varias maneras.

Dios nos escogió en él antes de la creación del mundo, para que seamos santos y sin mancha delante de él. En amor nos predestinó para ser adoptados como hijos suyos por medio de Jesucristo, según el buen propósito de su voluntad.

En Cristo también fuimos hechos herederos, pues fuimos predestinados según el plan de aquel que hace todas las cosas conforme al designio de su voluntad (Efesios 1:4-5, 11).

Algunos cristianos declaran que fueron «escogidos» antes de la creación del mundo para ser «salvos». No voy a comentar a fondo un tema sobre el cual se han escrito tantísimos libros y artículos. Yo creo que Dios ha escogido a todo el mundo para ser salvo por la muerte de Jesús en el Calvario. Pero creo que Dios ha de salvar sólo aquellos que creen que Jesús es el Cordero sacrificado. Presento los siguientes versículos para tu consideración:

El Señor no tarda en cumplir su promesa, según entienden algunos la tardanza. Más bien, él tiene paciencia con ustedes, porque no quiere que nadie perezca sino que todos se arrepientan (2da Pedro 3:9).

Él es el sacrificio por el perdón de nuestros pecados, y no sólo por los nuestros sino por los de todo el mundo (1ra Juan 2:2).

«Porque tanto amó Dios al mundo, que dio a su Hijo unigénito, para que todo el que cree en él no se pierda, sino que tenga vida eterna. Dios no envió a su Hijo al mundo para condenar al mundo, sino para salvarlo por medio de él. El que cree en él no es condenado, pero el que no cree ya está condenado por no haber creído en el nombre del Hijo unigénito de Dios» (Juan 3:16-18).

De acuerdo a estos versículos, no creo que las palabras de Dios indiquen que algunos son escogidos y otros no.

Pablo dice:

Esta justicia de Dios llega, mediante la fe en Jesucristo, a todos los que creen. De hecho, no hay distinción, pues todos han pecado y están privados de la gloria de Dios, pero por su gracia son justificados gratuitamente mediante la redención que Cristo Jesús efectuó (Romanos 3:22-24).

Según entiendo, todos han pecado y han fallado de la gloria de Dios. Todos deben tomar una decisión si creer en el sacrificio reconciliador de Jesús en la cruz. Por cierto, es un regalo, pero necesitamos extender la mano para aceptarlo. El plan de salvación es de suma importancia. En el cielo, Jesús aclarará lo que significa «predestinación».

En Efesios, capítulo 1, Pablo declara:

Pido que el Dios de nuestro Señor Jesucristo, el Padre glorioso, les dé el Espíritu de sabiduría y de revelación, para que lo conozcan mejor (Efesios 1:17).

Esta es mi oración para todos. Ruego que mediante este libro muchos amigos, parientes y conocidos puedan en verdad conocer el mensaje de la salvación de Jesús por medio del «*Espíritu de sabiduría y de revelación*».

¡Pablo estuvo convencido acerca de Jesús!

Pido también que les sean iluminados los ojos del corazón para que sepan a qué esperanza él los ha llamado, cuál es la riqueza de su gloriosa herencia entre los santos, y cuán incomparable es la grandeza de su poder a favor de los que creemos. Ese poder es la fuerza grandiosa y eficaz que Dios ejerció en Cristo cuando lo resucitó de entre los muertos y lo sentó a su derecha en las regiones celestiales, muy por encima de todo gobierno y autoridad, poder y dominio, y de cualquier otro nombre que se invoque, no sólo en este mundo sino también en el venidero (Efesios 1:18-21).

Cuando leo estos versículos es como que siento el poder que está al alcance de cada uno de nosotros. El poder que resucitó a Jesús, quien estuvo muerto, y lo sentó a la derecha de Dios Padre. Pablo dice que este Jesús resucitado está por encima de cualquier título que se puede conferir en la tierra o en el cielo. Todo el mundo en fin se doblará delante de él, sea voluntaria o involuntariamente.

La actitud de ustedes debe ser como la de Cristo Jesús,

quien, siendo por naturaleza Dios, no consideró el ser igual a

Dios como algo a qué aferrarse. Por el contrario, se rebajó voluntariamente, tomando la naturaleza de siervo y haciéndose semejante a los seres humanos. Y al manifestarse como hombre, se humilló a sí mismo y se hizo obediente hasta la muerte, ¡y muerte de cruz! Por eso Dios lo exaltó hasta lo sumo y le otorgó el nombre que está sobre todo nombre, para que ante el nombre de Jesús se doble toda rodilla en el cielo y en la tierra y debajo de la tierra, y toda lengua confiese que Jesucristo es el Señor, para gloria de Dios Padre (Filipenses 2:5-11).

Sí, ¡tú te arrodillarás delante de Jesús! No hay duda.

En numerosas ocasiones Jesús habló de aquellos que le rechazan. Con frecuencia usó la frase, «llanto y rechinar de dientes». En Mateo 24, Jesús habló del fin de la época. Dijo:

El día en que el siervo menos lo espere y a la hora menos pensada el señor volverá. Lo castigará severamente y le impondrá la condena que reciben los hipócritas. Y habrá llanto y rechinar de dientes (Mateo 24:50-51).

Favor imaginarte al mundo entero de rodillas ante Jesús, Hijo único de Dios. Algunos se arrodillarán con lágrimas de gozo, sabiendo que ha llegado el día de su redención. Otros, sin embargo, han de arrodillarse con lágrimas de angustia, con llanto incontrolable y crujiendo los dientes. Éstos estarán mirando a Jesús, el mismo al que habían rechazado en la tierra. Sabrán que han de ser eternamente expulsados de la presencia de Dios.

¿Por cuáles motivos te arrodillarás tú delante de Jesús?

¿Cómo puede alguien rechazar a Dios, Padre de Jesús el Hijo? Favor leer Efesios 2:

Pero Dios, que es rico en misericordia, por su gran amor por nosotros, nos dio vida con Cristo, aun cuando estábamos muertos en pecados. ¡Por gracia ustedes han sido salvados! Y en unión con Cristo Jesús, Dios nos resucitó y nos hizo sentar con él en las regiones celestiales, para mostrar en los tiempos venideros la incomparable riqueza de su gracia, que por su bondad derramó sobre nosotros en Cristo Jesús. Porque por gracia ustedes han sido salvados mediante la fe; esto no procede de ustedes, sino que es el regalo de Dios, no por obras, para que nadie se jacte (Efesios 2:4-9).

¡Tú y yo estábamos muertos en nuestros pecados! No teníamos esperanza hasta que Dios nos dio vida mediante Jesús. Como dijimos antes, Dios nos levantó con Cristo. Cuando Cristo fue resucitado, nosotros, para los efectos, fuimos resucitados de la muerte.

¿Y qué es lo que dice Pablo en aquellos famosos versículos en Efesios 2?

Porque por gracia ustedes han sido salvados mediante la fe; esto no procede de ustedes, sino que es el regalo de Dios, no por obras, para que nadie se jacte (Efesios 2:8-9).

Somos salvos únicamente por la gracia, no por obras. ¡Es un regalo de Dios!

Hay muchos millones de personas que procuran ganarse el cielo mediante sus esfuerzos. Pablo dice enfáticamente que puedes hacer cuantas buenas obras quieras, pero sólo puedes ser salvo por la gracia, mediante la fe —la fe que Jesús en verdad murió como el Cordero sacrificado. Es tan sencillo. No entiendo por qué la gente hace tan dificultoso el plan de salvación.

Anteriormente, te pregunté las razones por las cuales te arrodillarás delante de Jesús. Pablo se arrodilló delante de Dios Padre en oración. La razón:

Le pido que, por medio del Espíritu y con el poder que procede de sus gloriosas riquezas, los fortalezca a ustedes en lo íntimo de su ser, para que por fe Cristo habite en sus corazones. Y pido que, arraigados y cimentados en amor, puedan comprender, junto con todos los santos, cuán ancho y largo, alto y profundo es el amor de Cristo; en fin, que conozcan ese amor que sobrepasa nuestro conocimiento, para que sean llenos de la plenitud de Dios (Efesios 3:16-19).

Y esta es mi oración por ti mientras lees este libro. Ruego que de sus infinitas riquezas, él te llene hasta rebosar con el Espíritu Santo para que Jesús sea tu Salvador.

Te pido unirte conmigo en mi camino hacia el cielo y la vida eterna. Quiero que conozcas a Jesús.

Pablo dice lo siguiente:

> *Así que les digo esto y les insisto en el Señor: no vivan más con pensamientos frívolos como los paganos. A causa de la ignorancia que los domina y por la dureza de su corazón, éstos tienen oscurecido el entendimiento y están alejados de la vida que proviene de Dios. Han perdido toda vergüenza, se han entregado a la inmoralidad, y no se sacian de cometer toda clase de actos indecentes.*

> *No fue ésta la enseñanza que ustedes recibieron acerca de Cristo, si de veras se les habló y enseñó de Jesús según la verdad que está en él. Con respecto a la vida que antes llevaban, se les enseñó que debían quitarse el ropaje de la vieja naturaleza, la cual está corrompida por los deseos engañosos; ser renovados en la actitud de su mente (Efesios 4:17-23).*

Aunque esto se escribe a los cristianos, tiene mucho que decir para todos. Los no cristianos están separados de la vida de Dios (vida eterna) por causa de ignorancia! Son voluntariosos. Desprecian el plan de salvación y, con tal actitud, se entregan a toda clase de comportamiento que Dios no puede aceptar.

Pablo nos dice a cada uno:

> *Con respecto a la vida que antes llevaban, se les enseñó que debían quitarse el ropaje de la vieja naturaleza, la cual está corrompida por los deseos engañosos; ser renovados en la actitud de su mente; y ponerse el ropaje de la nueva naturaleza, creada a imagen de Dios, en verdadera justicia y santidad (Efesios 4:22-24).*

Se requiere que seamos hechos nuevos en la actitud de nuestra mente. Antes mencioné que nuestra mente es como una computadora. Si nuestra mente se satura de las mentiras del diablo, tendremos «oscurecido el entendimiento y estaremos alejados de la vida que proviene de Dios».

Pablo, según le inspiró el Espíritu Santo, dice que debes *«ser renovado en la actitud de tu mente y ponerte el ropaje de la nueva naturaleza».*

Puedes recordar que Jesús le dijo a Nicodemo:

> *«De veras te aseguro que quien no nazca de nuevo no puede ver el reino de Dios» (Juan 3:3).*

¡Jesús lo dijo! ¡Yo lo creo!

En el último capítulo de Efesios Pablo enfatiza que ser cristiano —y permíteme sugerirte que te hagas cristiano— no es nada fácil. Pablo, en términos clarísimos, declara que nuestras luchas terrenales realmente no son contra *«carne y sangre».*

> *Por último, fortalézcanse con el gran poder del Señor. Pónganse toda la armadura de Dios para que puedan hacer frente a las artimañas del diablo. Porque nuestra lucha no es contra seres humanos, sino contra poderes, contra autoridades, contra potestades que dominan este mundo de tinieblas, contra fuerzas espirituales malignas en las regiones celestiales (Efesios 6:10-12).*

Una lucha se libra a todo tu alrededor. El Espíritu de verdad, el Espíritu Santo de Dios, quiere que conozcas a Jesús como tu Salvador. El espíritu de mentiras promovido por el diablo quiere que creas que todo lo que oyes y ves tocante al cristianismo es «basura». Quiere que lo acompañes en la «condenación eterna».

¿Sabes qué? Luchas contra un adversario poderoso. ¿No te asusta saber que hay *«potestades que dominan este mundo de tinieblas»*? Que hay *«fuerzas espirituales malignas en las regiones celestiales»*? Esto no es algo inventado en Hollywood y presentado en una película producida por Pablo. Él está diciendo que el mundo está bajo estado de sitio. Cuando miras alrededor, ¿no ves que el mal prevalece? El mundo secular dice, «Si te agrada, hazlo». El mundo secular quiere que creas que Dios está muerto, o que nunca existió.

La única manera que conocerás la verdad es buscando a Dios mediante el Espíritu Santo.

Ahora bien, Dios nos ha revelado esto por medio de su Espíritu, pues el Espíritu lo examina todo, hasta las profundidades de Dios. En efecto, ¿quién conoce los pensamientos del ser humano sino su propio espíritu que está en él? Así mismo, nadie conoce los pensamientos de Dios sino el Espíritu de Dios. Nosotros no hemos recibido el espíritu del mundo sino el Espíritu que procede de Dios, para que entendamos lo que por su gracia él nos ha concedido. Esto es precisamente de lo que hablamos, no con las palabras que enseña la sabiduría humana sino con las que enseña el Espíritu, de modo que expresamos verdades espirituales en términos espirituales. El que no tiene el Espíritu no acepta lo que procede del Espíritu de Dios, pues para él es locura. No puede entenderlo, porque hay que discernirlo espiritualmente (1ra Corintios 2:10-14).

A estas alturas has de reconocer estos versículos. Sólo por la obra interna del Espíritu Santo podrás conocer a Dios y al plan de salvación.

Anteriormente en este capítulo mencioné que Pablo fue perseguido por sus creencias. Pablo termina el último capítulo de Efesios al decir:

Oren también por mí para que, cuando hable, Dios me dé las palabras para dar a conocer con valor el misterio del evangelio, por el cual soy embajador en cadenas. Oren para que lo proclame valerosamente, como debo hacerlo (Efesios 6:19-20).

Pablo escribió el libro de los Efesios mientras estuvo en la cárcel. Ruego que tú aprecies el hecho que este testigo del plan de salvación estaba tan convencido de que Jesús es el Hijo de Dios que hasta una celda de prisiones no podía parar su testimonio.

Filipenses

Pablo escribió otro libro/carta a *«todos los santos en Filipos».* Se llama Filipenses. Como con el libro de Efesios, aquí también reta a sus hermanos cristianos a vivir vidas que honran a Dios.

En Filipenses, capítulo 1, Pablo habla de su dilema de indecisión entre dos «pensamientos positivos».

Porque para mí el vivir es Cristo y el morir es ganancia. Ahora bien, si seguir viviendo en este mundo representa para mí un trabajo fructífero, ¿qué escogeré? ¡No lo sé! Me siento presionado por dos posibilidades: deseo partir y estar con Cristo, que es muchísimo mejor, pero por el bien de ustedes es preferible que yo permanezca en este mundo (Filipenses 1:21-24).

Pablo vio al Cristo viviente en el camino a Damasco. Se le mostró cosas que la mayoría de los hombres nunca ven. Él fue

...llevado al paraíso y escuchó cosas indecibles que a los humanos no se nos permite expresar (2da Corintios 12:4).

Estaba tan enamorado del Cordero que fue sacrificado por él y que ya estaba en el cielo, que Pablo quería ir a estar con él!

Pero Pablo tenía una carrera que correr. Él fue un instrumento escogido de Jesús para predicar el evangelio. Aunque quiso ir al cielo él sabía que tenía una tarea que realizar —la de anunciarles a otros el plan de salvación.

En el capítulo 2 él describe a Jesús con precisión:

La actitud de ustedes debe ser como la de Cristo Jesús,

quien, siendo por naturaleza Dios, no consideró el ser igual a Dios como algo a qué aferrarse. Por el contrario, se rebajó voluntariamente, tomando la naturaleza de siervo y haciéndose semejante a los seres humanos. Y al manifestarse como hombre, se humilló a sí mismo y se hizo obediente hasta la muerte, ¡y muerte de cruz!

Pero Dios lo exaltó hasta lo sumo y le otorgó el nombre que está sobre todo nombre, para que ante el nombre de Jesús se doble toda rodilla en el cielo y en la tierra y debajo de la tierra, y toda lengua confiese que Jesucristo es el Señor, para gloria de Dios Padre (Filipenses 2:5-11).

Pablo sugiere que nuestra actitud debe ser igual a la de Jesús. ¿Y quién dice Pablo que es Jesús? Dice que Jesús, el Hijo único de Dios, se hizo ser humano. Y cuando se hizo ser humano, no ostentaba un manto de rey. Más bien se hizo humilde siervo, y como tal se hizo obediente a Dios Padre y sufrió la muerte de la cruz. Tomó el lugar tuyo, y el mío sobre la cruz.

¿Y cuál es el resultado de su obediencia? Dios Padre le ha dado un nombre superior a todos los nombres en el cielo y en la tierra. Y en el nombre de Jesús, toda rodilla ha de doblegarse y toda lengua confesará que Jesucristo es Señor. Él es el Mesías. Es el Salvador de todos los que creen en él.

Tú te postrarás delante de Jesús algún día. Confesarás que Jesús es el Señor. Favor pensarlo con cuidado. Algún día tú te postrarás ante el nombre de Jesús. ¿Me permite sugerir que te dispongas a hacerlo ahora más bien que hacerlo involuntariamente después de esta vida, cuando ya tu destino —la condenación eterna— habrá sido fijado?

En Filipenses 2, Pablo nos amonesta a todos:

> *Así que, mis queridos hermanos, como han obedecido siempre —no sólo en mi presencia sino mucho más ahora en mi ausencia— lleven a cabo su salvación con temor y temblor (Filipenses 2:12).*

Dios es el grandioso «YO SOY». Él es el Creador del universo. Jesús, segunda persona de la deidad, vino a esta tierra para que todos los que creen pudieran tener la vida eterna. Pablo no habla de tu vecino de al lado. Pablo no habla de algún pariente. Pablo está hablando de Dios, de Jesús, del Espíritu Santo. Yo creo que han aguado tanto a la religión a través de los pasados 2.000 años que algunos piensan que pueden hablar con Dios como si él fuera un mensajero.

«Eh, Dios, necesito un coche nuevo.»

«Eh, Dios, quiero pegar el grande en la lotería.»

Yo ruego que tu reconozcas quién en realidad es Dios. Se le debe dar gracias a diario por su plan de salvación. Se le debe dar gracias por proveer nuestras necesidades diarias. Se le debe dar adoración constante. ¡Este es el gran Dios único!

Pablo dice, *«lleven a cabo su salvación con temor y temblor».*

Pablo, el que en un tiempo perseguía al pueblo de Dios, experimentó una reorientación de unos 180 grados en su vida. Favor comprender la profundidad de lo que Pablo sentía por Jesús:

> *Sin embargo, todo aquello que para mí era ganancia, ahora lo considero pérdida por causa de Cristo. Es más, todo lo considero pérdida por razón del incomparable valor de conocer a Cristo Jesús, mi Señor. Por él lo he perdido todo, y lo tengo por estiércol, a fin de ganar a Cristo y encontrarme unido a él. No quiero mi propia justicia que procede de la ley, sino la que se obtiene mediante la fe en Cristo, la justicia que procede de Dios, basada en la fe. Lo he perdido todo a fin de conocer a Cristo, experimentar el poder que se manifestó en su resurrección, participar en sus sufrimientos y llegar a ser semejante a él en su muerte. Así espero alcanzar la resurrección de entre los muertos (Filipenses 3:7-11).*

Sólo una cosa le importaba a Pablo: conocer a Jesús. Estimaba a todas las demás cosas como basura. Y aunque Pablo conoció a Cristo, sabía que sólo le conocía en parte.

> *Ahora vemos de manera indirecta y velada, como en un espejo; pero entonces veremos cara a cara (1ra Corintios 13:12).*

Él había probado el sabor de Jesús, del plan de salvación, de la vida eterna, y de toda la gloria asociada con ello. El sabor fue tan rico que quiso saber más. Él no pretendía saberlo todo.

> *No es que ya lo haya conseguido todo, o que ya sea perfecto. Sin embargo, sigo adelante esperando alcanzar aquello para lo cual Cristo Jesús me alcanzó a mí. Hermanos, no pienso que yo mismo lo haya logrado ya. Más bien, una cosa hago: olvidando lo que queda atrás y esforzándome por alcanzar lo que está delante, sigo avanzando hacia la meta para ganar el premio que Dios ofrece mediante su llamamiento celestial en Cristo Jesús (Filipenses 3:12-14).*

Pablo corría hacia la meta en el cielo. En la tierra aún no había obtenido el cuerpo inmortal que describe en 1ra Corintios 15:

Así sucederá también con la resurrección de los muertos. Lo que se siembra en corrupción, resucita en incorrupción; lo que se siembra en oprobio, resucita en gloria; lo que se siembra en debilidad, resucita en poder; se siembra un cuerpo natural, resucita un cuerpo espiritual. Si hay un cuerpo natural, también hay un cuerpo espiritual (1ra Corintios 15:42-44).

Ruego que tú entiendas lo que Pablo dice. Así como en el caso de Juan y de Pedro, Pablo no buscaba recompensas en la tierra. Al predicar a Jesús, no buscaba ganancia monetaria. A Pablo le habló Jesús, el Hijo de Dios, acerca del perdón de pecados y la esperanza de la vida eterna. ¿Qué hizo Pablo? Se lo contaba a otros. Escribió muchas cartas a varias comunidades explicándoles las buenas nuevas. Mediante la Biblia, ¡él me escribió a mí! Me dice que él no ha inventado cuentos ingeniosos.

Quiero que sepan, hermanos, que el evangelio que yo predico no es invención humana. No lo recibí ni lo aprendí de ningún ser humano, sino que me llegó por revelación de Jesucristo (Gálatas 1:11-12).

Y ahora yo te escribo a ti, contándote estas buenas nuevas. Muchos de ustedes ya han aceptado a Jesús como su Salvador. Espero que este libro haya fortalecido su creencia.

En cuanto a los «José» y los «Luis» de este mundo, yo les estoy presentando las palabras de tres testigos llamados Pedro, Juan y Pablo, quienes conocían personalmente a Jesús. Sus motivaciones son una misma:

«Porque tanto amó Dios al mundo que dio a su Hijo unigénito, para que todo el que cree en él no se pierda, sino que tenga vida eterna» (Juan 3:16).

A los enemigos de la cruz, los que siguen las enseñanzas del «padre de toda mentira», Pablo dice:

Como les he dicho a menudo, y ahora lo repito hasta con lágrimas, muchos se comportan como enemigos de la cruz de

Cristo. Su destino es la destrucción, adoran al dios de sus propios deseos y se enorgullecen de lo que es su vergüenza. Sólo piensan en lo terrenal. En cambio, nosotros somos ciudadanos del cielo, de donde anhelamos recibir al Salvador, el Señor Jesucristo. Él transformará nuestro cuerpo miserable para que sea como su cuerpo glorioso, mediante el poder con que somete a sí mismo todas las cosas (Filipenses 3:18-21).

¡Esto me parece emocionante! ¡Nosotros seremos ciudadanos del cielo!

Tal vez personas de por todo el mundo han venido a los Estados Unidos en la esperanza de una vida mejor. El símbolo de aquella vida mejor es la Estatua de la Libertad que sostiene una antorcha siempre ardiendo que se eleva en medio del puerto de Nueva York. Igualmente, nosotros tenemos la seguridad de una vida mejor en el cielo donde seremos ciudadanos por la eternidad. No habrá ninguna Estatua de la Libertad que nos recuerda de la vida mejor. Más bien habrá el viviente Jesús, la luz del mundo.

Apocalipsis 21:22-23 habla del cielo:

No vi ningún templo en la ciudad, porque el Señor Dios Todopoderoso y el Cordero son su templo. La ciudad no necesita ni sol ni luna que la alumbren, porque la gloria de Dios la ilumina, y el Cordero es su lumbrera (Apocalipsis 21:22-23).

¡El Cordero de Dios es la Lumbrera!

Colosenses

Pablo escribió además a los santos y fieles hermanos en Cristo en Colosas. El libro se llama Colosenses. Como con otras, ésta carta también la escribió desde la cárcel. Y como con otras, las recordaba del plan de salvación y les encargó un santo vivir.

Este evangelio está dando fruto y creciendo en todo el mundo, como también ha sucedido entre ustedes desde el día en que supieron de la gracia de Dios y la comprendieron plenamente (Colosenses 1:6).

Jesús vino a esta tierra, nos dijo quién es, y nos explicó la razón de su visita.

Juan, Pedro y Pablo escribieron lo que oyeron y vieron. ¡Y por todo el mundo el evangelio ha crecido! Pasaron 2.000 años desde que Jesús andaba por esta tierra, y el mensaje es siempre el mismo.

Jesucristo es el mismo ayer y hoy y por los siglos (Hebreos 13:8).

En Colosenses, Pablo escribió estas poderosas palabras:

Él es la imagen del Dios invisible, el primogénito de toda creación, porque por medio de él fueron creadas todas las cosas en el cielo y en la tierra, visibles e invisibles, sean tronos, poderes, principados o autoridades: todo ha sido creado por medio de él y para él. Él es anterior a todas las cosas, que por medio de él forman un todo coherente. Él es la cabeza del cuerpo, que es la iglesia. Él es el principio, el primogénito de la resurrección, para ser en todo el primero. Porque a Dios le agradó habitar en él con toda su plenitud y, por medio de él, reconciliar consigo todas las cosas, tanto las que están en la tierra como las que están en el cielo, haciendo la paz mediante la sangre que derramó en la cruz (Colosenses 1:15-20).

Los escritos de Pablo, bajo la inspiración del Espíritu Santo, nos dicen que:

Jesús es «*la imagen del Dios invisible*».

Jesús creó «*todas las cosas en el cielo y en la tierra*».

Jesús es «*anterior a todas las cosas, que por medio de él forman un todo coherente*».

Pensemos en esto. Jesús es el pegamento que mantiene unido al universo. En Marcos, Jesús habla de eventos que han de ocurrir al fin del tiempo. Dijo lo siguiente:

«Verán entonces al Hijo del hombre venir en las nubes con gran poder y gloria. Y él enviará a sus ángeles para reunir de los cuatro vientos a los elegidos, desde los confines de la tierra hasta los confines del cielo» (Marcos 13:26-27).

Jesús es Dios. Él creó el mundo. Tal parece que, hacia el fin del tiempo, su creación se desintegrará, probablemente por motivo de que el pecado la haya corrompido, pero Jesús promete un cielo nuevo y una tierra nueva.

En Apocalipsis 21, Juan detalla lo siguiente:

> *Después vi un cielo nuevo y una tierra nueva, porque el primer cielo y la primera tierra habían dejado de existir, lo mismo que el mar (Apocalipsis 21:1).*

¡No fui yo quien dijo esas palabras! De hecho, ni Juan dijo esas palabras. Juan detalla lo siguiente:

> *El que estaba sentado en el trono dijo: «¡Yo hago nuevas todas las cosas!» Y añadió: «Escribe, porque estas palabras son verdaderas y dignas de confianza» (Apocalipsis 21:5).*

Dios, el gran «YO SOY», dice que estas palabras son *«verdaderas y dignas de confianza».*

Sin embargo, este Dios poderoso hizo algo que yo probablemente no comprenderé ni en toda la eternidad.

> *Porque a Dios le agradó habitar en él con toda su plenitud y, por medio de él, reconciliar consigo todas las cosas, tanto las que están en la tierra como las que están en el cielo, haciendo la paz mediante la sangre que derramó en la cruz (Colosenses 1:19-20).*

Dios se reconcilió con este mundo pecaminoso e hizo la paz con nosotros por el derramamiento de la sangre de su único Hijo en la cruz de Calvario. Es por eso que Jesús se llama el Cordero de Dios sacrificado.

Pablo amplía más sobre el tema en Colosenses:

> *En otro tiempo ustedes, por su actitud y sus malas acciones, estaban alejados de Dios y eran sus enemigos. Pero ahora Dios, a fin de presentarlos santos, intachables e irreprochables delante de él, los ha reconciliado en el cuerpo mortal de Cristo mediante su muerte (Colosenses 1:21-22).*

Favor leer estos versículos una y otra vez. Tú, una persona pecaminosa, quien se merece solamente la muerte, ¡tienes la oportunidad de presentarte delante de Dios Padre santo a sus ojos, sin mancha y libre de acusación!

¡Es tan sencillo!

Yo ruego que permitas al Espíritu Santo de Dios hacer que estos versículos penetren en lo más profundo de tu mente para comprenderlo ahora y por la eternidad.

Él contrasta lo de arriba con lo que dice a continuación:

> *Cuídense de que nadie los cautive con la vana y engañosa filosofía que sigue tradiciones humanas, la que va de acuerdo con los principios de este mundo y no conforme a Cristo (Colosenses 2:8).*

Hay que usar de mucha cautela con las varias filosofías que se presentan en libros, por la radio y la televisión, y por el internet.

Pablo dice a los cristianos en Colosas:

> *Concentren su atención en las cosas de arriba, no en las de la tierra (Colosenses 3:2).*

Y estas palabras se aplican a todos los que buscan la verdad.

> *Esto es precisamente de lo que hablamos, no con las palabras que enseña la sabiduría humana sino con las que enseña el Espíritu, de modo que expresamos verdades espirituales en términos espirituales. El que no tiene el Espíritu no acepta lo que procede del Espíritu de Dios, pues para él son locura. No puede entenderlo, porque hay que discernirlo espiritualmente (1ra Corintios 2:13-14).*

1ra Tesalonicenses

Pablo escribió dos libros/cartas a la iglesia de los tesalonicenses.

Acuérdate que, originalmente, Pablo fue perseguidor de la iglesia cristiana primitiva, pero vio a Cristo y cambió para siempre. Pasó de perseguidor a perseguido por su creencia. Te pregunto, «¿Por qué?»

Pablo era judío. Obviamente estuvo bien recibido por los líderes judíos. ¿Por qué saldría fuera de su «zona cómoda»? ¿Por qué renunciaría la religión judía? ¡Es que había visto a Jesús! Descubrió «verdades» que contradecían sus creencias judías que insistían en la obediencia a las leyes. Jesús habló a Pablo de la dádiva gratuita de la gracia; que uno no puede ganarse la salvación por sus obras. Le dijo que sencillamente debía creer. Y lo hizo. Pablo creyó con tal intensidad que quería compartir las buenas nuevas con todo el que estuviera dispuesto a oír. No sacaba ninguna ganancia personal. En realidad, sucedió todo lo opuesto; fue perseguido a cada paso en su vida.

Junto a Juan y Pedro, te presento a Pablo como testigo de las enseñanzas de Jesús. Ruego que estés de acuerdo en que Pablo sí vio a Jesús en toda la plenitud de su divinidad. Pablo expuso a peligro su vida terrenal, plenamente convencido de que iba rumbo a la vida eterna.

Pablo dijo lo siguiente a los tesalonicenses:

Hermanos, bien saben que nuestra visita a ustedes no fue un fracaso. Y saben también que, a pesar de las aflicciones e insultos que antes sufrimos en Filipos, cobramos confianza en nuestro Dios y nos atrevimos a comunicarles el evangelio en medio de una gran lucha. Nuestra predicación no se origina en el error ni en malas intenciones, ni procura engañar a nadie. Al contrario, hablamos como hombres a quienes Dios aprobó y les confió el evangelio: no tratamos de agradar a la gente sino a Dios, que examina nuestro corazón (1ra Tesalonicenses 2:1-4).

Pablo habló a pesar de una fuerte oposición en Filipos. Pablo declaró que su insistencia en que se aceptara el mensaje de salvación no procedía de motivos impuros. Enfatizó que no presentaba el mensaje de salvación mediante engaños. Él no buscaba agradar a los hombres sino que tenía obligación con Dios quien le había confiado el mensaje del evangelio.

En 1ra Tesalonicenses 2, Pablo le dio gracias a Dios porque los tesaloncenses comprendían que el mensaje que Pablo les enseñó no eran palabras de Pablo sino palabras mismas de Dios.

Así que no dejamos de dar gracias a Dios, porque al oír ustedes la palabra de Dios que les predicamos, la aceptaron no como palabra humana sino como lo que realmente es, palabra de Dios, la cual actúa en ustedes los creyentes (1ra Tesalonicenses 2:13).

Permíteme sugerir que Pablo, en todas sus cartas/libros, te presenta las palabras mismas de Dios. ¡Piénsalo! Cada versículo de la Biblia que lees contiene las palabras textuales de Dios. La Biblia no es meramente otro libro más. Es la Palabra misma de Dios.

Favor leer lo que Pablo dijo a los tesalonicenses:

Ustedes, hermanos, siguieron el ejemplo de las iglesias de Dios en Cristo Jesús que están en Judea, ya que sufrieron a manos de sus compatriotas lo mismo que sufrieron aquellas iglesias a manos de los judíos. Estos mataron al Señor Jesús y a los profetas, y a nosotros nos expulsaron. No agradan a Dios y son hostiles a todos, pues procuran impedir que prediquemos a los gentiles para que sean salvos. Así en todo lo que hacen llegan al colmo de su pecado. Pero el castigo de Dios vendrá sobre ellos con toda severidad (1ra Tesalonicenses 2:14-16).

Les recomendó por ser imitadores de otras iglesias en Judea. Pablo menciona que su creencia en Jesucristo les causó sufrimiento lo mismo que experimentaban todas las demás iglesias.

Declara que la gente judía, el mismo grupo que él representaba con celo en un tiempo, seguía en sus esfuerzos por impedir que Pablo trajera el mensaje de salvación a los gentiles.

Ser cristiano en los primeros días después de la resurrección de Cristo y su ascensión al cielo, no fue fácil.

Jesús profetizaba tales pruebas cuando dijo:

«Si el mundo los aborrece, tengan presente que antes que a ustedes, me aborreció a mí. Si fueran del mundo, el mundo los querría como a los suyos. Pero ustedes no son del mundo, sino que yo los he escogido de entre el mundo. Por eso el mundo los aborrece. Recuerden lo que les dije: "Ningún siervo es más que su amo." Si a mí me han perseguido, también a ustedes los

perseguirán. Si han obedecido mis enseñanzas, también obedecerán las de ustedes. Los tratarán así por causa de mi nombre, porque no conocen al que me envió» (Juan 15:18-21).

Sí, las primeras iglesias cristianas fueron perseguidas. Pero no hubo alternativas. Sabían que el mensaje de Jesús era cierto. Los primeros testigos, Juan, Pedro, Pablo, y muchos más, les hablaban de la vida milagrosa de Jesús. Oyeron de boca de los testigos oculares que Jesús había sido resucitado del sepulcro después de ser crucificado. Antes de eso, los seres humanos no tenían ninguna esperanza de vida eterna. ¡Ahora, sí, que la tenían!

Hermanos, no queremos que ignoren lo que va a pasar con los que ya han muerto, para que no se entristezcan como esos otros que no tienen esperanza. ¿Acaso no creemos que Jesús murió y resucitó? Así también Dios resucitará con Jesús a los que han muerto en unión con él. Conforme a lo dicho por el Señor, afirmamos que nosotros, los que estemos vivos y hayamos quedado hasta la venida del Señor, de ninguna manera nos adelantaremos a los que hayan muerto. El Señor mismo descenderá del cielo con voz de mando, con voz de arcángel y con trompeta de Dios, y los muertos en Cristo resucitarán primero. Luego los que estemos vivos, los que hayamos quedado, seremos arrebatados junto con ellos en las nubes para encontrarnos con el Señor en el aire. Y así estaremos con el Señor para siempre (1ra Tesalonicenses 4:13-17).

Pablo les recordó que Jesús volvería de nuevo. Esta vez llegará como rey en poder, no como bebé en un pesebre. ¿Preparado, tú? Jesús dijo:

«No se angustien. Confíen en Dios, y confíen también en mí. En el hogar de mi Padre hay muchas viviendas; si no fuera así, ya se lo habría dicho a ustedes. Voy a prepararles un lugar. Y si me voy y se lo preparo, vendré para llevármelos conmigo. Así ustedes estarán donde yo esté. Ustedes ya conocen el camino para ir a donde yo voy» (Juan 14:1-4).

Jesús lo dijo. Yo lo creo. Él viene otra vez.

Ahora bien, hermanos, ustedes no necesitan que se les escriba acerca de tiempos y fechas, porque ya saben que el día del Señor llegará como ladrón en la noche. Cuando estén diciendo: «Paz y seguridad», vendrá de improviso sobre ellos la destrucción, como le llegan a la mujer encinta los dolores de parto. De ninguna manera podrán escapar (1ra Tesalonicenses 5:1-3).

Nadie sabe cuándo Jesús volverá. Pablo dice que llegará como un ladrón en la noche. Inesperadamente.

En Marcos 13, Jesús habló del fin del tiempo.

«Pero en cuanto al día y la hora, nadie lo sabe, ni siquiera los ángeles en el cielo, ni el Hijo, sino sólo el Padre. ¡Estén alerta! ¡Vigilen! Porque ustedes no saben cuándo llegará ese momento» (Marcos 13:32-33).

Jesús habló como si fuera un evento verdadero. Y Jesús quiere que tu te unas con él en su gloria cuando regresa.

Pues Dios no nos destinó a sufrir el castigo sino a recibir la salvación por medio de nuestro Señor Jesucristo. Él murió por nosotros para que, en la vida o en la muerte, vivamos junto con él (1ra Tesalonicenses 5:9-10).

Él quiere que tú aceptes el regalo de la salvación y la vida eterna.

No hay plano intermedio de creencia. Cada individuo tiene que responderle a Jesús, Sí, o No. No hay lugar para «tal vez».

2da Tesalonicenses

En su segunda carta a los tesalonicenses, nuevamente Pablo trata la persecución contra la iglesia de los tesalonicenses.

Así que nos sentimos orgullosos de ustedes ante las iglesias de Dios por la perseverancia y la fe que muestran al soportar toda clase de persecuciones y sufrimientos. Todo esto prueba que el juicio de Dios es justo, y por tanto él los considera dignos de su reino, por el cual están sufriendo.

Dios, que es justo, pagará con sufrimiento a quienes los hacen sufrir a ustedes. Y a ustedes que sufren, les dará descanso, lo mismo que a nosotros. Esto sucederá cuando el Señor Jesús se manifieste desde el cielo entre llamas de fuego, con sus poderosos ángeles, para castigar a los que no conocen a Dios ni obedecen el evangelio de nuestro Señor Jesús. Ellos sufrirán el castigo de la destrucción eterna, lejos de la presencia del Señor y de la majestad de su poder, el día en que venga para ser glorificado por medio de sus santos y admirado por todos los que hayan creído, entre los cuales están ustedes porque creyeron el testimonio que les dimos (2da Tesalonicenses 1:4-10).

Habrá un día de recompensa. Los perseguidores serán castigados con destrucción eterna y excluídos de la presencia del Señor y de la majestad de su poder. Bien puedes decir que jamás perseguiste la iglesia. Pues, favor leer el versículo 8:

Castigar(á) a los que no conocen a Dios ni obedecen el evangelio de nuestro Señor Jesús (2da Tesalonicenses 1:8).

Quizás no has perseguido a la iglesia de Dios, sin embargo, por no creer ni obedecer al evangelio, serás castigado con destrucción eterna.

No me place decirte que no tienes ninguna esperanza para la eternidad. Por otra parte, yo quiero que cada uno de mis amigos, parientes y conocidos reconozca lo serio de aceptar o rechazar a Jesucristo. Rechazarlo significa «el castigo de la destrucción eterna lejos de la presencia del Señor». No es un cuadro lindo. Yo soy simplemente el mensajero. ¡Jesús lo dijo primero!

Pablo advierte a los tesalonicenses acerca de eventos que sucederán en el fin del tiempo. Hay espíritus y fuerzas malignos que quieren impedir que conozcas a Jesús. Tal vez recuerdas lo que Pablo dijo:

Porque nuestra lucha no es contra seres humanos, sino contra poderes, contra autoridades, contra potestades que dominan este mundo de tinieblas, contra fuerzas espirituales malignas en las regiones celestiales (Efesios 6:12).

La Biblia habla de «alguien» que, al fin del tiempo, en conjunto con la obra del diablo, buscará engañar a la raza humana.

El malvado vendrá, por obra de Satanás, con toda clase de milagros, señales y prodigios falsos. Con toda perversidad engañará a los que se pierden por haberse negado a amar la verdad y así ser salvos. Por eso Dios permite que, por el poder del engaño, crean en la mentira. Así serán condenados todos los que no creyeron en la verdad sino que se deleitaron en el mal (2da Tesalonicenses 2:9-12).

Hay toda clase de especulación en cuanto a quién pudiera ser esa persona. Este libro no ofrece predicciones. Pero, quienquiera que sea, podrá obrar toda clase de milagros, señales, y maravillas falsos. Muchos creerán a esa persona por cuanto se han negado a creer la verdad para ser salvos.

Hay un Espíritu de verdad quien te habla acerca de Jesús, el que murió por tus pecados, y quien te promete una gloriosa existencia eterna con él en la vida venidera.

El espíritu del diablo dice que lo de arriba son puras mentiras. El diablo quiere que niegues que Jesús murió en la cruz por tus pecados. Quiere que rechaces la resurrección de Jesús. Y, ¿sabes qué? Por desgracia, él ya ha convencido a muchos en el mundo hoy día de que Jesús no es quien se decía ser.

Jesús reconoció eso:

«Entren por la puerta estrecha. Porque es ancha la puerta y espacioso el camino que conduce a la destrucción, y muchos entran por ella. Pero estrecha es la puerta y angosto el camino que conduce a la vida, y son pocos los que la encuentran (Mateo 7:13-14).

Es mi ruego que este libro, *Es tan sencillo,* señalará a muchos de ustedes hacia el camino estrecho que conduce a la vida eterna. ¿Por qué alguien querría andar durante aproximadamente setenta años por un camino ancho que conduce a la condenación eterna?

¡Elige tú! Hay sólo dos caminos: uno estrecho, el otro ancho. ¿Por cuál piensas andar?

1ra Timoteo

Pablo escribió también dos libros/cartas a uno llamado Timoteo. Era fiel seguidor de Pablo. Acompañaba a Pablo en dos de sus viajes misioneros. Pablo también envió a Timoteo a misiones especiales a varios lugares. Timoteo, obviamente, tenía una relación especial con Pablo.

Las cartas de Pablo a Timoteo fueron escritas hacia el fin de la vida de Pablo. La segunda carta a Timoteo fue escrita mientras Pablo estuvo encarcelado. Estas cartas estimulan e instruyen a Timoteo en la vida cristiana.

Pablo había peleado la buena batalla. Enfrentaba persecución desde el primer día cuando encontró al Jesús viviente camino a Damasco. Les he presentado a Pablo como testigo ocular de Jesús. Cada libro que él escribió a las iglesias habla de un Jesús viviente y que la salvación y la vida eterna sólo se obtienen por medio de él. Y ahora, hacia el fin de su vida, escribe a su amigo y compañero Timoteo las mismas palabras que habló en sus viajes misioneros y que expuso por escrito a numerosas iglesias. Su creencia en Jesús no disminuía en su vejez.

> *Doy gracias al que me fortalece, Cristo Jesús nuestro Señor, pues me consideró digno de confianza al ponerme a su servicio. Anteriormente, yo era un blasfemo, un perseguidor y un insolente; pero Dios tuvo misericordia de mí porque yo era un incrédulo y actuaba con ignorancia. Pero la gracia de nuestro Señor se derramó sobre mí con abundancia, junto con la fe y el amor que hay en Cristo Jesús (1ra Timoteo 1:12-14).*

Él reconoce que en un tiempo era un blasfemo, perseguidor, y hombre violento. Dice que le fue mostrado misericordia por cuanto actuaba en ignorancia e incredulidad.

¿Eres incrédulo, tú? Hasta ahora puedes haber actuado en ignorancia e incredulidad. Yo ruego que hayas notado los cambios en la vida de Pablo. Jesús se le presentó a Pablo camino a Damasco, y también quiere encontrarse contigo. ¡Sencillamente has de decir Sí!

Como dice Pedro:

> *El Señor no tarda en cumplir su promesa, según entienden algunos la tardanza. Más bien, él tiene paciencia con ustedes, porque no quiere que nadie perezca sino que todos se arrepientan (2da Pedro 3:9).*

Él no quiere ni que tú ni que nadie vaya a la eterna condenación. Tienes libre voluntad para rechazar a Jesús y, si así eliges, Dios no te detendrá.

> *Dios no envió a su Hijo al mundo para condenar al mundo, sino para salvarlo por medio de él. El que cree en él no es condenado, pero el que no cree ya está condenado por no haber creído en el nombre del Hijo unigénito de Dios (Juan 3:17-18).*

Favor notar cómo Pablo se describe a sí mismo y a su relación con Jesús.

> *Este mensaje es digno de crédito y merece ser aceptado por todos: que Cristo Jesús vino al mundo a salvar a los pecadores, de los cuales yo soy el primero. Pero precisamente por eso Dios fue misericordioso conmigo, a fin de que en mí, el peor de los pecadores, pudiera Cristo Jesús mostrar su infinita bondad. Así vengo a ser ejemplo para los que, creyendo en él, recibirán la vida eterna (1ra Timoteo 1:15-16).*

Pablo se consideraba el «peor de los pecadores». Sin embargo, Jesús perdonó a este peor pecador como demostración de su paciencia ilimitada. Y si perdonó a Pablo, el que perseguía a las primeras iglesias cristianas, seguramente perdonará tus pecados. Es tan sencillo.

Pablo le dijo a Timoteo:

> *Pues él [Dios] quiere que todos sean salvos y lleguen a conocer la verdad. Porque hay un solo Dios y un solo mediador entre Dios y los hombres, Jesucristo hombre, quien dio su vida como rescate por todos. Este testimonio Dios lo ha dado a su debido tiempo (1ra Timoteo 2:4-6).*

Él quiere que todo hombre y mujer sea salvo. Jesús llevó en sí mismo los pecados del mundo entero cuando fue a la cruz como Cordero para sacrificio. Sí, Jesús fue a la cruz por ti hace 2.000 años. ¡Por favor, procura comprenderlo! Jesús quiere que tú llegues a conocer la verdad.

Pablo, en su primera carta a Timoteo, le da muchos consejos respecto al vivir cristiano. Yo creo que si se atuvieran a las normas de Pablo en este tiempo moderno, el mundo sería un mejor lugar para vivir.

Cuando una vez hayas aceptado a Jesús como tu Salvador, los consejos de Pablo a Timoteo respecto al vivir cristiano debieran ser tu comportamiento natural.

En 1ra Timoteo 6 Pablo advierte a Timoteo respecto a enseñanzas que no corresponden a la instrucción sana sobre Jesús.

Si alguien enseña falsas doctrinas, apartándose de la sana enseñanza de nuestro Señor Jesucristo y de la doctrina que se ciñe a la verdadera religión, es un obstinado que nada entiende. Ese tal padece del afán enfermizo de provocar discusiones inútiles que generan envidias, discordias, insultos, suspicacias y altercados entre personas de mente depravada, carentes de la verdad. Éste es de los que piensan que la religión es un medio de obtener ganancias (1ra Timoteo 6:3-5).

¡Pablo toca el punto preciso! Si alguien no esté de acuerdo con las sanas enseñanzas de Jesucristo, el tal es un obstinado que no sabe nada. Cuando la gente no conoce la verdad acerca de Jesús y cuando promueve enseñanzas seculares que no concuerdan con la verdad de Jesús, habrá controversias, discusiones, riñas, pláticas maliciosas, y discordia continua.

El padre de toda mentira, el diablo, quiere confundir tu comprensión de la verdad! Lo he dicho antes. Lo vuelvo a decir. La verdad sólo se halla mediante el Espíritu Santo de Dios.

Ahora bien, Dios nos ha revelado esto por medio de su Espíritu, pues el Espíritu lo examina todo, hasta las profundidades de Dios. En efecto, ¿quién conoce los pensamientos del ser humano sino su propio espíritu que está en él? Así mismo, nadie conoce los pensamientos de Dios sino el Espíritu de Dios. Nosotros no hemos recibido el espíritu del mundo sino el Espíritu que procede de Dios, para que entendamos lo que por su gracia él nos ha concedido. Esto es precisamente de lo que hablamos, no con las palabras que enseña la sabiduría humana sino con las que enseña el Espíritu, de modo que expresamos verdades espirituales en términos espirituales. El que no tiene el Espíritu no acepta lo que procede del Espíritu de Dios, pues para él es locura. No puede entenderlo, porque hay que discernirlo espiritualmente (1ra Corintios 2:10-14).

La razón porque hay tantas «religiones» y creencias es que el diablo tiene a las personas enseñando doctrinas falsas que son contrarias a la verdad del Dios único. ¡La verdad sólo puede encontrarse en Jesucristo!

«Yo soy el camino, la verdad y la vida —le contestó Jesús—. Nadie llega al Padre sino por mí» (Juan 14:6).

2da Timoteo

En su segunda carta, Pablo le dice a Timoteo, y a todos los cristianos, que no se avergüencen de testificar de Jesús.

Pues Dios no nos ha dado un espíritu de timidez, sino de poder, de amor y de dominio propio.

Así que no te avergüences de dar testimonio de nuestro Señor, ni tampoco de mí, que por su causa soy prisionero. Al contrario, tú también, con el poder de Dios, debes soportar sufrimientos por el evangelio. Pues Dios nos salvó y nos llamó a una vida santa, no por nuestras propias obras, sino por su propia determinación y gracia. Nos concedió este favor en Cristo Jesús antes del comienzo del tiempo; y ahora lo ha revelado con la venida de nuestro Salvador Cristo Jesús, quien destruyó la muerte y sacó a la luz la vida incorruptible mediante el evangelio. (2da Timoteo 1:7-10).

Pablo, escribiendo desde una prisión poco antes de su muerte, reiteró su creencia. Jesús nos salva no por motivo de algo que nosotros hubiéramos hecho. ¡No somos salvos por nuestras obras! Somos salvos por Jesucristo, quien destruyó la muerte y sacó a luz la vida y la inmortalidad para todos los que creen.

Pablo escribió la carta desde la prisión. Sin embargo, escribió lo siguiente:

Por ese motivo padezco estos sufrimientos. Pero no me avergüenzo, porque sé en quién he creído, y estoy seguro de que tiene poder para guardar hasta aquel día lo que le he confiado (2da Timoteo 1:12).

Él no se avergonzaba de Jesús! Él sabía en quién había creído! Y yo, y millones más, también creemos. Favor unirte a nosotros en este emocionante, maravilloso viaje hacia el eterno, glorioso reino de Dios.

En la segunda carta a Timoteo, tal como en la primera, Pablo le da ánimos para vivir la vida cristiana.

No dejes de recordar a Jesucristo, descendiente de David, levantado de entre los muertos. Este es mi evangelio, por el que sufro al extremo de llevar cadenas como un criminal. Pero la palabra de Dios no está encadenada (2da Timoteo 2:8-9).

Aquí Pablo nos dice que está encarcelado por una sola razón — porque predicó a Jesús como resucitado de entre los muertos. Pero aunque Pablo estuvo preso, dijo, «la palabra de Dios no está encadenado». Y durante 2.000 años la verdad de Jesucristo jamás ha desaparecido. La Biblia es el libro que más se ha comprado en todo el mundo, aunque es preocupante que tan pocas personas en realidad la leen.

Jesús dijo:

«El cielo y la tierra pasarán, pero mis palabras jamás pasarán» (Lucas 21:33).

La verdad de Jesús durará por toda la eternidad.

Pablo también profetizó a Timoteo acerca de los últimos días de los hombres, y de la segunda venida de Jesús. Las siguientes palabras, escritas a Timoteo, por cierto parecen describir la vida de la gente de hoy día. Reconozco que estas palabras también pueden aplicarse a generaciones pasadas. También pueden aplicarse a las generaciones futuras que se dejen arrastrar cada vez más lejos de Dios. Sin embargo, ello no disminuye el hecho de que estos versículos se aplican al mundo de hoy.

Ahora bien, ten en cuenta que en los últimos días vendrán tiempos difíciles. La gente estará llena de egoísmo y avaricia; serán jactanciosos, arrogantes, blasfemos, desobedientes a los padres, ingratos, impíos, insensibles, implacables, calumniadores, libertinos, despiadados, enemigos de todo lo bueno, traicioneros, impetuosos, vanidosos y más amigos del placer que de Dios. Aparentarán ser piadosos, pero su conducta desmentirá el poder de la piedad. ¡Con esa gente ni te metas! (2da Timoteo 3:1-5).

¿No te parece corriente? El mundo tiene más acceso a la «verdad» que nunca. Hay libros, radio, televisión y el internet que anuncian por dondequiera las buenas nuevas de Jesucristo.

Sin embargo, hay también más acceso a las mentiras presentadas por el mundo secular. Desafortunadamente, la sociedad de hoy se interesa más en sus posesiones y los placeres de la vida que en la verdad de Jesucristo.

Favor recordar lo que dijo Jesús:

«No acumulen para sí tesoros en la tierra, donde la polilla y el óxido destruyen, y donde los ladrones se meten a robar. Más bien, acumulen para sí tesoros en el cielo, donde ni la polilla ni el óxido carcomen, ni los ladrones se meten a robar. Porque donde esté tu tesoro, allí estará también tu corazón» (Mateo 6:19-21).

Jesús, Hijo único de Dios, lo dijo! Ya que Jesús no puede mentir, tiene que haber una buena razón por qué lo dijo. Jesús declaró enfáticamente que los tesoros del cielo sobrepasan largamente a los tesoros que pudieras acumular en la tierra.

«Todo esto lo digo ahora que estoy con ustedes. Pero el Consolador, el Espíritu Santo, a quien el Padre enviará en mi nombre, les enseñará todas las cosas y les hará recordar todo lo que les he dicho (Juan 14:25-26).

Cuando Jesús se fue de esta tierra, envió a la tierra al Espíritu Santo, la tercera parte de la misteriosa trinidad.

Sólo por medio de la obra del Espíritu Santo en tu vida podrás conocer a Jesucristo y el plan de salvación.

Pablo dice que la Biblia, tanto el Antiguo como el Nuevo Testamento, es «inspirada por Dios» (es decir, es el aliento o el hálito mismo de Dios). Pedro, Juan y Pablo nos pueden contar de Jesús porque el Espíritu Santo les enseñó a ellos y les recordó de todo lo que Jesús les había dicho.

Cuando lees la Biblia o los versículos que se citan aquí, son las palabras mismas de Dios. Y ya que lo son, te toca a ti una decisión en cuanto a lo que dicen. ¿Aceptas estas palabras, o aceptas las «palabras» de este mundo?

Pablo dice en 2da Timoteo:

Porque llegará el tiempo en que no van a tolerar la sana doctrina, sino que, llevados de sus propios deseos, se rodearán de maestros que les digan las novelerías que quieren oír. Dejarán de escuchar la verdad y se volverán a los mitos (2da Timoteo 4:3-4).

Y eso es lo que sucede hoy día. La humanidad ya no cree en la sana doctrina de Jesucristo. Hay muchísimos falsos maestros que les dicen a la gente las mentiras propuestas por el padre de toda mentira, el diablo.

Favor recordar lo que Jesús dijo:

«Si Dios fuera su Padre —les contestó Jesús—, ustedes me amarían, porque yo he venido de Dios y aquí me tienen. No he venido por mi propia cuenta, sino que él me envió. ¿Por qué no entienden mi modo de hablar? Porque no pueden aceptar mi palabra. Ustedes son de su padre, el diablo, cuyos deseos quieren cumplir. Desde el principio éste ha sido un asesino, y no se mantiene en la verdad, porque no hay verdad en él. Cuando

miente, expresa su propia naturaleza, porque es un mentiroso.
¡Es el padre de la mentira! Y sin embargo a mí, que les digo la
verdad, no me creen (Juan 8:42-45).

Hasta las iglesias diluyen la verdad. Muchas iglesias y muchas
personas que se hacen llamar «cristianos» proponen doctrinas que
no son bíblicas y que van en contra de las enseñanzas de Jesucristo.

Tengo una recomendación para todos los cristianos —todos
aquellos que han nacido de nuevo— y para todos ustedes dispuestos
a aceptar a Cristo. ¡Únense a iglesias que hablan la verdad de
Jesucristo! No sean sumisos ni permitan que los predicadores les
enseñen doctrinas contrarias a las enseñanzas de Jesucristo.
Asegúrense de estar de acuerdo con la doctrina de la iglesia. Si en
verdad han aceptado a Jesucristo como su Salvador personal, el
Espíritu Santo de Dios les guiará a toda la verdad.

«Pero cuando venga el Espíritu de la verdad, él los guiará a
toda la verdad, porque no hablará por su propia cuenta sino
que dirá sólo lo que oiga y les anunciará las cosas por venir»
(Juan 16:13).

¡Jesús lo dijo! ¡Lo puedes creer!

Pablo escribió su segunda carta a Timoteo desde la prisión. Se
acercaba al fin de su vida terrenal. Este libro habla de la vida de
Pablo, su conversión, sus persecuciones, y sus escritos. Favor leer lo
que le dice a Timoteo:

Yo, por mi parte, ya estoy a punto de ser ofrecido como un sacrificio,
y el tiempo de mi partida ha llegado. He peleado la buena batalla,
he terminado la carrera, me he mantenido en la fe. Por lo demás
me espera la corona de justicia que el Señor, el juez justo, me
otorgará en aquel día; y no sólo a mí, sino también a todos los
que con amor hayan esperado su venida (2da Timoteo 4:6-8).

¡Pablo peleó la buena batalla! ¡Terminó la carrera! Y su
recompensa es una corona de justicia la cual recibió al entrar en la
gloriosa vida más allá. Estuvo preparado para ver a Jesús. No tenía
temor.

Para mí, estos versículos son emocionantes. Algún día yo también terminaré mi carrera. No, yo no he conocido la persecución que conoció Pablo. Pablo se llamó a sí mismo el peor de los pecadores por cuanto persiguió a la iglesia cristiana primitiva. Yo, también, soy pecador. Ni Pablo, ni Pedro, ni Juan, ni yo tenemos justicia alguna en nosotros mismos como para entrar al reino de Dios.

Es sólo mediante la muerte de Jesucristo en la cruz hace 2.000 años que se nos asegura la salvación. El perfecto, primogénito Hijo de Dios se hizo el Cordero sacrificado para que nuestros pecados pudieran ser perdonados.

> *«Porque tanto amó Dios al mundo, que dio a su Hijo unigénito, para que todo el que cree en él no se pierda, sino que tenga vida eterna» (Juan 3:16).*

Es tan sencillo.

Tito

Pablo también escribió un breve libro/carta a un hombre llamado Tito. Éste era un creyente griego y uno de los compañeros de viajes de Pablo, y además amigo íntimo. Pablo envió a Tito a la isla de Creta para organizar las iglesias allí. Pablo inicia su carta a Tito así:

> *Pablo, siervo de Dios y apóstol de Jesucristo, llamado para que, mediante la fe, los elegidos de Dios lleguen a conocer la verdadera religión. Nuestra esperanza es la vida eterna, la cual Dios, que no miente, ya había prometido antes de la creación. Ahora, a su debido tiempo, él ha cumplido esta promesa mediante la predicación que se me ha confiado por orden de Dios nuestro Salvador (Tito 1:1-3).*

Pablo se declara siervo de Dios. Habla de la verdad que conduce a la piedad. Habla de la fe y del conocimiento que dan esperanza de la vida eterna. Dice que Dios «no miente» y, si puedo agregar, que si no miente, pues, todo lo que habla es la pura verdad. Y si habla solamente la verdad, entonces todo lo que Jesús dijo debe pesarse y considerarse con gran atención.

Así como en sus cartas a Timoteo, Pablo aconseja a Tito sobre cómo edificar la iglesia. Escribió:

Para los puros todo es puro, pero para los corruptos e incrédulos no hay nada puro. Al contrario, tienen corrompidas la mente y la conciencia. Profesan conocer a Dios, pero con sus acciones lo niegan; son abominables, desobedientes e incapaces de hacer nada bueno (Tito 1:15-16).

En estos versículos, Pablo pone de relieve la diferencia entre el espíritu de la verdad y el espíritu de la mentira.

En verdad, Dios ha manifestado a toda la humanidad su gracia, la cual trae salvación y nos enseña a rechazar la impiedad y las pasiones mundanas. Así podremos vivir en este mundo con justicia, piedad y dominio propio, mientras aguardamos la bendita esperanza, es decir, la gloriosa venida de nuestro gran Dios y Salvador Jesucristo. Él se entregó por nosotros para rescatarnos de toda maldad y purificar para sí un pueblo elegido, dedicado a hacer el bien (Tito 2:11-14).

Favor notar que Pablo dice que la salvación se ha manifestado a toda la humanidad, no solamente a unos pocos. Como dijo Pedro:

El Señor no tarda en cumplir su promesa, según entienden algunos la tardanza. Más bien, él tiene paciencia con ustedes, porque no quiere que nadie perezca sino que todos se arrepientan (2da Pedro 3:9).

Pablo le dice a Tito que todos los que creen pueden anticipar la gloriosa venida de nuestro gran Dios y Salvador Jesucristo. Nos dice que Jesús nos redime de toda maldad y nos purifica para sí como pueblo propio.

Y, ¿nos redime Jesús de toda maldad por motivo de la «vida buena» que vivimos o las «obras buenas» que hagamos? ¡No!

Pablo dice:

Pero cuando se manifestaron la bondad y el amor de Dios nuestro Salvador, él nos salvó, no por nuestras propias obras de justicia sino por su misericordia. Nos salvó mediante el lavamiento de la regeneración y de la renovación por el Espíritu Santo, el cual fue derramado abundantemente sobre nosotros por medio de Jesucristo nuestro Salvador. Así lo hizo para que, justificados por su gracia, llegáramos a ser herederos que abrigan la esperanza de recibir la vida eterna (Tito 3:4-7).

Como ya dije, este testigo de Jesucristo, Pablo, siempre y constantemente decía a todo el mundo que Jesús nos salva, no por obras justas que nosotros hayamos hecho, sino por motivo de su inmensurable amor y misericordia.

Pablo también insistió en que podemos ser salvos únicamente por la renovación del Espíritu Santo.

Como Jesús le dijo a Nicodemo, miembro del consejo principal judío:

«Yo te aseguro que quien no nazca de agua y del Espíritu, no puede entrar en el reino de Dios —respondió Jesús—. Lo que nace del cuerpo es cuerpo; lo que nace del Espíritu es espíritu» *(Juan 3:5-6).*

Jesús dijo esas palabras. Tu naciste carne, o cuerpo. Para ser salvo, tienes que ser lavado y renovado por el Espíritu Santo.

Y Pablo dice que, una vez justificado por la gracia, eres heredero de Dios, poseedor de la esperanza de la vida eterna.

Filemón

Pablo escribió una última carta/libro a Filemón, a quien llamó un amigo muy querido y colaborador. Pablo escribió la carta estando en la cárcel. Consiste en un sólo capítulo. Hay un versículo que quiero compartir con ustedes.

Pido a Dios que el compañerismo que brota de tu fe sea eficaz para la causa de Cristo mediante el reconocimiento de todo lo bueno que compartimos (Filemón, versículo 6).

Mediante este libro, yo te comparto mi fe en Jesucristo. Cuando empecé a escribir este libro yo no sabía que habrían beneficios también para mí. Sé que aún no he alcanzado un «conocimiento pleno» de todas las cosas buenas que son mías en Cristo. Mi naturaleza pecaminosa impide mi conocimiento de toda la plenitud de Jesús. Pero, habiendo escrito este libro, he alcanzado un conocimiento mayor que cuando comencé.

Ahora te reto a ti que obtengas «un pleno conocimiento» de Jesús y del mensaje de salvación.

Tres testigos llamados Juan, Pedro y Pablo andaban y conversaban con Jesús. Eran testigos oculares de Jesús. Eran convencidos del mensaje de salvación. ¿Y tu?

Ahora, ¡escuchemos las palabras mismas de Jesús!

Es tan sencillo.

6 | Jesús, cumplimiento del plan de salvación

¿Cómo será posible describir la vida de Jesús? En su evangelio, Juan escribió 21 capítulos acerca de este hombre, Jesús. Sin embargo, en el último capítulo Juan escribió:

> *Jesús hizo también muchas otras cosas, tantas que, si se escribiera cada una de ellas, pienso que los libros escritos no cabrían en el mundo entero (Juan 21:25).*

¿Jesús es simplemente otro profeta tal como Mahoma? ¿Es meramente un «hombre bueno» quien tenía una filosofía extraordinaria acerca de la vida, pero que murió y dejó atrás sus buenas ideas? O, ¿es Jesús verdaderamente el Hijo unigénito de Dios que murió por tus pecados?

En este libro, *Es tan sencillo,* he intentado poner abundantemente en claro una cosa. ¡Jesús es el unigénito Hijo de Dios! En el capítulo anterior tres testigos que sostenían relaciones con Jesús declararon enfáticamente que Jesús es el Cordero para sacrificio que murió por tus pecados! Por el poder del Dios Todopoderoso Jesús fue resucitado de entre los muertos. Ha ascendido de regreso al cielo, para el tiempo presente. Actualmente él se sienta a la diestra de Dios Padre. Pacientemente espera el momento cuando volverá por segunda vez, evento que se llama el rapto o el arrebatamiento. Él reunirá a todos los que creen en él y ellos entrarán en la gloria eterna por siempre jamás. Aquellos que rechazan a Jesús habrán de entrar en la condenación eterna donde habrá llanto y el crujir de dientes, ¡en eterna separación de la Deidad!

Debes tomar una decisión. Sí: yo creo en Jesús como mi Salvador; no: yo lo rechazo. ¡No hay respuesta de en medio entre esas dos alternativas!

Yo me he apoyado exclusivamente en versículos de la Biblia para documentar que sí la «verdad» puede hallarse, y que la verdad se centra en Jesucristo, quien decía ser el Hijo unigénito de Dios.

—Yo soy el camino, la verdad y la vida —le contestó Jesús—. Nadie llega al Padre sino por mí (Juan 14:6).

El plan de salvación es esto sencillamente: que este hombre llamado Jesús fue enviado por Dios el Padre como el Cordero de sacrificio, para morir en una cruz para perdonar tus pecados. Por el sencillo hecho de creer tienes la vida eterna. Jesús dijo:

«Porque tanto amó Dios al mundo, que dio a su Hijo unigénito, para que todo el que cree en él no se pierda, sino que tenga vida eterna» (Juan 3:16).

Puedes encontrar esta verdad por medio de la obra interna del Espíritu Santo en tu vida. El Espíritu Santo fue enviado a la tierra después que Jesús fue resucitado y había ascendido al cielo.

Voy a repetir varios versículos pertinentes que habló Jesús:

«Si ustedes me aman, obedecerán mis mandamientos. Y yo le pediré al Padre, y él les dará otro Consolador para que los acompañe siempre: el Espíritu de verdad, a quien el mundo no puede aceptar porque no lo ve ni lo conoce. Pero ustedes sí lo conocen, porque vive con ustedes y estará en ustedes» (Juan 14:15-17).

«Pero el Consolador, el Espíritu Santo, a quien el Padre enviará en mi nombre, les enseñará todas las cosas y les hará recordar todo lo que les he dicho» (Juan 14:26).

«Pero les digo la verdad: Les conviene que me vaya porque, si no lo hago, el Consolador no vendrá a ustedes; en cambio, si me voy, se lo enviaré a ustedes. Y cuando él venga, convencerá al mundo de su error en cuanto al pecado, a la justicia y al juicio» (Juan 16:7-8).

«Pero cuando venga el Espíritu de la verdad, él los guiará a toda la verdad, porque no hablará por su propia cuenta sino que dirá sólo lo que oiga y les anunciará las cosas por venir» (Juan 16:13).

El Espíritu Santo es la tercera parte de tres partes iguales de la misteriosa Trinidad —Dios Padre, Jesús y el Espíritu Santo. Dios Padre coordinó el plan de salvación al enviar a su Hijo unigénito, Jesús, para morir por tus pecados. Jesús llevó a cabo el plan de salvación en obediencia a su Padre. Y después que Jesús resucitó y ascendió de regreso al cielo, el Espíritu Santo fue enviado a la tierra para «guiarlos a toda la verdad». El Espíritu Santo es Dios, dispuesto a vivir dentro de ti. Está dispuesto a enseñarte los pensamientos profundos de Dios.

Uno de mis pasajes favoritos de la Biblia se encuentra en 1 Corintios 2:

Sin embargo, como está escrito: «Ningún ojo ha visto, ningún oído ha escuchado, ninguna mente humana ha concebido lo que Dios ha preparado para quienes lo aman.» Ahora bien, Dios nos ha revelado esto por medio de su Espíritu, pues el Espíritu lo examina todo, hasta las profundidades de Dios. En efecto, ¿quién conoce los pensamientos del ser humano sino su propio espíritu que está en él? Así mismo, nadie conoce los pensamientos de Dios sino el Espíritu de Dios. Nosotros no hemos recibido el espíritu del mundo sino el Espíritu que procede de Dios, para que entendamos lo que por su gracia él nos ha concedido. Esto es precisamente de lo que hablamos, no con las palabras que enseña la sabiduría humana sino con las que enseña el Espíritu, de modo que expresamos verdades espirituales en términos espirituales. El que no tiene el Espíritu no acepta lo que procede del Espíritu de Dios, pues para él es locura. No puede entenderlo, porque hay que discernirlo espiritualmente (1ra Corintios 2:9-14).

¿Cómo podemos conocer a Dios? Le conocemos por el obrar del Espíritu en nuestras vidas. Si buscas, ¡hallarás la verdad! ¡Hallarás la salvación! Tendrás la vida eterna.

Si sigues las «mentiras» del mundo secular, ¡no hallarás la verdad! No te convencerás del plan de salvación. Y desgraciadamente, enfrentarás la perdición eterna y la separación de Dios. Jesús dijo:

«Dios no envió a su Hijo al mundo para condenar al mundo, sino para salvarlo por medio de él. El que cree en él no es condenado, pero el que no cree ya está condenado por no haber creído en el nombre del Hijo unigénito de Dios» (Juan 3:17-18).

Si buscas, hallarás.

«Pidan y se les dará; busquen, y encontrarán; llamen, y se les abrirá» (Mateo 7:7).

La puerta a la salvación y la vida eterna se abrirá para aquellos que buscan la verdad.

Dios Padre nos dio a ti y a mí una segunda oportunidad al enviar a su Hijo unigénito, Jesús, para morir en la cruz como el Cordero sacrificado por el perdón de los pecados de todos los que creen.

Jesús es el Cordero que fue sacrificado una vez para siempre por el perdón de los pecados.

Hebreos 7:27 declara lo siguiente:

A diferencia de los otros sumos sacerdotes, él no tiene que ofrecer sacrificios día tras día, primero por sus propios pecados y luego por los del pueblo; porque él ofreció el sacrificio una sola vez y para siempre cuando se ofreció a sí mismo (Hebreos 7:27).

¡El sacrificio ya se hizo! Ahora te toca a ti o aceptar o rechazar el «don de Dios».

Hebreos 10 dice lo siguiente:

Y en virtud de esa voluntad somos santificados mediante el sacrificio del cuerpo de Jesucristo, ofrecido una vez y para siempre (Hebreos 10:10).

Si crees, serás hecho santo a los ojos de Dios Padre mediante el sacrificio de Jesús.

¡No hubo otra manera! Jesús tuvo que morir por tus pecados. La Biblia constantemente declara que no se puede ganar o merecer el camino al cielo.

Porque por gracia ustedes han sido salvados mediante la fe; esto no procede de ustedes, sino que es el regalo de Dios (Efesios 2:8).

Yo he hablado de testigos del plan de salvación. Juan y Pedro fueron llenos del Espíritu Santo en Pentecostés.

Todos fueron llenos del Espíritu Santo y comenzaron a hablar en diferentes lenguas, según el Espíritu les concedía expresarse (Hechos 2:4).

A Pablo, el que era asesino y perseguidor de la iglesia cristiana primitiva, Jesús se le presentó después de su resurrección de entre los muertos y después de que ascendió al cielo.

Mientras tanto, Saulo, respirando aún amenazas de muerte contra los discípulos del Señor, se presentó al sumo sacerdote y le pidió cartas de extradición para las sinagogas de Damasco. Tenía la intención de encontrar y llevarse presos a Jerusalén a todos los que pertenecieran al Camino, fueran hombres o mujeres. En el viaje sucedió que, al acercarse a Damasco, una luz del cielo relampagueó de repente a su alrededor. Él cayó al suelo y oyó una voz que le decía:

—Saulo, Saulo, ¿por qué me persigues?

—¿Quién eres, Señor? —preguntó.

—Yo soy Jesús, a quien tú persigues —le contestó la voz (Hechos 9:1-5).

Hechos 9 describe el plan de Dios para la vida de Pablo.

—¡Ve! —insistió el Señor—, porque ese hombre es mi instrumento escogido para dar a conocer mi nombre tanto a las naciones y a sus reyes como al pueblo de Israel (Hechos 9:15).

Muchos cuestionan cómo estos hombres podían recordar cada cosa que Jesús hizo y dijo, pues, no había ni máquinas de escribir ni computadoras ni grabadoras. Jesús les habló a sus discípulos del poder del Espíritu Santo:

«Pero el Consolador, el Espíritu Santo, a quien el Padre enviará en mi nombre, les enseñará todas las cosas y les hará recordar todo lo que les he dicho» (Juan 14:26).

Estos hombres recordaban las enseñanzas de Jesús mediante el Espíritu Santo, la tercera parte igual de la Deidad, el que reside en todos los que buscan la «verdad».

Estos tres testigos, y otros, nos hablan a ti y a mí del plan de salvación. Fueron cien porciento convencidos y, mediante el Espíritu Santo, quieren que tú también tengas parte en su esperanza de la vida eterna.

Yo quiero que te unas a Juan, Pedro y Pablo, y a millones más, en nuestro emocionante viaje hacia la vida eterna. Creo que es abrumadora la evidencia de que Jesús es precisamente quien él decía ser, el Hijo unigénito de Dios. Yo conozco al Padre. Conozco a Jesús, su Hijo! Y conozco al Espíritu Santo de Dios, que fue enviado a la tierra para recordarnos del mensaje de salvación predicado por Jesús, el Hijo unigénito de Dios Padre. Él vive dentro de mí.

Ya has leído cientos de versículos acerca de Jesús. Sin embargo, si aún no te convences, yo quisiera compartir contigo otros versículos que indican que Jesús no fue sencillamente un hombre ordinario, sino que es verdaderamente el Hijo unigénito de Dios.

Al leer estos versículos, favor recordar que fueron escritos por testigos de Jesús. Ellos andaban con Jesús. Hablaron con él. Escribieron según fueron inspirados por el Espíritu Santo. Y ruego que tú pidas a Dios que ilumine tu entendimiento para con las verdades del plan de salvación. Ya tienes mejor conocimiento del Espíritu Santo. Ya sabes que él está dispuesto a hacerte conocer las verdades de Dios. Sabes que el Espíritu Santo está dispuesto a compartirte el mensaje de salvación si te dispones a buscarlo. Por favor, ahora mismo, en tu propio corazón, pide al Espíritu Santo que te guíe en toda la verdad. Yo ruego que las cosas que antes de leer este libro te eran tonterías que ahora se te vuelvan «verdades».

Jesús nació de la virgen María, y ella estuvo encinta por el Espíritu Santo.

> *El nacimiento de Jesús, el Cristo, fue así: Su madre, María, estaba comprometida para casarse con José, pero antes de unirse a él, resultó que estaba encinta por obra del Espíritu Santo (Mateo 1:18).*

> *«El Espíritu Santo vendrá sobre ti, y el poder del Altísimo te cubrirá con su sombra. Así que al santo niño que va a nacer lo llamarán Hijo de Dios» (Lucas 1:35).*

Yo reconozco que, desde un punto de vista secular, esto no es posible. Pero, recuerda, estamos hablando de Dios, no de seres humanos. ¿Qué de imposible hay en que el Espíritu Santo empreñe a María? Jesús tenía que proceder del Espíritu Santo ya que, de ese modo, nació sin pecado. Nosotros los seres humanos, por razón del pecado original de Adán, hemos nacido con naturaleza pecaminosa. A través de Adán el pecado entró en el mundo y la muerte resultó de ese pecado. Pero mediante Jesucristo, el perfecto Cordero de Dios, la vida eterna ha sido restaurada a todos los que creen.

> *Al que no cometió pecado alguno, por nosotros Dios lo trató como pecador, para que en él recibiéramos la justicia de Dios (2 Corintios 5:21).*

Sin embargo, este Jesús, quien nació de una mujer humana, ha existido desde el primer día de la eternidad. Cuando Jesús nació hace unos 2.000 años, ese no era su primer día de existencia.

> *En el principio ya existía el Verbo (Jesús), y el Verbo (Jesús) estaba con Dios, y el Verbo (Jesús) era Dios (Juan 1:1).*

Jesús ha existido desde el principio y, como dice Juan, «*era Dios*». Favor recordar que estas palabras fueron inspiradas y escritas por el Espíritu Santo. Juan dice que Jesús es Creador de todas las cosas.

Por medio de él todas las cosas fueron creadas; sin él, nada de lo creado llegó a existir (Juan 1:3).

Por lo tanto, Jesús nació como humano en el mundo que él creó. Sin embargo, el mundo, generalmente, lo rechaza.

El que era la luz ya estaba en el mundo, y el mundo fue creado por medio de él, pero el mundo no lo reconoció. Vino a lo que era suyo, pero los suyos no lo recibieron. Mas a cuantos lo recibieron, a los que creen en su nombre, les dio el derecho de ser hijos de Dios. Éstos no nacen de la sangre, ni por deseos naturales, ni por voluntad humana, sino que nacen de Dios (Juan 1:10-13).

Pablo, escribiendo a los colosenses, declara:

Él es la imagen del Dios invisible, el primogénito de toda creación, porque por medio de él fueron creadas todas las cosas en el cielo y en la tierra, visibles e invisibles, sean tronos, poderes, principados o autoridades: todo ha sido creado por medio de él y para él. Él es anterior a todas las cosas, que por medio de él forman un todo coherente (Colosenses 1:15-17).

Juan Bautista dijo:

Juan dio testimonio de él, y a voz en cuello proclamó: «Éste es aquel de quien yo decía: "El que viene después de mí es superior a mí, porque existía antes que yo"» (Juan 1:15).

Favor recordar que Juan Bautista nació en la tierra antes que Jesús. Juan reconoce que Jesús era el unigénito, el Cordero para sacrificio, de Dios Padre, el que fue enviado a esta tierra a una misión. Él dijo:

Al día siguiente Juan vio a Jesús que se acercaba a él, y dijo: «¡Aquí tienen al Cordero de Dios, que quita el pecado del mundo!» (Juan 1:29).

Y en Juan 1 anunció enfáticamente:

«Yo lo he visto y por eso testifico que éste es el Hijo de Dios» (Juan 1:34).

Jesús mismo, respondiendo a los líderes de los judíos, decía haber existido desde el principio del tiempo. Los judíos le preguntaron a Jesús:

«¿Acaso eres tú mayor que nuestro padre Abraham? Él murió, y también murieron los profetas. ¿Quién te crees tú? (Juan 8:53)

Jesús respondió:

«Abraham, el padre de ustedes, se regocijó al pensar que vería mi día; y lo vio y se alegró» (Juan 8:56).

El pueblo judío dijo entonces:

«Ni a los cincuenta años llegas —le dijeron los judíos—, ¿y has visto a Abraham?» (Juan 8:57)

Luego Jesús proclamó confiadamente:

«Ciertamente les aseguro que, antes de que Abraham naciera, ¡yo soy! (Juan 8:58).

En otra ocasión Jesús habló con una mujer samaritana junto a un pozo donde la gente acudía para sacar agua. En esta conversación Jesús habló del «agua viva».

«Todo el que beba de esta agua volverá a tener sed —respondió Jesús—, pero el que beba del agua que yo le daré, no volverá a tener sed jamás, sino que dentro de él esa agua se convertirá en un manantial del que brotará vida eterna» (Juan 4:13-14).

La conversación se extendió hasta el momento cuando Jesús dijo lo siguiente:

«Pero se acerca la hora, y ha llegado ya, en que los verdaderos adoradores rendirán culto al Padre en espíritu y en verdad, porque así quiere el Padre que sean los que le adoren. Dios es

espíritu, y quienes lo adoran deben hacerlo en espíritu y en verdad» (Juan 4:23-24).

Y, si me permiten sugerir que Jesús, por medio del Espíritu Santo, te dice lo mismo a ti.

Luego la mujer dijo:

«Sé que viene el Mesías, al que llaman el Cristo —respondió la mujer—. Cuando él venga nos explicará todas las cosas» (Juan 4:25).

Jesús respondió:

—Ése soy yo, el que habla contigo —le dijo Jesús (Juan 4:26).

Jesús decía ser el tan esperado Mesías. Sin embargo, el pueblo judío lo rechazó:

El que era la luz ya estaba en el mundo, y el mundo fue creado por medio de él, pero el mundo no lo reconoció. Vino a lo que era suyo, pero los suyos no lo recibieron (Juan 1:10-11).

Hay muchos versículos más que declaran la preexistencia de Jesús.

A. Los milagros de Jesús

Hasta ahora he presentado a Jesús como el nacido de María, la que fue empreñada por el Espíritu Santo. El apóstol Juan declara que Jesús existía desde el principio y fue Creador de todas las cosas.

Juan Bautista, de quien la Biblia dice en Lucas 1:15 que fue *«lleno del Espíritu Santo aun desde su nacimiento»*, proclamó que Jesús existió antes que él, aun cuando Juan nació antes de Jesús en esta tierra.

Luego Jesús proclamó en varias ocasiones que él era el prometido Mesías, el que existía aún antes que Abraham naciera varios siglos antes que Jesús.

¿Cómo, pues, pensar de todo esto? Hoy día probablemente procurarían encerrar a Jesús en un asilo para los enfermos mentales. Pero Jesús, ¿es un lunático mentiroso que ha engañado a millones a que crean falsamente en un «cuerpo muerto»?

No cabe duda de que Jesús fue rechazado por la mayoría del pueblo judío. La mayoría esperaban al Mesías (y aún lo esperan). Pero cuando llegó, lo rechazaron.

Jesús quiso demostrar al pueblo judío que él era Dios, en la carne, mediante muchas obras milagrosas. Cambió el agua en vino, anduvo encima del agua, hizo ver al ciego, hizo andar al cojo. Hasta resucitó a Lázaro de entre los muertos después de que estuvo muerto cuatro días.

A pesar de haber hecho Jesús todas estas señales en presencia de ellos, todavía no creían en él (Juan 12:37).

Aunque Jesús andaba y hablaba a diario con los discípulos, se le hizo difícil lograr que sus seguidores creyeran que él era Dios en carne. En una conversación con uno llamado Felipe, Jesús dijo:

«Créanme cuando les digo que yo estoy en el Padre y que el Padre está en mí; o al menos créanme por las obras mismas» (Juan 14:11).

Jesús les dijo que miraran a los milagros que él hacía. En efecto, él les indicaba que estos eventos no eran normales, acontecimientos de todos los días.

Vamos a mirar a algunos de estos hechos milagrosos.

Si Jesús es Dios y ha creado todas las cosas, ¿no es entonces posible que él tenga autoridad absoluta como para alterar las cosas que él ha creado? Yo solo puedo presentar las historias milagrosas que se atribuyen a Jesús. Tienes tú que hacer tu decisión sobre si son verdaderas. Cualquier otro ser humano, ¿ha podido tomar responsabilidad por tantos eventos milagrosos?

En Lucas 7, Juan Bautista envió a dos de sus discípulos a Jesús para preguntarle:

«Juan el Bautista nos ha enviado a preguntarte: "¿Eres tú el que ha de venir, o debemos esperar a otro?"» (Lucas 7:20)

Jesús respondió de la siguiente manera:

«Vayan y cuéntenle a Juan lo que han visto y oído: Los ciegos ven, los cojos andan, los que tienen lepra son sanados, los sordos oyen, los muertos resucitan y a los pobres se les anuncian las buenas nuevas» (Lucas 7:22).

Jesús se decía ser el Mesías, el unigénito Hijo de Dios, y que sus milagros lo autenticaban.

Yo ruego que tú, también, comprendas que Jesús hizo estos milagros para enseñarnos que él es verdaderamente quien se decía ser.

Vamos a mirar a estos milagros. Él resucitó a tres personas de la muerte, demostrando así que tenía poder sobre la muerte. En Juan, capítulo 11, se informa que Jesús resucitó a Lázaro, que llevaba ya cuatro días de sepultura.

Conmovido una vez más, Jesús se acercó al sepulcro. Era una cueva cuya entrada estaba tapada con una piedra.

—Quiten la piedra —ordenó Jesús. Marta, la hermana del difunto, objetó:

—Señor, ya debe oler mal, pues lleva cuatro días allí.

—¿No te dije que si crees verás la gloria de Dios? —le contestó Jesús.

Entonces quitaron la piedra. Jesús, alzando la vista, dijo:

—Padre, te doy gracias porque me has escuchado. Ya sabía yo que siempre me escuchas, pero lo dije por la gente que está aquí presente, para que crean que tú me enviaste.

Dicho esto, gritó con todas sus fuerzas:

—¡Lázaro, sal fuera!

El muerto salió, con vendas en las manos y en los pies, y el rostro cubierto con un sudario.

—Quítenle las vendas y dejen que se vaya —les dijo Jesús (Juan 11:38-44).

En tres libros distintos —Mateo capítulo 9, Marcos, capítulo 5, y Lucas, capítulo 8— se informa que Jesús levantó de la muerte a una niña de doce años de edad. He aquí el informe de Marcos sobre el evento:

Todavía estaba hablando Jesús, cuando llegaron unos hombres de la casa de Jairo, jefe de la sinagoga, para decirle:

—Tu hija ha muerto. ¿Para qué sigues molestando al Maestro?

Sin hacer caso de la noticia, Jesús le dijo al jefe de la sinagoga:

—No tengas miedo; cree nada más.

No dejó que nadie lo acompañara, excepto Pedro, Jacobo y Juan, el hermano de Jacobo. Cuando llegaron a la casa del jefe de la sinagoga, Jesús notó el alboroto, y que la gente lloraba y daba grandes alaridos. Entró y les dijo:

—¿Por qué tanto alboroto y llanto? La niña no está muerta sino dormida.

Entonces empezaron a burlarse de él, pero él los sacó a todos, tomó consigo al padre y a la madre de la niña y a los discípulos que estaban con él, y entró adonde estaba la niña. La tomó de la mano y le dijo:

—Talita cum (que significa: Niña, a ti te digo, ¡levántate!).

La niña, que tenía doce años, se levantó en seguida y comenzó a andar. Ante este hecho todos se llenaron de asombro (Marcos 5:35-42).

En Lucas, capítulo 7, se detalla que Jesús también resucitó al hijo único de una viuda.

Poco después Jesús, en compañía de sus discípulos y de una gran multitud, se dirigió a un pueblo llamado Naín. Cuando ya se acercaba a las puertas del pueblo, vio que sacaban de allí a un muerto, hijo único de madre viuda. La acompañaba un grupo grande de la población. Al verla, el Señor se compadeció de ella y le dijo:

—No llores.

Entonces se acercó y tocó el féretro. Los que lo llevaban se detuvieron, y Jesús dijo:

—Joven, ¡te ordeno que te levantes!

El muerto se incorporó y comenzó a hablar, y Jesús se lo entregó a su madre. Todos se llenaron de temor y alababan a Dios.

—Ha surgido entre nosotros un gran profeta —decían—. Dios ha venido en ayuda de su pueblo.

Así que esta noticia acerca de Jesús se divulgó por toda Judea y por todas las regiones vecinas (Lucas 7:11-17).

Favor notar que cada uno de estos tres milagros fue efectuado no en lugar privado con pocos testigos. Fueron eventos atestiguados por muchísimas personas.

Si Jesús es Dios, ¿cómo se puede dudar de que el Dador de la vida pueda restaurar la vida a un ser humano que ha muerto?

Entonces Jesús le dijo:

—Yo soy la resurrección y la vida. El que cree en mí vivirá, aunque muera (Juan 11:25).

Además de resucitar a estos tres de la muerte, Jesús también efectuó milagros de sanidad en el cuerpo físico. Jesús no era especialista en un solo campo —oftalmólogo u ortopeda, o algo así. Él sanaba toda clase de enfermedades y, como puedes notar, sus sanidades eran instantáneas. Jesús sanó a un paralítico. Favor leer en Marcos 2:

Se aglomeraron tantos que ya no quedaba sitio ni siquiera frente a la puerta mientras él les predicaba la palabra. Entonces llegaron cuatro hombres que le llevaban un paralítico. Como no podían acercarlo a Jesús por causa de la multitud, quitaron parte del techo encima de donde estaba Jesús y, luego de hacer una abertura, bajaron la camilla en la que estaba acostado el paralítico. Al ver Jesús la fe de ellos, le dijo al paralítico:

—Hijo, tus pecados quedan perdonados.

Estaban sentados allí algunos maestros de la ley, que pensaban: «¿Por qué habla éste así? ¡Está blasfemando! ¿Quién puede perdonar pecados sino sólo Dios?»

En ese mismo instante supo Jesús en su espíritu que esto era lo que estaban pensando.

—¿Por qué razonan así? —les dijo—. ¿Qué es más fácil, decirle al paralítico: "Tus pecados son perdonados", o decirle: "Levántate, toma tu camilla y anda"? Pues para que sepan que el Hijo del hombre tiene autoridad en la tierra para perdonar pecados —se dirigió entonces al paralítico—: A ti te digo, levántate, toma tu camilla y vete a tu casa.

Él se levantó, tomó su camilla en seguida y salió caminando a la vista de todos. Ellos se quedaron asombrados y comenzaron a alabar a Dios.

—Jamás habíamos visto cosa igual —decían (Marcos 2:2-12).

Jesús, en esta instancia, dijo que él no sólo podía sanar a la gente, sino que tenía también autoridad para perdonar los pecados. De nuevo, favor notar que la sanidad ocurrió «en seguida» a la vista de una aglomeración de gente, cuya reacción fue, *«Jamás habíamos visto cosa igual»*.

Jesús sanó a ciegos. Favor leer en Marcos 8 y 10:

Cuando llegaron a Betsaida, algunas personas le llevaron un ciego a Jesús y le rogaron que lo tocara. Él tomó de la mano al ciego y lo sacó fuera del pueblo. Después de escupirle en los ojos y de poner las manos sobre él, le preguntó:

—¿Puedes ver ahora?

El hombre alzó los ojos y dijo:

—Veo gente; parecen árboles que caminan.

Entonces le puso de nuevo las manos sobre los ojos, y el ciego fue curado: recobró la vista y comenzó a ver todo con claridad (Marcos 8:22-25).

Después llegaron a Jericó. Más tarde, salió Jesús de la ciudad acompañado de sus discípulos y de una gran multitud. Un mendigo ciego llamado Bartimeo (el hijo de Timeo) estaba sentado junto al camino. Al oír que el que venía era Jesús de Nazaret, se puso a gritar:

—¡Jesús, Hijo de David, ten compasión de mí!

Muchos lo reprendían para que se callara, pero él se puso a gritar aun más:

—¡Hijo de David, ten compasión de mí!

Jesús se detuvo y dijo:

—Llámenlo.

Así que llamaron al ciego.

—¡Ánimo! —le dijeron—. ¡Levántate! Te llama.

Él, arrojando la capa, dio un salto y se acercó a Jesús.

—¿Qué quieres que haga por ti? —le preguntó.

—Rabí, quiero ver —respondió el ciego.

—Puedes irte —le dijo Jesús—; tu fe te ha sanado.

Al momento recobró la vista y empezó a seguir a Jesús por el camino (Marcos 10:46-52).

Hubo sanidad instantánea para ambos hombres. Después de que su vista les fue restaurada vieron a Jesús, el que les había sanado. ¡Qué pensamiento hermoso! Ojalá Jesús sane nuestra «ceguera» para que le veamos a él claramente!

Jesús sanó a un sordomudo. Favor leer en Marcos 7.

Luego regresó Jesús de la región de Tiro y se dirigió por Sidón al mar de Galilea, internándose en la región de Decápolis. Allí le llevaron un sordo tartamudo, y le suplicaban que pusiera la mano sobre él.

Jesús lo apartó de la multitud para estar a solas con él, le puso los dedos en los oídos y le tocó la lengua con saliva. Luego, mirando al cielo, suspiró profundamente y le dijo: «¡Efata!» (que significa: ¡Ábrete!). Con esto, se le abrieron los oídos al hombre, se le destrabó la lengua y comenzó a hablar normalmente.

Jesús les mandó que no se lo dijeran a nadie, pero cuanto más se lo prohibía, tanto más lo seguían propagando. La gente estaba sumamente asombrada, y decía: «Todo lo hace bien. Hasta hace oír a los sordos y hablar a los mudos» (Marcos 7:31-37).

Hasta ahora hemos observado que Jesús levantó a tres personas de la muerte, sanó a un paralítico, hizo ver a un ciego, y oír y hablar a un sordomudo. ¿Quién es este Jesús? ¿Será posible que sea Dios en forma humana?

Jesús sanó a leprosos (que padecían de una plaga de la piel). Favor leer en Lucas 5 y 17.

En otra ocasión, cuando Jesús estaba en un pueblo, se presentó un hombre cubierto de lepra. Al ver a Jesús, cayó rostro en tierra y le suplicó:

—Señor, si quieres, puedes limpiarme.

Jesús extendió la mano y tocó al hombre.

—Sí quiero —le dijo—. ¡Queda limpio!

Y al instante se le quitó la lepra.

—No se lo digas a nadie —le ordenó Jesús—; sólo ve, preséntate al sacerdote y lleva por tu purificación lo que ordenó Moisés, para que sirva de testimonio.

Sin embargo, la fama de Jesús se extendía cada vez más, de modo que acudían a él multitudes para oírlo y para que los sanara de sus enfermedades (Lucas 5:12-15).

Un día, siguiendo su viaje a Jerusalén, Jesús pasaba por Samaria y Galilea. Cuando estaba por entrar en un pueblo, salieron a su encuentro diez hombres enfermos de lepra. Como se habían quedado a cierta distancia, gritaron:

—¡Jesús, Maestro, ten compasión de nosotros!

Al verlos, les dijo:

—Vayan a presentarse a los sacerdotes. Resultó que, mientras iban de camino, quedaron limpios.

Uno de ellos, al verse ya sano, regresó alabando a Dios a grandes voces. Cayó rostro en tierra a los pies de Jesús y le dio las gracias, no obstante que era samaritano.

—¿Acaso no quedaron limpios los diez? —preguntó Jesús—. ¿Dónde están los otros nueve? ¿No hubo ninguno que regresara a dar gloria a Dios, excepto este extranjero? Levántate y vete —le dijo al hombre—; tu fe te ha sanado (Lucas 17:11-19).

Jesús sanó de la fiebre a la suegra de Pedro.

Cuando Jesús entró en casa de Pedro, vio a la suegra de éste en cama, con fiebre. Le tocó la mano y la fiebre se le quitó; luego ella se levantó y comenzó a servirle (Mateo 8:14-15).

Jesús sanó de hidropesía a un hombre.

Allí delante de él, estaba un hombre enfermo de hidropesía. Jesús les preguntó a los expertos en la ley y a los fariseos:

—¿Está permitido o no sanar en sábado?

Pero ellos se quedaron callados. Entonces tomó al hombre, lo sanó y lo despidió (Lucas 14:2-4).

Jesús sanó de hemorragias a una mujer.

Había entre la gente una mujer que hacía doce años padecía de hemorragias, sin que nadie pudiera sanarla. Ella se le acercó por detrás y le tocó el borde del manto, y al instante cesó su hemorragia.

—¿Quién me ha tocado? —preguntó Jesús.

Como todos negaban haberlo tocado, Pedro le dijo:

—Maestro, son multitudes las que te aprietan y te oprimen.

—No, alguien me ha tocado —replicó Jesús—; yo sé que de mí ha salido poder.

La mujer, al ver que no podía pasar inadvertida, se acercó temblando y se arrojó a sus pies. En presencia de toda la gente, contó por qué lo había tocado y cómo había sido sanada al instante (Lucas 8:43-47).

Jesús sanó a una mano paralizada.

Otro sábado entró en la sinagoga y comenzó a enseñar. Había allí un hombre que tenía la mano derecha paralizada; así que los maestros de la ley y los fariseos, buscando un motivo para acusar a Jesús, no le quitaban la vista de encima para ver si sanaría en sábado. Pero Jesús, que sabía lo que estaban pensando, le dijo al hombre de la mano paralizada:

—Levántate y ponte frente a todos.

Así que el hombre se puso de pie. Entonces Jesús dijo a los otros:

—Voy a hacerles una pregunta: ¿Qué está permitido hacer en sábado: hacer el bien o el mal, salvar una vida o destruirla?

Jesús se quedó mirando a todos los que lo rodeaban, y le dijo al hombre:

—Extiende la mano.

Así lo hizo, y la mano le quedó restablecida (Lucas 6:6-10).

Jesús sanó a un hombre que había quedado inválido durante treinta y ocho años.

Algún tiempo después, se celebraba una fiesta de los judíos, y subió Jesús a Jerusalén. Había allí, junto a la puerta de las Ovejas, un estanque rodeado de cinco pórticos, cuyo nombre en arameo es Betzatá. En esos pórticos se hallaban tendidos muchos enfermos, ciegos, cojos y paralíticos. Entre ellos se encontraba un hombre inválido que llevaba enfermo treinta y ocho años. Cuando Jesús lo vio allí, tirado en el suelo, y se enteró de que ya tenía mucho tiempo de estar así, le preguntó:

—¿Quieres quedar sano?

—Señor —respondió—, no tengo a nadie que me meta en el estanque mientras se agita el agua, y cuando trato de hacerlo, otro se mete antes.

—Levántate, recoge tu camilla y anda —le contestó Jesús.

Al instante aquel hombre quedó sano, así que tomó su camilla y echó a andar. Pero ese día era sábado (Juan 5:1-9).

Jesús sanó a un muchacho con fiebre y próximo a la muerte.

Y volvió otra vez Jesús a Caná de Galilea, donde había convertido el agua en vino. Había allí un funcionario real, cuyo hijo estaba enfermo en Capernaúm. Cuando este hombre se enteró de que Jesús había llegado de Judea a Galilea, fue a su encuentro y le suplicó que bajara a sanar a su hijo, pues estaba a punto de morir.

—Ustedes nunca van a creer si no ven señales y prodigios —le dijo Jesús.

—Señor —rogó el funcionario—, baja antes de que se muera mi hijo.

—Vuelve a casa, que tu hijo vive —le dijo Jesús.

El hombre creyó lo que Jesús le dijo, y se fue. Cuando se dirigía a su casa, sus siervos salieron a su encuentro y le dieron la noticia de que su hijo estaba vivo. Cuando les preguntó a qué hora había comenzado su hijo a sentirse mejor, le contestaron.

—*Ayer a la una de la tarde se le quitó la fiebre.*

Entonces el padre se dio cuenta de que precisamente a esa hora Jesús le había dicho: «Tu hijo vive.» Así que creyó él con toda su familia (Juan 4:46-53).

Favor notar que Jesús sanó al muchacho «*a la distancia*». Jesús sencillamente dijo, «*Vuelve a casa, que tu hijo vive*».

Jesús restauró una oreja cortada.

Todavía estaba hablando Jesús cuando se apareció una turba, y al frente iba uno de los doce, el que se llamaba Judas. Éste se acercó a Jesús para besarlo, pero Jesús le preguntó:

—*Judas, ¿con un beso traicionas al Hijo del hombre?*

Los discípulos que lo rodeaban, al darse cuenta de lo que pasaba, dijeron:

—*Señor, ¿atacamos con la espada?*

Y uno de ellos hirió al siervo del sumo sacerdote, cortándole la oreja derecha.

—*¡Déjenlos! —ordenó Jesús.*

Entonces le tocó la oreja al hombre, y lo sanó (Lucas 22:47-51).

Favor leer algunos versículos seleccionados acerca de los milagros de Jesús.

Jesús recorría toda Galilea, enseñando en las sinagogas, anunciando las buenas nuevas del reino, y sanando toda enfermedad y dolencia entre la gente. Su fama se extendió por toda Siria, y le llevaban todos los que padecían de diversas enfermedades, los que sufrían de dolores graves, los endemoniados, los epilépticos y los paralíticos, y él los sanaba (Mateo 4:23-24).

Jesús recorría todos los pueblos y aldeas enseñando en las sinagogas, anunciando las buenas nuevas del reino, y sanando toda enfermedad y toda dolencia (Mateo 9:35).

Cuando Jesús terminó de dar instrucciones a sus doce discípulos, se fue de allí a enseñar y a predicar en otros pueblos.

Juan estaba en la cárcel, y al enterarse de lo que Cristo estaba haciendo, envió a sus discípulos a que le preguntaran:

—¿Eres tú el que ha de venir, o debemos esperar a otro?

Les respondió Jesús:

—Vayan y cuéntenle a Juan lo que están viendo y oyendo: Los ciegos ven, los cojos andan, los que tienen lepra son sanados, los sordos oyen, los muertos resucitan y a los pobres se les anuncian las buenas nuevas. Dichoso el que no tropieza por causa mía (Mateo 11:1-6).

Después de cruzar el lago, desembarcaron en Genesaret. Los habitantes de aquel lugar reconocieron a Jesús y divulgaron la noticia por todos los alrededores. Le llevaban todos los enfermos, suplicándole que les permitiera tocar siquiera el borde de su manto, y quienes lo tocaban quedaban sanos (Mateo 14:34-36).

Salió Jesús de allí y llegó a orillas del mar de Galilea. Luego subió a la montaña y se sentó. Se le acercaron grandes multitudes que llevaban cojos, ciegos, lisiados, mudos y muchos enfermos más, y los pusieron a sus pies; y él los sanó. La gente se asombraba al ver a los mudos hablar, a los lisiados recobrar la salud, a los cojos andar y a los ciegos ver. Y alababan al Dios de Israel (Mateo 15:29-31).

Vamos a resumir. Jesús sanó a una variedad de enfermedades. Las sanidades eran inmediatas. Siempre fueron presenciadas por otras personas. Las sanidades fueron detalladas por todos los escritores de los evangelios: Mateo, Marcos, Lucas y Juan.

¿Quién es Jesús?

¡Él resucitó a los muertos! ¡Él sanó a los enfermos!

Sinceramente ruego que tú estés viendo a Jesús tal y como él realmente es —el Hijo unigénito de Dios. Él autenticó su identidad mediante sus acciones milagrosas.

Jesús dijo en una conversación con Felipe:

—*¡Pero, Felipe! ¿Tanto tiempo llevo ya entre ustedes, y todavía no me conoces? El que me ha visto a mí, ha visto al Padre. ¿Cómo puedes decirme: "Muéstranos al Padre"? ¿Acaso no crees que yo estoy en el Padre, y que el Padre está en mí? Las palabras que yo les comunico, no las hablo como cosa mía, sino que es el Padre, que está en mí, el que realiza sus obras. Créanme cuando les digo que yo estoy en el Padre y que el Padre está en mí; o al menos créanme por las obras mismas (Juan 14:9-11).*

¿Aún no te convences? Miremos a otros milagros que Jesús hizo, cosas que sencillamente no suceden en la «vida normal».

Jesús anduvo sobre el agua:

En seguida Jesús hizo que los discípulos subieran a la barca y se le adelantaran al otro lado mientras él despedía a la multitud. Después de despedir a la gente, subió a la montaña para orar a solas. Al anochecer, estaba allí él solo, y la barca ya estaba bastante lejos de la tierra, zarandeada por las olas, porque el viento le era contrario.

En la madrugada, Jesús se acercó a ellos caminando sobre el lago. Cuando los discípulos lo vieron caminando sobre el agua, quedaron aterrados.

—*¡Es un fantasma! —gritaron de miedo.*

Pero Jesús les dijo en seguida:

—*¡Cálmense! Soy yo. No tengan miedo.*

—*Señor, si eres tú —respondió Pedro—, mándame que vaya a ti sobre el agua.*

—*Ven —dijo Jesús.*

Pedro bajó de la barca y caminó sobre el agua en dirección a Jesús. Pero al sentir el viento fuerte, tuvo miedo y comenzó a hundirse. Entonces gritó:

—*¡Señor, sálvame!*

En seguida Jesús le tendió la mano y, sujetándolo, lo reprendió:

—*¡Hombre de poca fe! ¿Por qué dudaste?*

Cuando subieron a la barca, se calmó el viento (Mateo 14:22-32).

Jesús calmó a una tempestad:

Ese día al anochecer, les dijo a sus discípulos:

—*Crucemos al otro lado.*

Dejaron a la multitud y se fueron con él en la barca donde estaba. También lo acompañaban otras barcas. Se desató entonces una fuerte tormenta, y las olas azotaban la barca, tanto que ya comenzaba a inundarse. Jesús, mientras tanto, estaba en la popa, durmiendo sobre un cabezal, así que los discípulos lo despertaron.

—*¡Maestro!* —*gritaron*—, *¿no te importa que nos ahoguemos?*

Él se levantó, reprendió al viento y ordenó al mar:

—*¡Silencio! ¡Cálmate!*

El viento se calmó y todo quedó completamente tranquilo.

—*¿Por qué tienen tanto miedo?* —*dijo a sus discípulos*—. *¿Todavía no tienen fe?*

Ellos estaban espantados y se decían unos a otros:

—*¿Quién es éste, que hasta el viento y el mar le obedecen? (Marcos 4:35-41)*

¿Quién es este hombre, Jesús, que anda sobre el agua y quien, por sus palabras, «*¡Silencio! ¡Cálmate!*» aquieta a un mar turbulento?

Tal vez si tan solo tuviéramos una sola ocurrencia extraordinaria atribuida a Jesús, la desecharíamos como un cuento exagerado. Sin embargo, tenemos tantos milagros en distintos lugares presenciados por tantas personas, que no me cabe cómo alguien pueda descartarlos a todos. No me cabe, y es por eso que confío en Jesús como mi Salvador. Él resucitó a los muertos. Él sanó a toda clase de enfermedades. Y ahora vemos a Jesús cuando controla la naturaleza. Pues, ¿por qué no controlar los vientos o andar sobre el mar si en realidad es Dios? ¡Él creó el mundo! ¡Él creó los vientos!

> *Por medio de él todas las cosas fueron creadas; sin él, nada de lo creado llegó a existir (Juan 1:3).*

> *Por la palabra del SEÑOR fueron creados los cielos, y por el soplo de su boca, las estrellas. Él recoge en un cántaro el agua de los mares, y junta en vasijas los océanos (Salmos 33:6-7).*

¿Qué de los alimentos? ¿Tiene Jesús poder sobre ellos? Jesús, cuando enseñó a sus discípulos el padrenuestro, dijo:

> *Danos cada día nuestro pan cotidiano (Lucas 11:3).*

Favor notar que Jesús ¡no le pidió a Dios Padre que me llenara el congelador y la despensa con alimentos como para sostenerme por varios meses!

Jesús está consciente de nuestra necesidad diaria de alimento. Les dijo a sus discípulos:

> *«Por eso les digo: No se preocupen por su vida, qué comerán o beberán; ni por su cuerpo, cómo se vestirán. ¿No tiene la vida más valor que la comida, y el cuerpo más que la ropa? Fíjense en las aves del cielo: no siembran ni cosechan ni almacenan en graneros; sin embargo, el Padre celestial las alimenta. ¿No valen ustedes mucho más que ellas?» (Mateo 6:25-26)*

> *«Más bien, busquen primeramente el reino de Dios y su justicia, y todas estas cosas les serán añadidas» (Mateo 6:33).*

Jesús nos dice que busquemos primeramente su reino y que él se ocupará de nuestras necesidades diarias.

Lo de arriba lo presento a manera de prólogo a los milagros de Jesús que tratan de alimentos.

Jesús dio de comer a 5.000 hombres, más mujeres y niños:

Al atardecer se le acercaron sus discípulos y le dijeron:

—Este es un lugar apartado y ya se hace tarde. Despide a la gente, para que vayan a los pueblos y se compren algo de comer.

—No tienen que irse —contestó Jesús—. Denles ustedes mismos de comer.

Ellos objetaron:

—No tenemos aquí más que cinco panes y dos pescados.

—Tráiganmelos acá —les dijo Jesús.

Y mandó a la gente que se sentara sobre la hierba. Tomó los cinco panes y los dos pescados y, mirando al cielo, los bendijo. Luego partió los panes y se los dio a los discípulos, quienes los repartieron a la gente. Todos comieron hasta quedar satisfechos, y los discípulos recogieron doce canastas llenas de pedazos que sobraron. Los que comieron fueron unos cinco mil hombres, sin contar a las mujeres y a los niños (Mateo 14:15-21).

Jesús dio de comer a 4.000 personas.

Jesús llamó a sus discípulos y les dijo:

—Siento compasión de esta gente porque ya llevan tres días conmigo y no tienen nada que comer. No quiero despedirlos sin comer, no sea que se desmayen por el camino.

Los discípulos objetaron:

—¿Dónde podríamos conseguir en este lugar despoblado suficiente pan para dar de comer a toda esta multitud?

—¿Cuántos panes tienen? —les preguntó Jesús.

—Siete, y unos pocos pescaditos.

Luego mandó que la gente se sentara en el suelo. Tomando los siete panes y los pescados, dio gracias, los partió y se los fue dando a los discípulos. Éstos, a su vez, los distribuyeron a la gente. Todos comieron hasta quedar satisfechos. Después los discípulos recogieron siete cestas llenas de pedazos que sobraron. Los que comieron eran cuatro mil hombres, sin contar a las mujeres y a los niños (Mateo 15:32-38).

¿Tienes alguna duda de si Jesús puede suplir tus necesidades diarias? Jesús convirtió el agua en vino.

Al tercer día se celebró una boda en Caná de Galilea, y la madre de Jesús se encontraba allí. También habían sido invitados a la boda Jesús y sus discípulos. Cuando el vino se acabó, la madre de Jesús le dijo:

—Ya no tienen vino.

—Mujer, ¿eso qué tiene que ver conmigo? —respondió Jesús—. Todavía no ha llegado mi hora.

Su madre dijo a los sirvientes:

—Hagan lo que él les ordene.

Había allí seis tinajas de piedra, de las que usan los judíos en sus ceremonias de purificación. En cada una cabían unos cien litros.

Jesús dijo a los sirvientes:

—Llenen de agua las tinajas.

Y los sirvientes las llenaron hasta el borde.

—Ahora saquen un poco y llévenlo al encargado del banquete —les dijo Jesús.

Así lo hicieron. El encargado del banquete probó el agua convertida en vino sin saber de dónde había salido, aunque sí lo sabían los sirvientes que habían sacado el agua. Entonces llamó aparte al novio y le dijo:

—Todos sirven primero el mejor vino, y cuando los invitados

ya han bebido mucho, entonces sirven el más barato; pero tú has guardado el mejor vino hasta ahora.

Ésta, la primera de sus señales, la hizo Jesús en Caná de Galilea. Así reveló su gloria, y sus discípulos creyeron en él (Juan 2:1-11).

Jesús mostró a unos pescadores dónde pescar con éxito:

«Tiren la red a la derecha de la barca, y pescarán algo». Así lo hicieron, y era tal la cantidad de pescados que ya no podían sacar la red (Juan 21:6).

Un día estaba Jesús a orillas del lago de Genesaret, y la gente lo apretujaba para escuchar el mensaje de Dios. Entonces vio dos barcas que los pescadores habían dejado en la playa mientras lavaban sus redes. Subió a una de las barcas, que pertenecía a Simón, y le pidió que la alejara un poco de la orilla. Luego se sentó, y enseñaba a la gente desde la barca.

Cuando acabó de hablar, le dijo a Simón:

—Lleva la barca hacia aguas más profundas, y echen allí las redes para pescar.

—Maestro, hemos estado trabajando duro toda la noche y no hemos pescado nada —le contestó Simón—. Pero como tú me lo mandas, echaré las redes.

Así lo hicieron, y recogieron una cantidad tan grande de peces que las redes se les rompían. Entonces llamaron por señas a sus compañeros de la otra barca para que los ayudaran. Ellos se acercaron y llenaron tanto las dos barcas que comenzaron a hundirse.

Al ver esto, Simón Pedro cayó de rodillas delante de Jesús, y le dijo:

—¡Apártate de mí, Señor; soy un pecador!

Es que él y todos sus compañeros estaban asombrados ante la pesca que habían hecho, como también lo estaban Jacobo y Juan, hijos de Zebedeo, que eran socios de Simón.

—No temas; desde ahora serás pescador de hombres —le dijo Jesús a Simón.

Así que llevaron las barcas a tierra y, dejándolo todo, siguieron a Jesús (Lucas 5:1-11).

Jesús le dijo a Pedro que echara el anzuelo para tomar un pescado con monedas en la boca:

Cuando Jesús y sus discípulos llegaron a Capernaúm, los que cobraban el impuesto del templo se acercaron a Pedro y le preguntaron:

—¿Su maestro no paga el impuesto del templo?

—Sí, lo paga —respondió Pedro.

Al entrar Pedro en la casa, se adelantó Jesús a preguntarle:

—¿Tú qué opinas, Simón? Los reyes de la tierra, ¿a quiénes cobran tributos e impuestos: a los suyos o a los demás?

—A los demás —contestó Pedro.

—Entonces los suyos están exentos —le dijo Jesús—. Pero, para no escandalizar a esta gente, vete al lago y echa el anzuelo. Saca el primer pez que pique; ábrele la boca y encontrarás una moneda. Tómala y dásela a ellos por mi impuesto y por el tuyo (Mateo 17:24-27).

Jesús destruyó a una higuera:

Muy de mañana, cuando volvía a la ciudad, tuvo hambre. Al ver una higuera junto al camino, se acercó a ella, pero no encontró nada más que hojas.

—¡Nunca más vuelvas a dar fruto! —le dijo.

Y al instante se secó la higuera.

Los discípulos se asombraron al ver esto.

—¿Cómo es que se secó la higuera tan pronto? —preguntaron ellos (Mateo 21:18-20).

¡Jesús! ¡Jesús! ¡Jesús!

B. Declaraciones de Jesús acerca del plan de salvación

En el primer capítulo de este libro, dije tan claramente como pude que yo quiero que conozcas que Jesucristo es el Hijo unigénito de Dios, que murió como el Cordero sacrificado por tus pecados sobre una cruz, y que, al creer en él, tú tendrás la vida eterna.

«Porque tanto amó Dios al mundo, que dio a su Hijo unigénito, para que todo el que cree en él no se pierda, sino que tenga vida eterna. Dios no envió a su Hijo al mundo para condenar al mundo, sino para salvarlo por medio de él» (Juan 3:16-17).

He declarado que tienes la elección o de aceptar a Jesucristo o de rechazarlo. ¡No hay término intermedio! No hay lugar para vacilación ni neutralidad. ¡Es sí o no, con alcance eterno!

La Biblia declara que Jesús ha existido desde el principio del tiempo.

La Biblia documenta milagros del poder de Jesús sobre la muerte, la enfermedad y la naturaleza.

Ahora vamos a «escuchar» lo que Jesús dijo durante su ministerio de tres años en la tierra. Si él es Dios en la carne y si demostró su autoridad divina al resucitar a los muertos, sanar a los enfermos y controlar la naturaleza, pues tal vez nos toca escuchar sus palabras con atención y oración. Yo creo que estas son palabras mismas de Dios que llevan a la vida eterna. El plan de salvación es tan sencillo. ¡Se centra en Jesús!

Comencemos con una declaración de Jesús:

«Yo soy el camino, la verdad y la vida —le contestó Jesús—. Nadie llega al Padre sino por mí» (Juan 14:6).

Jesús declara que él mismo es el camino hacia la vida eterna. Él es la verdad. Si él es Dios, pues, tiene que ser veraz —cien porciento— en todo lo que dice, y debemos escuchar con cuidado a cada palabra. ¡Y él es vida!

Palabras fuertes, ¿cierto? ¿Palabras de un loco, o del Ser supremo? ¡Decide tú! ¡Vida eterna! ¡Condenación eterna!

Los seres humanos luchamos por obtener casas más grandes, automóviles mejores, más posesiones. ¿Qué dice Jesús, el Hijo de Dios?

> *«No acumulen para sí tesoros en la tierra, donde la polilla y el óxido destruyen, y donde los ladrones se meten a robar. Más bien, acumulen para sí tesoros en el cielo, donde ni la polilla ni el óxido carcomen, ni los ladrones se meten a robar. Porque donde esté tu tesoro, allí estará también tu corazón»* (Mateo 6:19-21).

> *«Nadie puede servir a dos señores, pues menospreciará a uno y amará al otro, o querrá mucho a uno y despreciará al otro. No se puede servir a la vez a Dios y a las riquezas»* (Mateo 6:24).

> *«Por eso les digo: No se preocupen por su vida, qué comerán o beberán; ni por su cuerpo, cómo se vestirán. ¿No tiene la vida más valor que la comida, y el cuerpo más que la ropa? Fíjense en las aves del cielo: no siembran ni cosechan ni almacenan en graneros; sin embargo, el Padre celestial las alimenta. ¿No valen ustedes mucho más que ellas? ¿Quién de ustedes, por mucho que se preocupe, puede añadir una sola hora al curso de su vida?*

> *»¿Y por qué se preocupan por la ropa? Observen cómo crecen los lirios del campo. No trabajan ni hilan; sin embargo, les digo que ni siquiera Salomón, con todo su esplendor, se vestía como uno de ellos. Si así viste Dios a la hierba que hoy está en el campo y mañana es arrojada al horno, ¿no hará mucho más por ustedes, gente de poca fe? Así que no se preocupen diciendo: "¿Qué comeremos?" o "¿Qué beberemos?" o "¿Con qué nos vestiremos?" Porque los paganos andan tras todas estas cosas, y el Padre celestial sabe que ustedes las necesitan»* (Mateo 6:25-32).

Jesús, Creador de la vida, nos está diciendo a cada uno que organicemos nuestras prioridades. La vida no consiste en nuestras posesiones. La vida no se vive de acuerdo a un lema que se oye por ahí que dice: «¡gana aquel que, al morir, haya acumulado la mayor cantidad de juguetes!»

La razón fundamental de Jesús es todo lo opuesto a la secular. El mundo promueve posesiones y valores materiales. Jesús dice:

«Más bien, busquen primeramente el reino de Dios y su justicia, y todas estas cosas les serán añadidas» (Mateo 6:33).

Jesús, Hijo de Dios, nos aconseja buscar en primer lugar al reino de Dios. Está diciendo que hay un lugar mejor que esta tierra. Se llama el cielo.

Nuevamente, dijo:

«No acumulen para sí tesoros en la tierra, donde la polilla y el óxido destruyen, y donde los ladrones se meten a robar. Más bien, acumulen para sí tesoros en el cielo, donde ni la polilla ni el óxido carcomen, ni los ladrones se meten a robar» (Mateo 6:19-20).

Favor leer palabras del Hijo de Dios en Mateo 16.

«¿De qué sirve ganar el mundo entero si se pierde la vida? ¿O qué se puede dar a cambio de la vida?» (Mateo 16:26)

Tus posesiones terrenales se oxidarán. Se carcomerán. Jesús ofrece vida eterna. Lamento que sólo te puedo dar una vista fugaz y no un folleto turístico con todos los detalles.

Juan, en su visión del reino celestial, informa:

Después vi un cielo nuevo y una tierra nueva, porque el primer cielo y la primera tierra habían dejado de existir, lo mismo que el mar. Vi además la ciudad santa, la nueva Jerusalén, que bajaba del cielo, procedente de Dios, preparada como una novia hermosamente vestida para su prometido. Oí una potente voz que provenía del trono y decía: «¡Aquí, entre los seres humanos, está la morada de Dios! Él acampará en medio de ellos, y ellos serán su pueblo; Dios mismo estará con ellos y será su Dios. Él les enjugará toda lágrima de los ojos. Ya no habrá muerte, ni llanto, ni lamento ni dolor, porque las primeras cosas han dejado de existir» (Apocalipsis 21:1-4).

Favor notar que habrá un cielo nuevo y una tierra nueva. La tierra antigua dejará de existir así como todas nuestras posesiones.

Y Dios vivirá con nosotros. Creo que ha de ser emocionante vivir por toda la eternidad con Dios, nuestro Salvador. ¿Y tú?

¡No más muerte! ¡No más dolor! ¡No más lágrimas! El antiguo orden de la tierra, con todos sus problemas, habrá pasado de existencia.

¿Sabes quién le dijo estas cosas a Juan? ¡El resucitado Jesús se las dijo!

El que estaba sentado en el trono dijo: «¡Yo hago nuevas todas las cosas!» Y añadió: «Escribe, porque estas palabras son verdaderas y dignas de confianza» (Apocalipsis 21:5).

Favor notar que la palabra «verdaderas» procede de la boca de Dios. Jesús nos dice que busquemos su reino primeramente y que él proveerá nuestras necesidades. No prometió a cada uno un Mercedes-Benz o un reloj Rolex o inversiones lucrativas que rinden una seguridad terrenal por toda la vida.

¿Sabes qué petición le hizo a su Padre?

Danos hoy nuestro pan cotidiano (Mateo 6:11).

Jesús nos dice:

«Por lo tanto, no se angustien por el mañana, el cual tendrá sus propios afanes. Cada día tiene ya sus problemas» (Mateo 6:34).

En una parábola (una historia terrenal con significado celestial), Jesús dijo:

«Por tanto, todo el que me oye estas palabras y las pone en práctica es como un hombre prudente que construyó su casa sobre la roca. Cayeron las lluvias, crecieron los ríos, y soplaron los vientos y azotaron aquella casa; con todo, la casa no se

derrumbó porque estaba cimentada sobre la roca. Pero todo el que me oye estas palabras y no las pone en práctica es como un hombre insensato que construyó su casa sobre la arena. Cayeron las lluvias, crecieron los ríos, y soplaron los vientos y azotaron aquella casa, y ésta se derrumbó, y grande fue su ruina.»

Cuando Jesús terminó de decir estas cosas, las multitudes se asombraron de su enseñanza, porque les enseñaba como quien tiene autoridad, y no como los maestros de la ley (Mateo 7:24-29).

Tú, ¿eres persona sabia? O, ¿eres persona insensata? Jesús, el Hijo de Dios, no está hablando solamente a la gente de hace 2.000 años. ¡Él te habla a ti en el día de hoy!

¿Posesiones terrenales? ¿Posesiones celestiales? ¿Vida eterna? ¿Condenación eterna?

En Mateo 5 Jesús pronunció un discurso llamado el «sermón del monte». Favor notar algunas de sus declaraciones.

«Dichosos los que tienen hambre y sed de justicia, porque serán saciados» (Mateo 5:6).

«Dichosos los de corazón limpio, porque ellos verán a Dios» (Mateo 5:8).

«Dichosos los perseguidos por causa de la justicia, porque el reino de los cielos les pertenece» (Mateo 5:10).

Y, favor notar lo que Jesús dice en los versículos 11 y 12:

«Dichosos serán ustedes cuando por mi causa la gente los insulte, los persiga y levante contra ustedes toda clase de calumnias. Alégrense y llénense de júbilo, porque les espera una gran recompensa en el cielo. Así también persiguieron a los profetas que los precedieron a ustedes» (Mateo 5:11-12).

Jesús nos dice muy directamente que el ser cristianos nos traerá persecución. En algunos países aún no existen las persecuciones que pasan los cristianos en otras partes del mundo. Sí, que a los cristianos se les matan a diario por cuanto sus creencias están en conflicto con las verdades seculares.

Pero Jesús, Hijo de Dios, dice que nos regocijemos y nos alegremos, pues, tenemos una gran recompensa en el cielo. No sé de qué clase de recompensa habla Jesús. Pecador que soy, sé que no merezco nada más que la condenación eterna. Pero, por otra parte, sé que Jesús murió por mis pecados, así que ya puedo mirar con anticipación hacia el reino del cielo.

¡Qué bueno saber que Jesús me ha asegurado el cielo! ¡Eso quiere decir la vida eterna! Jesús dijo:

> *«Si el mundo los aborrece, tengan presente que antes que a ustedes, me aborreció a mí. Si fueran del mundo, el mundo los querría como a los suyos. Pero ustedes no son del mundo, sino que yo los he escogido de entre el mundo. Por eso el mundo los aborrece. Recuerden lo que les dije: "Ningún siervo es más que su amo." Si a mí me han perseguido, también a ustedes los perseguirán. Si han obedecido mis enseñanzas, también obedecerán las de ustedes» (Juan 15:18-20).*

Jesús fue perseguido por todo su camino hasta la cruz. Jesús nos dice que si seguimos en sus pisadas y promovemos sus verdades, a nosotros también nos perseguirán.

Me permiten sugerir lo siguiente:

> *Así que, mis queridos hermanos, como han obedecido siempre —no sólo en mi presencia sino mucho más ahora en mi ausencia— lleven a cabo su salvación con temor y temblor (Filipenses 2:12).*

No subestimes tu salvación. Jesús dijo:

> *«Entren por la puerta estrecha. Porque es ancha la puerta y espacioso el camino que conduce a la destrucción, y muchos entran por ella. Pero estrecha es la puerta y angosto el camino que conduce a la vida, y son pocos los que la encuentran» (Mateo 7:13-14).*

Angosto el camino hacia la vida y sólo unos pocos lo encuentran. Jesús lo dijo. Yo no lo dije. Con frecuencia me preguntan acerca de los que realizan buenas obras. ¿Cómo puede Dios castigarlos a ellos? ¿Qué de las tantas personas que creen en otras religiones? Yo sólo puedo informar lo que el Espíritu Santo me ha enseñado. ¿Cómo un Dios de amor puede mandar a tales personas a la condenación eterna? Sólo puedo informar lo que hallo en la Biblia, la Palabra de Dios.

Jesús dijo:

«Yo soy el camino, la verdad y la vida —le contestó Jesús—. Nadie llega al Padre sino por mí» (Juan 14:6).

Lucas, dirigido por el Espíritu Santo, dijo:

«De hecho, en ningún otro hay salvación, porque no hay bajo el cielo otro nombre dado a los hombres mediante el cual podamos ser salvos» (Hechos 4:12).

Y Jesús dice que el camino que lleva a la vida eterna es angosto y sólo unos pocos lo hallan. No dice que «la mayoría» lo encuentran, sino pocos! Recomiendo que nos cuidemos de no rendirle sólo obediencia de labios a Jesucristo, sino de corazón.

¡Estas palabras de Jesús debieran inquietar a muchos!

«No todo el que me dice: "Señor, Señor", entrará en el reino de los cielos, sino sólo el que hace la voluntad de mi Padre que está en el cielo. Muchos me dirán en aquel día: "Señor, Señor, ¿no profetizamos en tu nombre, y en tu nombre expulsamos demonios e hicimos muchos milagros?" Entonces les diré claramente: "Jamás los conocí. ¡Aléjense de mí, hacedores de maldad!"» (Mateo 7:21-23).

Isaías dijo:

El Señor dice: «Este pueblo me alaba con la boca y me honra con los labios, pero su corazón está lejos de mí. Su adoración no es más que un mandato enseñado por hombres» (Isaías 29:13).

Jesús dijo:

«Cuídense de no hacer sus obras de justicia delante de la gente para llamar la atención. Si actúan así, su Padre que está en el cielo no les dará ninguna recompensa» (Mateo 6:1).

Jesús nos dice que debemos asegurar que nuestras obras de justicia no sirven sólo para agradarnos a nosotros mismos, ni para lograr que nos alaben a nosotros, sino que tengamos motivos puros al adorar a Dios.

Jesús dijo e hizo tantas cosas más. Miles de miles de libros han sido escritos acerca de Jesús. Como dijo Juan:

> *Jesús hizo también muchas otras cosas, tantas que, si se escribiera cada una de ellas, pienso que los libros escritos no cabrían en el mundo entero (Juan 21:25).*

Me he concentrado sobre un tema —Jesús murió en lugar tuyo sobre una cruz por tus pecados. He tratado de documentar que Jesús es tu Salvador. Espero que saques el polvo de tu Biblia y que leas y estudies con oración otras palabras de Jesús. Espero que, al reconocer la poderosa presencia del Espíritu Santo y al aceptar a Jesús como tu Salvador, las palabras de la Biblia vengan a ser tu gozo diario.

Si permites que el Espíritu Santo ilumine tu entendimiento, no te hará falta asistir a una iglesia o un estudio bíblico para conocer los detalles de la salvación.

Quiero que conozcas que las palabras de Dios y tu destino —la vida eterna o la condenación eterna— se hallan en la Biblia, la Palabra de Dios. Seguramente has leído a muchos periódicos y libros en tu vida. Cada diario presenta su registro de fallecimientos. Normalmente éste presenta un párrafo breve y favorable acerca de cada difunto —dónde trabajaba y algunos detalles de sus logros notables. Anota los nombres de sus sobrevivientes tales como esposa, hijos y otros parientes. Vivimos nuestra vida y nuestra recompensa son unos pocos párrafos en un diario y un nombre tallado en una lápida o una urna de cenizas.

Sin embargo, la Biblia ofrece «vida eterna» a todos los que creen que Jesucristo es el Hijo de Dios Padre, que vino como Cordero para ser sacrificado.

El Espíritu Santo te mostrará los detalles si buscas y estás dispuesto a escuchar. La Biblia me fascina ya que me parece aprender más y apreciar más significado en ella cada día. Quizá haya leído un cierto versículo durante muchos años, luego, de repente, el Espíritu Santo ilumina el versículo de una manera que nunca antes había entendido.

Cuando uno conoce a Cristo como su Salvador personal, encuentra preciosa comunión en adorar junto con otros cristianos, cantando los himnos, en estudios bíblicos, o los servicios de la iglesia o en amistades cristianas. Sencillamente nos emociona decirle a Dios, de manera continua, que creemos y que anhelamos vivir con él por toda la eternidad.

Sin embargo, antes de alcanzar tal nivel de comunión cristiana, puedes encontrarte con Cristo sencillamente al abrir la Biblia en privado en su casa o en un hotel cuando vas de viaje, en una biblioteca, en la playa o hasta encima de una montaña. Dios se halla dondequiera que te encuentres. ¡Hasta en una celda en la cárcel! Y me permite observar que la vida es una celda de cárcel hasta que uno experimente la libertad de conocer a Cristo y la vida eterna.

Tal vez has asistido a la iglesia toda tu vida, sin embargo nunca reconociste lo que es ser cristiano o tener una relación personal con Jesús.

Favor leer los siguientes versículos y pide al Espíritu Santo que llene todo tu ser. Como he dicho, ¡tienes que tomar una decisión! Puede ser que tu decisión se documente mejor en las palabras de Jesús, el Hijo de Dios:

> *«Cuando el Hijo del hombre venga en su gloria, con todos sus ángeles, se sentará en su trono glorioso. Todas las naciones se reunirán delante de él, y él separará a unos de otros, como separa el pastor las ovejas de las cabras. Pondrá las ovejas a su derecha, y las cabras a su izquierda.*

> *»Entonces dirá el Rey a los que estén a su derecha: "Vengan ustedes, a quienes mi Padre ha bendecido; reciban su herencia, el reino preparado para ustedes desde la creación del mundo. Porque tuve hambre, y ustedes me dieron de comer; tuve sed, y me dieron de beber; fui forastero, y me dieron alojamiento;*

necesité ropa, y me vistieron; estuve enfermo, y me atendieron; estuve en la cárcel, y me visitaron."

»Y le contestarán los justos: "Señor, ¿cuándo te vimos hambriento y te alimentamos, o sediento y te dimos de beber? ¿Cuándo te vimos como forastero y te dimos alojamiento, o necesitado de ropa y te vestimos? ¿Cuándo te vimos enfermo o en la cárcel y te visitamos?"

»El Rey les responderá: "Les aseguro que todo lo que hicieron por uno de mis hermanos, aun por el más pequeño, lo hicieron por mí."

»Luego dirá a los que estén a su izquierda: "Apártense de mí, malditos, al fuego eterno preparado para el diablo y sus ángeles. Porque tuve hambre, y ustedes no me dieron nada de comer; tuve sed, y no me dieron nada de beber; fui forastero, y no me dieron alojamiento; necesité ropa, y no me vistieron; estuve enfermo y en la cárcel, y no me atendieron."

»Ellos también le contestarán: "Señor, ¿cuándo te vimos hambriento o sediento, o como forastero, o necesitado de ropa, o enfermo, o en la cárcel, y no te ayudamos?"

»Él les responderá: "Les aseguro que todo lo que no hicieron por el más pequeño de mis hermanos, tampoco lo hicieron por mí."

»Aquéllos irán al castigo eterno, y los justos a la vida eterna» *(Mateo 25:31-46).*

¿Dónde te encontrarás? ¿A la derecha de Jesús? ¿O a su izquierda? Favor escucha, ahora mismo, algunas de las declaraciones de Jesús. Más bien, imagínate que vas caminando y conversando con este hombre que se llama Jesús. Ya él te demostró sus milagros. Ahora él te mira personalmente y te dice los siguientes versículos. Creo que tu vida en esta tierra jamás será igual.

«Yo soy el camino, la verdad y la vida —le contestó Jesús—. Nadie llega al Padre sino por mí» *(Juan 14:6).*

«No se angustien. Confíen en Dios, y confíen también en mí. En el hogar de mi Padre hay muchas viviendas; si no fuera así, ya se lo habría dicho a ustedes. Voy a prepararles un lugar. Y si me voy y se lo preparo, vendré para llevármelos conmigo. Así ustedes estarán donde yo esté» (Juan 14:1-3).

«Porque tanto amó Dios al mundo, que dio a su Hijo unigénito, para que todo el que cree en él no se pierda, sino que tenga vida eterna» (Juan 3:16).

«Dios no envió a su Hijo al mundo para condenar al mundo, sino para salvarlo por medio de él» (Juan 3:17).

«Pidan, y se les dará; busquen, y encontrarán; llamen, y se les abrirá. Porque todo el que pide, recibe; el que busca, encuentra; y al que llama, se le abre» (Mateo 7:7-8).

«¿Quién de ustedes, si su hijo le pide pan, le da una piedra? ¿O si le pide un pescado, le da una serpiente? Pues si ustedes, aun siendo malos, saben dar cosas buenas a sus hijos, ¡cuánto más su Padre que está en el cielo dará cosas buenas a los que le pidan!» (Mateo 7:9-11).

«Entren por la puerta estrecha. Porque es ancha la puerta y espacioso el camino que conduce a la destrucción, y muchos entran por ella. Pero estrecha es la puerta y angosto el camino que conduce a la vida, y son pocos los que la encuentran» (Mateo 7:13-14).

«Por tanto, todo el que me oye estas palabras y las pone en práctica es como un hombre prudente que construyó su casa sobre la roca» (Mateo 7:24).

«El hermano entregará a la muerte al hermano, y el padre al hijo. Los hijos se rebelarán contra sus padres y harán que los maten. Por causa de mi nombre todo el mundo los odiará, pero el que se mantenga firme hasta el fin será salvo» (Mateo 10:21-22).

«A cualquiera que me reconozca delante de los demás, yo también lo reconoceré delante de mi Padre que está en el cielo. Pero a cualquiera que me desconozca delante de los demás, yo también lo desconoceré delante de mi Padre que está en el cielo» (Mateo 10:32-33).

«El que quiere a su padre o a su madre más que a mí no es digno de mí; el que quiere a su hijo o a su hija más que a mí no es digno de mí; y el que no toma su cruz y me sigue no es digno de mí. El que encuentre su vida, la perderá, y el que la pierda por mi causa, la encontrará» (Mateo 10:37-39).

Juan estaba en la cárcel, y al enterarse de lo que Cristo estaba haciendo, envió a sus discípulos a que le preguntaran:

—¿Eres tú el que ha de venir, o debemos esperar a otro?

Les respondió Jesús:

—Vayan y cuéntenle a Juan lo que están viendo y oyendo: Los ciegos ven, los cojos andan, los que tienen lepra son sanados, los sordos oyen, los muertos resucitan y a los pobres se les anuncian las buenas nuevas. Dichoso el que no tropieza por causa mía (Mateo 11:2-6).

«Vengan a mí todos ustedes que están cansados y agobiados, y yo les daré descanso. Carguen con mi yugo y aprendan de mí, pues yo soy apacible y humilde de corazón, y encontrarán descanso para su alma. Porque mi yugo es suave y mi carga es liviana» (Mateo 11:28-30).

«El que no está de mi parte, está contra mí; y el que conmigo no recoge, esparce» (Mateo 12:30).

«Pero yo les digo que en el día del juicio todos tendrán que dar cuenta de toda palabra ociosa que hayan pronunciado. Porque por tus palabras se te absolverá, y por tus palabras se te condenará» (Mateo 12:36-37).

«Pues mi hermano, mi hermana y mi madre son los que hacen la voluntad de mi Padre que está en el cielo» (Mateo 12:50).

«¡Hipócritas! Tenía razón Isaías cuando profetizó de ustedes: "Este pueblo me honra con los labios, pero su corazón está lejos de mí. En vano me adoran; sus enseñanzas no son más que reglas humanas"» (Mateo 15:7-9).

Luego dijo Jesús a sus discípulos:

—Si alguien quiere ser mi discípulo, tiene que negarse a sí mismo, tomar su cruz y seguirme. Porque el que quiera salvar su vida, la perderá; pero el que pierda su vida por mi causa, la encontrará. ¿De qué sirve ganar el mundo entero si se pierde la vida? ¿O qué se puede dar a cambio de la vida? Porque el Hijo del hombre ha de venir en la gloria de su Padre con sus ángeles, y entonces recompensará a cada persona según lo que haya hecho (Mateo 16:24-27).

El llamó a un niño y lo puso en medio de ellos. Entonces dijo:

—Les aseguro que a menos que ustedes cambien y se vuelvan como niños, no entrarán en el reino de los cielos. Por tanto, el que se humilla como este niño será el más grande en el reino de los cielos (Mateo 18:2-4).

«Les aseguro —comentó Jesús a sus discípulos— que es difícil para un rico entrar en el reino de los cielos. De hecho, le resulta más fácil a un camello pasar por el ojo de una aguja, que a un rico entrar en el reino de Dios.»

Al oír esto, los discípulos quedaron desconcertados y decían:

—En ese caso, ¿quién podrá salvarse?

—Para los hombres es imposible —aclaró Jesús—, mirándolos fijamente—, mas para Dios todo es posible (Mateo 19:23-26).

«Y todo el que por mi causa haya dejado casas, hermanos,

hermanas, padre, madre, hijos o terrenos, recibirán cien veces
más y heredará la vida eterna» (Mateo 19:29).

«Si ustedes creen, recibirán todo lo que pidan en oración» (Mateo
21:22).

«Pero en cuanto a la resurrección de los muertos, ¿no han leído
lo que Dios les dijo a ustedes: "Yo soy el Dios de Abraham, de
Isaac y de Jacob"? Él no es Dios de muertos, sino de vivos» (Mateo
22:31-32).

—"Ama al Señor tu Dios con todo tu corazón, con todo tu ser y
con toda tu mente" —le respondió Jesús—. Éste es el primero y
el más importante de los mandamientos. El segundo se parece a
éste: "Ama a tu prójimo como a ti mismo" (Mateo 22:37-39).

«Tengan cuidado de que nadie los engañe —les advirtió Jesús—.
Vendrán muchos que, usando mi nombre, dirán: "Yo soy el
Cristo", y engañarán a muchos. Ustedes oirán de guerras y de
rumores de guerras, pero procuren no alarmarse. Es necesario
que eso suceda, pero no será todavía el fin. Se levantará nación
contra nación, y reino contra reino. Habrá hambres y terremotos
por todas partes. Todo esto será apenas el comienzo de los dolores.

»Entonces los entregarán a ustedes para que los persigan y los
maten, y los odiarán todas las naciones por causa de mi nombre.
En aquel tiempo muchos se apartarán de la fe; unos a otros se
traicionarán y se odiarán; y surgirá un gran número de falsos
profetas que engañarán a muchos. Habrá tanta maldad que el
amor de muchos se enfriará, pero el que se mantenga firme hasta
el fin será salvo» (Mateo 24:4-13).

«Entonces, si alguien les dice a ustedes: "¡Miren, aquí está el
Cristo!" o "¡Allí está!", no lo crean. Porque surgirán falsos Cristos
y falsos profetas que harán grandes señales y milagros para
engañar, de ser posible, aun a los elegidos. Fíjense que se lo he
dicho a ustedes de antemano.

«Por eso, si les dicen: "¡Miren que está en el desierto!", no salgan; o: "¡Miren que está en la casa!", no lo crean. Porque así como el relámpago que sale del oriente se ve hasta en el occidente, así será la venida del Hijo del hombre. Donde esté el cadáver, allí se reunirán los buitres.

«Inmediatamente después de la tribulación de aquellos días, "se oscurecerá el sol y no brillará más la luna; las estrellas caerán del cielo y los cuerpos celestes serán sacudidos".

«La señal del Hijo del hombre aparecerá en el cielo, y se angustiarán todas las razas de la tierra. Verán al Hijo del hombre venir sobre las nubes del cielo con poder y gran gloria. Y al sonido de la gran trompeta mandará a sus ángeles, y reunirán de los cuatro vientos a los elegidos, de un extremo al otro del cielo» (Mateo 24:23-31).

«Por lo tanto, manténganse despiertos, porque no saben qué día vendrá su Señor. Pero entiendan esto: Si un dueño de casa supiera a qué hora de la noche va a llegar el ladrón, se mantendría despierto para no dejarlo forzar la entrada. Por eso también ustedes deben estar preparados, porque el Hijo del hombre vendrá cuando menos lo esperen» (Mateo 24:42-44).

«Cuando el Hijo del hombre venga en su gloria, con todos sus ángeles, se sentará en su trono glorioso. Todas las naciones se reunirán delante de él, y él separará a unos de otros, como separa el pastor las ovejas de las cabras. Pondrá las ovejas a su derecha, y las cabras a su izquierda.

»Entonces dirá el Rey a los que estén a su derecha: "Vengan ustedes, a quienes mi Padre ha bendecido; reciban su herencia, el reino preparado para ustedes desde la creación del mundo» (Mateo 25:31-34).

«Luego dirá a los que estén a su izquierda: "Apártense de mí, malditos, al fuego eterno preparado para el diablo y sus ángeles» (Mateo 25:41).

«Aquellos irán al castigo eterno, y los justos a la vida eterna» *(Mateo 25:46).*

Pero Jesús se quedó callado. Así que el sumo sacerdote insistió:

—Te ordeno en el nombre del Dios viviente que nos digas si eres el Cristo, el Hijo de Dios.

—Tú lo has dicho —respondió Jesús—. Pero yo les digo a todos: De ahora en adelante verán ustedes al Hijo del hombre sentado a la derecha del Todopoderoso, y viniendo en las nubes del cielo (Mateo 26:63-64).

Jesús se acercó entonces a ellos y les dijo:

—Se me ha dado toda autoridad en el cielo y en la tierra. Por tanto, vayan y hagan discípulos de todas las naciones, bautizándolos en el nombre del Padre y del Hijo y del Espíritu Santo, enseñándoles a obedecer todo lo que les he mandado a ustedes. Y les aseguro que estaré con ustedes siempre, hasta el fin del mundo (Mateo 28:18-20).

«Se ha cumplido el tiempo —decía—. El reino de Dios está cerca. ¡Arrepiéntanse y crean las buenas nuevas!» (Marcos 1:15).

«Pues para que sepan que el Hijo del hombre tiene autoridad en la tierra para perdonar pecados...» (Marcos 2:10).

«...excepto a quien blasfeme contra el Espíritu Santo. Éste no tendrá perdón jamás; es culpable de un pecado eterno» (Marcos 3:29)

«...pero las preocupaciones de esta vida, el engaño de las riquezas y muchos otros malos deseos entran hasta ahogar la palabra, de modo que ésta no llega a dar fruto» (Marcos 4:19).

Él les contestó:

—Tenía razón Isaías cuando profetizó acerca de ustedes, hipócritas, según está escrito: "Este pueblo me honra con los

labios, pero su corazón está lejos de mí. En vano me adoran; sus enseñanzas no son más que reglas humanas."

»Ustedes han desechado los mandamientos divinos y se aferran a las tradiciones humanas.»

Y añadió:

—¡Qué buena manera tienen ustedes de dejar a un lado los mandamientos de Dios para mantener sus propias tradiciones! (Marcos 7:6-9).

De nuevo Jesús llamó a la multitud.

—Escúchenme todos —dijo— y entiendan esto: Nada de lo que viene de afuera puede contaminar a una persona. Más bien, lo que sale de la persona es lo que la contamina (Marcos 7:14-15).

Luego añadió:

—Lo que sale de la persona es lo que la contamina. Porque de adentro, del corazón humano, salen los malos pensamientos, la inmoralidad sexual, los robos, los homicidios, los adulterios, la avaricia, la maldad, el engaño, el libertinaje, la envidia, la calumnia, la arrogancia y la necedad. Todos estos males vienen de adentro y contaminan a la persona (Marcos 7:20-23).

Pero Jesús se dio la vuelta, miró a sus discípulos, y reprendió a Pedro.

—¡Aléjate de mí, Satanás! —le dijo—. Tú no piensas en las cosas de Dios sino en las de los hombres (Marcos 8:33).

Entonces llamó a la multitud y a sus discípulos.

—Si alguien quiere ser mi discípulo —les dijo—, que se niegue a sí mismo, lleve su cruz y me siga. Porque el que quiera salvar su vida, la perderá; pero el que pierda su vida por mi causa y

por el evangelio, la salvará. ¿De qué sirve ganar el mundo entero si se pierde la vida? ¿O qué se puede dar a cambio de la vida? Si alguien se avergüenza de mí y de mis palabras en medio de esta generación adúltera y pecadora, también el Hijo del hombre se avergonzará de él cuando venga en la gloria de su Padre con los santos ángeles (Marcos 8:34-38).

...estaba instruyendo a sus discípulos. Les decía: «El Hijo del hombre va a ser entregado en manos de los hombres. Lo matarán, y a los tres días de muerto resucitará» (Marcos 9:31).

«Les aseguro que el que no reciba el reino de Dios como un niño, de ninguna manera entrará en él» (Marcos 10:15).

«Porque ni aun el Hijo del hombre vino para que le sirvan, sino para servir y para dar su vida en rescate por muchos» (Marcos 10:45).

«¿Acaso no andan ustedes equivocados? —les replicó Jesús—. ¡Es que desconocen las Escrituras y el poder de Dios! Cuando resuciten los muertos, no se casarán ni serán dados en casamiento, sino que serán como los ángeles que están en el cielo. Pero en cuanto a que los muertos resucitan, ¿no han leído en el libro de Moisés, en el pasaje sobre la zarza, cómo Dios le dijo: "Yo soy el Dios de Abraham, de Isaac y de Jacob"? Él no es Dios de muertos, sino de vivos. ¡Ustedes andan muy equivocados!» (Marcos 12:24-27).

Dirigiéndose a todos, declaró:

—Si alguien quiere ser mi discípulo, que se niegue a sí mismo, lleve su cruz cada día y me siga. Porque el que quiera salvar su vida, la perderá; pero el que pierda su vida por mi causa, la salvará. ¿De qué le sirve a uno ganar el mundo entero si se pierde o se destruye a sí mismo? Si alguien se avergüenza de mí y de mis palabras, el Hijo del hombre se avergonzará de él cuando venga en su gloria y en la gloria del Padre y de los santos ángeles. Además, les aseguro que algunos de los aquí presentes no sufrirán la muerte sin antes haber visto el reino de

Dios (Lucas 9:23-27).

«Sin embargo, no se alegren de que puedan someter a los espíritus, sino alégrense de que sus nombres están escritos en el cielo.»

En aquel momento Jesús, lleno de alegría por el Espíritu Santo, dijo: «Te alabo, Padre, Señor del cielo y de la tierra, porque habiendo escondido estas cosas de los sabios e instruidos, se las has revelado a los que son como niños. Sí, Padre, porque esa fue tu buena voluntad.

»Mi Padre me ha entregado todas las cosas. Nadie sabe quién es el Hijo, sino el Padre, y nadie sabe quién es el Padre, sino el Hijo y aquel a quien el Hijo quiera revelárselo» (Lucas 10:20-22).

«Así que les digo: Pidan, y se les dará; busquen, y encontrarán; llamen, y se les abrirá la puerta. Porque todo el que pide, recibe; el que busca, encuentra; y al que llama, se le abre.

»¿Quién de ustedes que sea padre, si su hijo le pide un pescado, le dará en cambio una serpiente? ¿O si le pide un huevo, le dará un escorpión? Pues si ustedes, aun siendo malos, saben dar cosas buenas a sus hijos, ¿cuánto más el Padre celestial dará el Espíritu Santo a quienes se lo pidan?» (Lucas 11:9-13)

«El que no está de mi parte, está contra mí; y el que conmigo no recoge, esparce» (Lucas 11:23).

«Dichosos más bien —contestó Jesús— los que oyen la palabra de Dios y la obedecen» (Lucas 11:28).

«¡Ay de ustedes!, que son como tumbas sin lápida, sobre las que anda la gente sin darse cuenta» (Lucas 11:44).

«Les voy a enseñar más bien a quién deben temer: teman al que, después de dar muerte, tiene poder para echarlos al infierno. Sí, les aseguro que a él deben temerle» (Lucas 12:5).

«Les aseguro que a cualquiera que me reconozca delante de la gente, también el Hijo del hombre lo reconocerá delante de los ángeles de Dios. Pero al que me desconozca delante de la gente

se le desconocerá delante de los ángeles de Dios» (Lucas 12:8-9).

«Y todo el que pronuncie alguna palabra contra el Hijo del hombre será perdonado, pero el que blasfeme contra el Espíritu Santo no tendrá perdón» (Lucas 12:10).

«¡Tengan cuidado! —advirtió a la gente—. Absténganse de toda avaricia; la vida de una persona no depende de la abundancia de sus bienes» (Lucas 12:15).

Luego dijo Jesús a sus discípulos:

—Por eso les digo: No se preocupen por su vida, qué comerán; ni por su cuerpo, con qué se vestirán. La vida tiene más valor que la comida, y el cuerpo más que la ropa» (Lucas 12:22-23).

«Así que no se afanen por lo que han de comer o beber; dejen de atormentarse. El mundo pagano anda tras todas estas cosas, pero el Padre sabe que ustedes las necesitan. Ustedes, por el contrario, busquen el reino de Dios, y estas cosas les serán añadidas» (Lucas 12:29-31).

«Pues donde tengan ustedes su tesoro, allí estará también su corazón» (Lucas 12:34).

«Manténganse listos, con la ropa bien ajustada y la luz encendida» (Lucas 12:35).

«Así mismo deben ustedes estar preparados, porque el Hijo del hombre vendrá cuando menos lo esperen» (Lucas 12:40).

«El señor de ese siervo volverá el día en que el siervo menos lo espere y a la hora menos pensada. Entonces lo castigará severamente y le impondrá la condena que reciben los incrédulos. El siervo que conoce la voluntad de su señor, y no se prepara para cumplirla, recibirá muchos golpes» (Lucas 12:46-47).

«He venido a traer fuego a la tierra, y ¡cómo quisiera que ya estuviera ardiendo! Pero tengo que pasar por la prueba de un bautismo, y ¡cuánta angustia siento hasta que se cumpla! ¿Creen

ustedes que vine a traer paz a la tierra? ¡Les digo que no, sino división!» (Lucas 12:49-51)

«¡Les digo que no! De la misma manera, todos ustedes perecerán, a menos que se arrepientan» (Lucas 13:3).

—Señor, ¿son pocos los que van a salvarse? —le preguntó uno.

—Esfuércense por entrar por la puerta estrecha —contestó—, porque les digo que muchos tratarán de entrar y no podrán. Tan pronto como el dueño de la casa se haya levantado a cerrar la puerta, ustedes desde afuera se pondrán a golpear la puerta, diciendo: "Señor, ábrenos." Pero él les contestará: "No sé quiénes son ustedes" (Lucas 13:23-25).

«Allí habrá llanto y rechinar de dientes cuando vean en el reino de Dios a Abraham, Isaac, Jacob y todos los profetas, mientras a ustedes los echan fuera. Habrá quienes lleguen del oriente y del occidente, del norte y del sur, para sentarse al banquete en el reino de Dios» (Lucas 13:28-29).

«Pues bien, la casa de ustedes va a quedar abandonada. Y les advierto que ya no volverán a verme hasta el día que digan: "¡Bendito el que viene en el nombre del Señor!"» (Lucas 13:35).

«Les digo que así es también en el cielo: habrá más alegría por un solo pecador que se arrepienta, que por noventa y nueve justos que no necesitan arrepentirse» (Lucas 15:7).

«Les digo que así mismo se alegra Dios con sus ángeles por un pecador que se arrepiente» (Lucas 15:10).

«Ningún sirviente puede servir a dos patrones. Menospreciará a uno y amará al otro, o querrá mucho a uno y despreciará al otro. Ustedes no pueden servir a la vez a Dios y a las riquezas.»

Oían todo esto los fariseos, a quienes les encantaba el dinero, y se burlaban de Jesús. Él les dijo: «Ustedes se hacen los buenos ante

la gente, pero Dios conoce sus corazones. Dense cuenta de que aquello que la gente tiene en gran estima es detestable delante de Dios» (Lucas 16:13-15).
A sus discípulos les dijo:

—Llegará el tiempo en que ustedes anhelarán vivir siquiera uno de los días del Hijo del hombre, pero no podrán. Les dirán: "¡Mírenlo allá! ¡Mírenlo acá!" No vayan; no los sigan. Porque en su día el Hijo del hombre será como el relámpago que fulgura e ilumina el cielo de uno a otro extremo. Pero antes él tiene que sufrir muchas cosas y ser rechazado por esta generación» (Lucas 17:22-25).

«¿Acaso Dios no hará justicia a sus escogidos, que claman a él día y noche? ¿Se tardará mucho en responderles?» (Lucas 18:7).

«Les digo que éste, y no aquél, volvió a su casa justificado ante Dios. Pues todo el que a sí mismo se enaltece será humillado, y el que se humilla será enaltecido» (Lucas 18:14).

Pero Jesús llamó a los niños y dijo: «Dejen que los niños vengan a mí, y no se lo impidan, porque el reino de Dios es de quienes son como ellos. Les aseguro que el que no reciba el reino de Dios como un niño, de ninguna manera entrará en él» (Lucas 18:16-17).

«Les aseguro —respondió Jesús— que todo el que por causa del reino de Dios haya dejado casa, esposa, hermanos, padres o hijos, recibirá mucho más en este tiempo; y en la edad venidera, la vida eterna» (Lucas 18:29-30).

«En efecto, será entregado a los gentiles. Se burlarán de él, lo insultarán, le escupirán; y después de azotarlo, lo matarán» (Lucas 18:32).

«Porque el Hijo del hombre vino a buscar y a salvar lo que se había perdido» (Lucas 19:10).

«Él no es Dios de muertos, sino de vivos; en efecto, para él todos ellos viven» (Lucas 20:38).

«El cielo y la tierra pasarán, pero mis palabras jamás pasarán» (Lucas 21:33).

«Tengan cuidado, no sea que se les endurezca el corazón por el vicio, la embriaguez y las preocupaciones de esta vida. De otra manera, aquel día caerá de improviso sobre ustedes, pues vendrá como una trampa sobre todos los habitantes de la tierra» (Lucas 21:34-35).

Entonces les dijo:

—*He tenido muchísimos deseos de comer esta Pascua con ustedes antes de padecer, pues les digo que no volveré a comerla hasta que tenga su pleno cumplimiento en el reino de Dios.*

Luego tomó la copa, dio gracias y dijo:

—*Tomen esto y repártenlo entre ustedes. Les digo que no volveré a beber del fruto de la vid hasta que venga el reino de Dios.*

También tomó pan y, después de dar gracias, lo partió, se lo dio a ellos y dijo:

—*Este pan es mi cuerpo, entregado por ustedes; hagan esto en memoria de mí.*

De la misma manera tomó la copa después de la cena, y dijo:

—*Esta copa es el nuevo pacto en mi sangre, que es derramada por ustedes (Lucas 22:15-20).*

—*Si eres el Cristo, dínoslo*— *le exigieron.*

Jesús les contestó:

—*Si se lo dijera a ustedes, no me lo creerían, y si les hiciera preguntas, no me contestarían. Pero de ahora en adelante el Hijo del hombre estará sentado a la derecha del Dios Todopoderoso.*

—*¿Eres tú, entonces, el Hijo de Dios? —le preguntaron a una voz.*

—*Ustedes mismos lo dicen (Lucas 22:67-70).*

Uno de los criminales allí colgados empezó a insultarlo:

—*¿No eres tú el Cristo? ¡Sálvate a ti mismo y a nosotros!*

Pero el otro criminal lo reprendió:

—*¿Ni siquiera temor de Dios tienes, aunque sufres la misma condena? En nuestro caso, el castigo es justo, pues sufrimos lo que merecen nuestros delitos; éste, en cambio, no ha hecho nada malo.*

Luego dijo:

—*Jesús, acuérdate de mí cuando vengas en tu reino.*

—*Te aseguro que hoy estarás conmigo en el paraíso —le contestó Jesús (Lucas 23:39-43).*

«Ciertamente les aseguro que ustedes verán abrirse el cielo, y a los ángeles de Dios subir y bajar sobre el Hijo del hombre» (Juan 1:51).

—*De veras te aseguro que quien no nazca de nuevo no puede ver el reino de Dios —dijo Jesús (Juan 3:3).*

—*Yo te aseguro que quien no nazca de agua y del Espíritu, no puede entrar en el reino de Dios —respondió Jesús (Juan 3:5).*

«Si les he hablado de las cosas terrenales, y no creen, ¿entonces cómo van a creer si les hablo de las celestiales? (Juan 3:12).

«Como levantó Moisés la serpiente en el desierto, así también tiene que ser levantado el Hijo del hombre» (Juan 3:14).

«Porque tanto amó Dios al mundo, que dio a su Hijo unigénito, para que todo el que cree en él no se pierda, sino que tenga vida eterna. Dios no envió a su Hijo al mundo para condenar al mundo, sino para salvarlo por medio de él. El que cree en él no es condenado, pero el que no cree ya está condenado por no

haber creído en el nombre del Hijo unigénito de Dios» (Juan 3:16-18).

«Si supieras lo que Dios puede dar, y conocieras al que te está pidiendo agua —contestó Jesús—, tú le habrías pedido a él, y él te habría dado agua que da vida» (Juan 4:10).

«Todo el que beba de esta agua volverá a tener sed —respondió Jesús—, pero el que beba del agua que yo le daré, no volverá a tener sed jamás, sino que dentro de él esa agua se convertirá en un manantial del que brotará vida eterna» (Juan 4:13-14).

«Pero se acerca la hora, y ha llegado ya, en que los verdaderos adoradores rendirán culto al Padre en espíritu y en verdad, porque así quiere el Padre que sean los que le adoren. Dios es espíritu, y quienes lo adoran deben hacerlo en espíritu y en verdad» (Juan 4:23-24).

«Se que viene el Mesías, al que llaman el Cristo —respondió la mujer—. Cuando él venga nos explicará todas las cosas.»

—Ése soy yo, el que habla contigo —le dijo Jesús (Juan 4:25-26).

«Porque así como el Padre resucita a los muertos y les da vida, así también el Hijo da vida a quienes a él le place» (Juan 5:21).

«Ciertamente les aseguro que el que oye mi palabra y cree al que me envió, tiene vida eterna y no será juzgado, sino que ha pasado de la muerte a la vida» (Juan 5:24).

«No se asombren de esto, porque viene la hora en que todos los que están en los sepulcros oirán su voz, y saldrán de allí. Los que han hecho el bien resucitarán para tener vida, pero los que han practicado el mal resucitarán para ser juzgados» (Juan 5:28-29).

«Ustedes estudian con diligencia las Escrituras porque piensan que en ellas hallan la vida eterna. ¡Y son ellas las que dan testimonio en mi favor! Sin embargo, ustedes no quieren venir a mí para tener esa vida» (Juan 5:39-40).

«*Trabajen, pero no por la comida que es perecedera, sino por la que permanece para vida eterna, la cual les dará el Hijo del hombre. Sobre éste ha puesto Dios el Padre su sello de aprobación*» (Juan 6:27).

—*Ésta es la obra de Dios: que crean en aquel a quien él envió* —les respondió Jesús (Juan 6:29).

—*Yo soy el pan de vida* —declaró Jesús—. *El que a mí viene nunca pasará hambre, y el que en mí cree nunca más volverá a tener sed* (Juan 6:35).

«*Porque la voluntad de mi Padre es que todo el que reconozca al Hijo y crea en él, tenga vida eterna, y yo lo resucitaré en el día final*» (Juan 6:40).

«*Nadie puede venir a mí si no lo atrae el Padre que me envió, y yo lo resucitaré en el día final*» (Juan 6:44).

«*Ciertamente les aseguro que el que cree tiene vida eterna*» (Juan 6:47).

'*Yo soy el pan vivo que bajó del cielo. Si alguno come de este pan, vivirá para siempre. Este pan es mi carne, que daré para que el mundo viva.*»

Los judíos comenzaron a disputar acaloradamente entre sí: «¿Cómo puede éste darnos a comer su carne?»

—*Ciertamente les aseguro* —afirmó Jesús— *que si no comen la carne del Hijo del hombre ni beben su sangre, no tienen realmente vida. El que come mi carne y bebe mi sangre tiene vida eterna, y yo lo resucitaré en el día final* (Juan 6:51-54).

«*¿Qué tal si vieran al Hijo del hombre subir a donde antes estaba? El Espíritu da vida; la carne no vale para nada. Las palabras que les he hablado son espíritu y son vida*» (Juan 6:62-63).

En el último día, el más solemne de la fiesta, Jesús se puso de pie y exclamó:

—*¡Si alguno tiene sed, que venga a mí y beba! De aquel que cree en mí, como dice la Escritura, brotarán ríos de agua viva (Juan 7:37-38).*

Una vez más Jesús se dirigió a la gente, y les dijo:

—*Yo soy la luz del mundo. El que me sigue no andará en tinieblas, sino que tendrá la luz de la vida (Juan 8:12).*

«Ustedes son de aquí abajo —continuó Jesús—; yo soy de allá arriba. Ustedes son de este mundo; yo no soy de este mundo. Por eso les he dicho que morirán en sus pecados, pues si no creen que yo soy el que afirmo ser, en sus pecados morirán» (Juan 8:23-24).

Jesús se dirigió entonces a los judíos que habían creído en él, y les dijo:

—*Si se mantienen fieles a mis enseñanzas, serán realmente mis discípulos; y conocerán la verdad, y la verdad los hará libres (Juan 8:31-32).*

«Si Dios fuera su Padre —les contestó Jesús—, ustedes me amarían, porque yo he venido de Dios y aquí me tienen. No he venido por mi propia cuenta, sino que él me envió. ¿Por qué no entienden mi modo de hablar? Porque no pueden aceptar mi palabra. Ustedes son de su padre, el diablo, cuyos deseos quieren cumplir. Desde el principio éste ha sido un asesino, y no se mantiene en la verdad, porque no hay verdad en él. Cuando miente, expresa su propia naturaleza, porque es un mentiroso. ¡El es padre de la mentira! Y sin embargo a mí, que les digo la verdad, no me creen. ¿Quién de ustedes me puede probar que soy culpable de pecado? Si digo la verdad, ¿por qué no me creen? El que es de Dios escucha lo que Dios dice. Pero ustedes no escuchan, porque no son de Dios (Juan 8:42-47).

«Ciertamente les aseguro que el que cumple mi palabra, nunca morirá» (Juan 8:51).

«Ciertamente les aseguro que el que no entra por la puerta al redil de las ovejas, sino que trepa y se mete por otro lado, es un ladrón y un bandido. El que entra por la puerta es el pastor de las ovejas. El portero le abre la puerta, y las ovejas oyen su voz. Llama por nombre a las ovejas y las saca del redil. Cuando ya ha sacado a todas las que son suyas, va delante de ellas, y las ovejas lo siguen porque reconocen su voz. Pero a un desconocido jamás lo siguen; más bien, huyen de él porque no reconocen voces extrañas.»

Jesús les puso este ejemplo, pero ellos no captaron el sentido de sus palabras. Por eso volvió a decirles: «Ciertamente les aseguro que yo soy la puerta de las ovejas. Todos los que vinieron antes de mí eran unos ladrones y unos bandidos, pero las ovejas no les hicieron caso. Yo soy la puerta; el que entre por esta puerta, que soy yo, será salvo. Se moverá con entera libertad, y hallará pastos. El ladrón no viene más que a robar, matar y destruir; yo he venido para que tengan vida, y la tengan en abundancia» (Juan 10:1-10).

Entonces lo rodearon los judíos y le preguntaron:

—¿Hasta cuándo vas a tenernos en suspenso? Si tú eres el Cristo, dínoslo con franqueza.

—Ya se lo he dicho a ustedes, y no lo creen. Las obras que hago en nombre de mi Padre son las que me acreditan, pero ustedes no creen porque no son de mi rebaño. Mis ovejas oyen mi voz; yo las conozco y ellas me siguen. Yo les doy vida eterna, y nunca perecerán, ni nadie podrá arrebatármelas de la mano. Mi Padre, que me las ha dado, es más grande que todos; y de la mano del Padre nadie las puede arrebatar. El Padre y yo somos uno (Juan 10:24-30).

Entonces Jesús le dijo:

—Yo soy la resurrección y la vida. El que cree en mí vivirá, aunque muera; y todo el que vive y cree en mí no morirá jamás. ¿Crees esto? (Juan 11:25-26).

«El que se apega a su vida la pierde; en cambio, el que aborrece su vida en este mundo, la conserva para la vida eterna» (Juan 12:25).

«El que cree en mí —clamó Jesús con voz fuerte—, cree no sólo en mí sino en el que me envió» (Juan 12:44).

«Si alguno escucha mis palabras, pero no las obedece, no seré yo quien lo juzgue; pues no vine a juzgar al mundo sino a salvarlo. El que me rechaza y no acepta mis palabras tiene quien lo juzgue. La palabra que yo he proclamado lo condenará en el día final. Yo no he hablado por mi propia cuenta; el Padre que me envió me ordenó qué decir y cómo decirlo. Y sé muy bien que su mandato es vida eterna. Así que todo lo que digo es lo que el Padre me ha ordenado decir» (Juan 12:47-50).

«No se angustien. Confíen en Dios, y confíen también en mí. En el hogar de mi Padre hay muchas viviendas; si no fuera así, ya se lo habría dicho a ustedes. Voy a prepararles un lugar. Y si me voy y se lo preparo, vendré para llevármelos conmigo. Así ustedes estarán donde yo esté. Ustedes ya conocen el camino para ir a donde yo voy» (Juan 14:1-4).

«Yo soy el camino, la verdad y la vida —le contestó Jesús—. Nadie llega al Padre sino por mí» (Juan 14:6).

«Si ustedes me aman, obedecerán mis mandamientos. Y yo le pediré al Padre, y él les dará otro Consolador para que los acompañe siempre: el Espíritu de verdad, a quien el mundo no puede aceptar porque no lo ve ni lo conoce» (Juan 14:15-17).

«Todo esto lo digo ahora que estoy con ustedes» (Juan 14:25).

«Ya me han oído decirles: "Me voy, pero vuelvo a ustedes." Si me amaran, se alegrarían de que voy al Padre, porque el Padre es más grande que yo» (Juan 14:28).

«Si el mundo los aborrece, tengan presente que antes que a ustedes, me aborreció a mí. Si fueran del mundo, el mundo los querría como a los suyos. Pero ustedes no son del mundo, sino

que yo los he escogido de entre el mundo. Por eso el mundo los aborrece. Recuerden lo que les dije: "Ningún siervo es más que su amo." Si a mí me han perseguido, también a ustedes los perseguirán. Si han obedecido mis enseñanzas, también obedecerán las de ustedes. Los tratarán así por causa de mi nombre, porque no conocen al que me envió. Si yo no hubiera venido ni les hubiera hablado, no serían culpables de pecado. Pero ahora no tienen excusa por su pecado. El que me aborrece a mí, también aborrece a mi Padre. Si yo no hubiera hecho entre ellos las obras que ningún otro antes ha realizado, no serían culpables de pecado. Pero ahora las han visto, y sin embargo a mí y a mi Padre nos han aborrecido» (Juan 15:18-24).

«Cuando venga el Consolador, que yo les enviaré de parte del Padre, el Espíritu de verdad que procede del Padre, él testificará acerca de mí. Y también ustedes darán testimonio porque han estado conmigo desde el principio» (Juan 15:26-27).

«Ahora vuelvo al que me envió, pero ninguno de ustedes me pregunta: "¿A dónde vas?" Al contrario, como les he dicho estas cosas, se han entristecido mucho. Pero les digo la verdad: Les conviene que me vaya porque, si no lo hago, el Consolador no vendrá a ustedes; en cambio, si me voy, se lo enviaré a ustedes. Y cuando él venga, convencerá al mundo de su error en cuanto al pecado, a la justicia y al juicio; en cuanto al pecado, porque no creen en mí; en cuanto a la justicia, porque voy al Padre y ustedes ya no podrán verme; y en cuanto al juicio, porque el príncipe de este mundo ya ha sido juzgado» (Juan 16:5-11).

«Muchas cosas me quedan aún por decirles, que por ahora no podrían soportar. Pero cuando venga el Espíritu de verdad, él los guiará a toda la verdad, porque no hablará por su propia cuenta sino que dirá sólo lo que oiga y les anunciará las cosas por venir» (Juan 16:12-13).

«Salí del Padre y vine al mundo; ahora dejo de nuevo el mundo y vuelvo al Padre» (Juan 16:28).

«Yo les he dicho estas cosas para que en mí hallen paz. En este mundo afrontarán aflicciones, pero ¡anímense! Yo he vencido al mundo» (Juan 16:33).

Después de que Jesús dijo esto, dirigió la mirada al cielo y oró así:

«Padre, ha llegado la hora. Glorifica a tu Hijo, para que tu Hijo te glorifique a ti, ya que le has conferido autoridad sobre todo mortal para que él les conceda vida eterna a todos los que le has dado. Y ésta es la vida eterna: que te conozcan a ti, el único Dios verdadero, y a Jesucristo, a quien tú has enviado. Yo te he glorificado en la tierra, y he llevado a cabo la obra que me encomendaste. Y ahora, Padre, glorifícame en tu presencia con la gloria que tuve contigo antes de que el mundo existiera» (Juan 17:1-5).

«Padre, quiero que los que me has dado estén conmigo donde yo estoy. Que vean mi gloria, la gloria que me has dado porque me amaste desde antes de la creación del mundo» (Juan17:24).

«Padre justo, aunque el mundo no te conoce, yo sí te conozco, y éstos reconocen que tú me enviaste. Yo les he dado a conocer quién eres, y seguiré haciéndolo, para que el amor con que me has amado esté en ellos, y yo mismo esté en ellos» (Juan 17:25-26).

«Mi reino no es de este mundo —contestó Jesús—. Si lo fuera, mis propios guardias pelearían para impedir que los judíos me arrestaran. Pero mi reino no es de este mundo» (Juan 18:36).

—¡Así que eres rey! —le dijo Pilato.

—Eres tú quien dice que soy rey. Yo para esto nací, y para esto vine al mundo: para dar testimonio de la verdad. Todo el que está de parte de la verdad escucha mi voz (Juan 18:37).
«Porque me has visto, has creído —le dijo Jesús—; dichosos los que no han visto y sin embargo creen» (Juan 20:29).

«Yo soy el camino, la verdad y la vida —le contestó Jesús—. Nadie llega al Padre sino por mí» (Juan 14:6).

«No se angustien. Confíen en Dios, y confíen también en mí. En el hogar de mi Padre hay muchas viviendas; si no fuera así, ya se lo habría dicho a ustedes. Voy a prepararles un lugar. Y si me voy y se lo preparo, vendré para llevármelos conmigo. Así ustedes estarán donde yo esté. Ustedes ya conocen el camino para ir a donde yo voy» (Juan 14:1-4).

«Porque tanto amó Dios al mundo, que dio a su Hijo unigénito, para que todo el que cree en él no se pierda, sino que tenga vida eterna. Dios no envió a su Hijo al mundo para condenar al mundo, sino para salvarlo por medio de él. El que cree en él no es condenado, pero el que no cree ya está condenado por no haber creído en el nombre del Hijo unigénito de Dios» (Juan 3:16-18).

Los versículos arriba se encuentran en cuatro distintos libros llamados los evangelios —Mateo, Marcos, Lucas y Juan.

De nuevo te recuerdo que Jesús dijo:

«Pero el Consolador, el Espíritu Santo, a quien el Padre enviará en mi nombre, les enseñará todas las cosas y les hará recordar todo lo que les he dicho» (Juan 14:26).

C. La crucifixión, resurrección y segunda venida de Jesús

El Espíritu Santo, la tercera parte de la Trinidad, igual a Dios Padre y Jesús el Hijo, nos recuerda de las palabras de Jesús.

Si los versículos citados en las páginas anteriores no son verdad, entonces Jesús realmente es el engañador más grande que jamás haya pisado esta tierra y merecía ser colgado del árbol más alto.

Por otra parte, si sus palabras son verdad, pronunciadas por Dios mismo, debemos escucharlas con máxima atención. Y entonces su crucifixión fue realmente un acto de amor de un Salvador que tomó el lugar tuyo y el mío en la cruz.

¿Notaste cuántas veces Jesús habló de la vida eterna para todos los que creen?

Como hemos dicho, tú tienes que tomar una decisión. Jesús, ¿es lunático o mentiroso? o, ¿es el unigénito Hijo de Dios? Tu decisión significa o vida eterna o condenación eterna. No lo digo yo. ¡Lo dijo Jesús!

En el principio ya existía el Verbo, y el Verbo estaba con Dios, y el Verbo era Dios. Él estaba con Dios en el principio. Por medio de él todas las cosas fueron creadas; sin él, nada de lo creado llegó a existir (Juan 1:1-3).

Sin embargo, Juan dice que este mundo, creado por Jesús, ni le reconoció ni le recibió.

El que era la luz ya estaba en el mundo, y el mundo fue creado por medio de él, pero el mundo no lo reconoció. Vino a lo que era suyo, pero los suyos no lo recibieron. Mas a cuantos lo recibieron, a los que creen en su nombre, les dio el derecho de ser hijos de Dios. Éstos no nacen de la sangre, ni por deseos naturales, ni por voluntad humana, sino que nacen de Dios (Juan 1:10-13).

No sólo lo rechazaron, sino que lo asesinaron. Rechazaron su declaración de ser el Hijo de Dios. Se negaron a creer, a pesar de ser testigos de tantos milagros. Favor leer lo que hicieron con Dios, Creador del mundo.

Todavía estaba hablando Jesús cuando llegó Judas, uno de los doce. Lo acompañaba una gran turba armada con espadas y palos, enviada por los jefes de los sacerdotes y los ancianos del pueblo. El traidor les había dado esta contraseña: «Al que le dé un beso, ése es; arréstenlo.» En seguida Judas se acercó a Jesús y lo saludó.

—¡Rabí! —le dijo, y lo besó.

—Amigo —le replicó Jesús—, ¿a qué vienes?

Entonces los hombres se acercaron y prendieron a Jesús. En eso, uno de los que estaban con él extendió la mano, sacó la espada e hirió al siervo del sumo sacerdote, cortándole la oreja.

—Guarda tu espada —le dijo Jesús—, porque los que a hierro matan, a hierro mueren. ¿Crees que no puedo acudir a mi Padre, y al instante pondría a mi disposición más de doce batallones de ángeles? Pero entonces, ¿cómo se cumplirían las Escrituras que dice que así tiene que suceder?

Y de inmediato dijo a la turba:

—¿Acaso soy un bandido, para que vengan con espadas y palos a arrestarme? Todos los días me sentaba a enseñar en el templo, y no me prendieron. Pero todo esto ha sucedido para que se cumpla lo que escribieron los profetas.

Entonces todos los discípulos lo abandonaron y huyeron.

Los que habían arrestado a Jesús lo llevaron ante Caifás, el sumo sacerdote, donde se habían reunido los maestros de la ley y los ancianos. Pero Pedro lo siguió de lejos hasta el patio del sumo sacerdote. Entró y se sentó con los guardias para ver en qué terminaba aquello.

Los jefes de los sacerdotes y el Consejo en pleno buscaban alguna prueba falsa contra Jesús para poder condenarlo a muerte. Pero no la encontraron, a pesar de que se presentaron muchos falsos testigos.

Por fin se presentaron dos, que declararon:

—Este hombre dijo: "Puedo destruir el templo de Dios y reconstruirlo en tres días."

Poniéndose de pie, el sumo sacerdote le dijo a Jesús:

—¿No vas a responder? ¿Qué significan estas denuncias en tu contra?

Pero Jesús se quedó callado. Así que el sumo sacerdote insistió:

—Te ordeno en el nombre del Dios viviente que nos digas si eres el Cristo, el Hijo de Dios.

—Tú lo has dicho —respondió Jesús—. Pero yo les digo a todos: De ahora en adelante verán ustedes al Hijo del hombre sentado a la derecha del Todopoderoso, y viniendo en las nubes del cielo.

—¡Ha blasfemado! —exclamó el sumo sacerdote, rasgándose las vestiduras—. ¿Para qué necesitamos más testigos? ¡Miren, ustedes mismos han oído la blasfemia! ¿Qué piensan de esto?

—Merece la muerte —le contestaron.

Entonces algunos le escupieron en el rostro y le dieron puñetazos. Otros lo abofeteaban y decían:

—A ver, Cristo, ¡adivina quién te pegó! (Mateo 26:47-68)

Le escupieron en la cara a Jesús. ¡Le dieron de puñetazos a Jesús! ¡Le dieron de palmetazos a Jesús!

Muy de mañana, todos los jefes de los sacerdotes y los ancianos del pueblo tomaron la decisión de condenar a muerte a Jesús. Lo ataron, se lo llevaron y se lo entregaron a Pilato, el gobernador (Mateo 27:1-2).

El mundo que Jesús había creado decidió matarlo.

Mientras tanto, Jesús compareció ante el gobernador, y éste le preguntó:

—¿Eres tú el rey de los judíos?

—Tú lo dices —respondió Jesús.

Al ser acusado por los jefes de los sacerdotes y por los ancianos, Jesús no contestó nada.

—¿No oyes lo que declaran contra ti? —le dijo Pilato.

Pero Jesús no respondió ni a una sola acusación, por lo que el gobernador se llenó de asombro.

Ahora bien, durante la fiesta el gobernador acostumbraba soltar un preso que la gente escogiera. Tenían un preso famoso llamado Barrabás. Así que cuando se reunió la multitud, Pilato, que sabía que le habían entregado a Jesús por envidia, les preguntó:

—¿A quién quieren que les suelte: a Barrabás o a Jesús, al que llaman Cristo?

Mientras Pilato estaba sentado en el tribunal, su esposa le envió el siguiente recado: «No te metas con ese justo, pues por causa de él, hoy he sufrido mucho en un sueño.»

Pero los jefes de los sacerdotes y los ancianos persuadieron a la multitud a que le pidiera a Pilato soltar a Barrabás y ejecutar a Jesús.

—¿A cuál de los dos quieren que les suelte? —preguntó el gobernador.

—A Barrabás.

—¿Y qué voy a hacer con Jesús, al que llaman Cristo?

—¡Crucifícalo! —respondieron todos.

—¿Por qué? ¿Qué crimen ha cometido?

Pero ellos gritaban aún más fuerte:

—¡Crucifícalo!

Cuando Pilato vio que no conseguía nada, sino que más bien se estaba formando un tumulto, pidió agua y se lavó las manos delante de la gente.

—Soy inocente de la sangre de este hombre —dijo—. ¡Allá ustedes!

—¡Que su sangre caiga sobre nosotros y sobre nuestros hijos! —contestó todo el pueblo.

Entonces les soltó a Barrabás; pero a Jesús lo mandó azotar, y lo entregó para que lo crucificaran (Mateo 27:11-26).

El mundo eligió que se soltara a un prisionero notorio ¡en lugar de su Creador, Jesús! ¡El mundo clamó por la crucifixión de Jesús! Lo hicieron azotar.

Los soldados del gobernador llevaron a Jesús al palacio y reunieron a toda la tropa alrededor de él. Le quitaron la ropa y le pusieron un manto de color escarlata. Luego trenzaron una corona de espinas y se la colocaron en la cabeza, y en la mano derecha le pusieron una caña. Arrodillándose delante de él, se burlaban diciendo:

—¡Salve, rey de los judíos!

Y le escupían, y con la caña le golpeaban la cabeza. Después de burlarse de él, le quitaron el manto, le pusieron su propia ropa y se lo llevaron para crucificarlo (Mateo 27:27-31).

El mundo le colocó una burlona corona de espinas en la cabeza de Jesús, su Creador. Mofándose se arrodillaron delante de él. Más bien que arrodillarse en adoración, el mundo se burló de su Creador y le escupieron. Y le golpearon con una vara repetidas veces al Creador de la vida.

Llegaron a un lugar llamado Gólgota (que significa «Lugar de la Calavera»). Allí le dieron a Jesús vino mezclado con hiel; pero después de probarlo, se negó a beberlo. Lo crucificaron y repartieron su ropa echando suertes. Y se sentaron a vigilarlo. Encima de su cabeza pusieron por escrito la causa de su condena: «ESTE ES JESÚS, EL REY DE LOS JUDÍOS.» Con él crucificaron a dos bandidos, uno a su derecha y otro a su izquierda. Los que pasaban meneaban la cabeza y blasfemaban contra él:

—Tú, que destruyes el templo y en tres días lo reconstruyes, ¡sálvate a ti mismo! ¡Si eres el Hijo de Dios, baja de la cruz!

De la misma manera se burlaban de él los jefes de los sacerdotes, junto con los maestros de la ley y los ancianos (Mateo 27:33-41).

Colgaron al unigénito Hijo de Dios sobre un madero. Lo colocaron entre dos ladrones, como si Jesús, su Creador, fuera un criminal común.

El mundo pasaba en frente, lanzando insultos y meneando su cabeza, mientras Jesús, su Creador, moría.

Los líderes religiosos de aquel tiempo, los jefes de los sacerdotes, los maestros de la ley, y los ancianos, se burlaban de él.

Jesús fue clavado en una cruz por sus criaturas. Lo golpearon, escupieron, y clavaron espinas en su cabeza. Fue insultado, burlado, y dejado para morir en una cruz como cualquier criminal ordinario.

¿Sabes tú lo que dijo Jesús acerca de su creación? Colgado de la cruz, dijo:

> —*Padre* —*dijo Jesús*—, *perdónalos, porque no saben lo que hacen (Lucas 23:34).*

¡El mundo en realidad no entendía que Jesús tenía que ser crucificado! No hubieron podido parar la crucifixión aunque quisieron. El Cordero para sacrificio, el Hijo unigénito de Dios el Padre, el Cordero sin mancha, ¡tuvo que ser crucificado para hacer expiación por nuestros pecados!

> *A la verdad, como éramos incapaces de salvarnos, en el tiempo señalado Cristo murió por los malvados (Romanos 5:6).*

> *Pero Dios demuestra su amor por nosotros en esto: en que cuando todavía éramos pecadores, Cristo murió por nosotros (Romanos 5:8).*

¡Jesús fue crucificado! ¿Qué beneficio habría en que la vida de Jesús terminara en la cruz o en el sepulcro? Jesús, el Cordero para sacrificio, habría muerto y se habría descompuesto como todos los animales y aves sacrificados por la nación judía como recordatorio de los pecados. Habría sido un gesto benigno de parte de un Dios amante que su Hijo muriera para perdonar nuestros pecados. Todos podríamos vivir nuestras vidas sabiendo que nuestros pecados son perdonados. Todos podríamos morir con una sonrisa sabiendo que

Dios Padre había perdonado nuestros pecados por medio de la muerte de su Hijo.

Pero, ¡gracias a Dios, la historia de Jesús no concluye en una cruz ni en una tumba!

Jesús resucitó de la muerte por el poder de Dios Padre. Jesús lo había predicho:

> *«Destruyan este templo —respondió Jesús—, y lo levantaré de nuevo en tres días.»*
>
> *—Tardaron cuarenta y seis años en construir este templo, ¿y tú vas a levantarlo en tres días?*
>
> *Pero el templo al que se refería era su propio cuerpo. Así pues, cuando se levantó de entre los muertos, sus discípulos se acordaron de lo que había dicho, y creyeron en la Escritura y en las palabras de Jesús (Juan 2:19-22).*

Pero el mundo secular se burla de la palabra «resurrección». Favor recordar que el diablo, el padre de toda mentira, quiere que todo el mundo crea que Jesús fue derrotado por la muerte.

El mundo secular nos dice que cuando bajaron a Jesús de la cruz estaba aún vivo, que en verdad no murió.

El mundo secular nos dice que tal vez los discípulos de Jesús robaron su cadáver de la tumba y que lo más probable lo sepultaron en otro lugar.

Por cuanto todos los humanos nos morimos, se presume que Jesús también murió una vez y que su cuerpo se descompuso así como todos los sepultados.

Pero la Santa Biblia, la palabra inspirada de Dios, informa otra historia. Y tú tienes que tomar una decisión. ¿Resucitó? O, ¿fue a la corrupción su cuerpo junto a sus «pensamientos y declaraciones radicales»?

Después de la muerte de Jesús, uno llamado José tomó el cuerpo de Jesús, lo envolvió en una tela de lino limpio y lo colocó en una tumba.

Al atardecer, llegó un hombre rico de Arimatea, llamado José, que también se había convertido en discípulo de Jesús. Se presentó ante Pilato para pedirle el cuerpo de Jesús, y Pilato ordenó que se lo dieran. José tomó el cuerpo, lo envolvió en una sábana limpia y lo puso en un sepulcro nuevo de su propiedad que había cavado en la roca. Luego hizo rodar una piedra grande a la entrada del sepulcro, y se fue (Mateo 27:57-60).

Los jefes de los sacerdotes y los fariseos no satisfechos de haber matado a Jesús, querían asegurar que permaneciera muerto.

Al día siguiente, después del día de la preparación, los jefes de los sacerdotes y los fariseos se presentaron ante Pilato.

—Señor —le dijeron—, nosotros recordamos que mientras ese engañador aún vivía, dijo: "A los tres días resucitaré." Por eso, ordene usted que se selle el sepulcro hasta el tercer día, no sea que vengan sus discípulos, se roben el cuerpo y le digan al pueblo que ha resucitado. Ese último engaño sería peor que el primero.

—Llévense una guardia de soldados —les ordenó Pilato—, y vayan a asegurar el sepulcro lo mejor que puedan (Mateo 27:62-65).

Recordaron que Jesús había dicho que resucitaría después de tres días. Sellaron la tumba y montaron una guardia para asegurar que Jesús permaneciera sepultado.

Esto me provoca risa, que los jefes de los sacerdotes y los fariseos tenían miedo de un cadáver.

La Biblia informa que varias mujeres fueron a ver al sepulcro, probablemente, para «presentar sus respetos».

Sucedió que hubo un terremoto violento, porque un ángel del Señor bajó del cielo y, acercándose al sepulcro, quitó la piedra y se sentó sobre ella. Su aspecto era como el de un relámpago, y su ropa era blanca como la nieve. Los guardias tuvieron tanto miedo de él que se pusieron a temblar y quedaron como muertos.

El ángel dijo a las mujeres:

—No tengan miedo; sé que ustedes buscan a Jesús, el que fue crucificado. No está aquí, pues ha resucitado, tal como dijo. Vengan a ver el lugar donde lo pusieron. Luego vayan pronto a decirles a sus discípulos: "Él se ha levantado de entre los muertos y va delante de ustedes a Galilea. Allí lo verán." Ahora ya lo saben.

Así que las mujeres se alejaron a toda prisa del sepulcro, asustadas pero muy alegres, y corrieron a dar la noticia a los discípulos. En eso Jesús les salió al encuentro y las saludó. Ellas se le acercaron, le abrazaron los pies y lo adoraron.

—No tengan miedo —les dijo Jesús—. Vayan a decirles a mis hermanos que se dirijan a Galilea, y allí me verán (Mateo 28:2-10).

Puede ser que recuerdes que cuando Jesús fue arrestado, dijo:

«¿Crees que no puedo acudir a mi Padre, y al instante pondría a mi disposición más de doce batallones de ángeles? (Mateo 26:53)

Jesús podía haber invocado a su Padre que le diera una legión celestial de poderosos ángeles que le rescataran de la muerte. Pero no lo hizo. Eligió morir voluntariamente en la cruz por nuestros pecados.

Durante la resurrección Jesús demostró que él no es un hombre normal, mortal. Uno de sus ángeles quitó la piedra sellada que tapó la entrada al sepulcro. ¡Debiera ser un espectáculo asombroso! Su apariencia era como un relámpago y sus vestidos tan blancos como la nieve. Los guardias quedaron como hombres muertos.

El ángel dijo:

El ángel dijo a las mujeres:

No tengan miedo; sé que ustedes buscan a Jesús, el que fue crucificado. No está aquí, pues ha resucitado, tal como dijo. Vengan a ver el lugar donde lo pusieron (Mateo 28:5-6).

¡Así mismo como él había dicho! ¡Así como predijo!

Las mujeres, llenas de gozo, vieron luego a Jesús. Él les dijo que fueran a decirles a sus hermanos que fueran a Galilea donde le verían.

Casi puedo oír decir al mundo secular, «¿Por qué creer a dos mujeres histéricas, perturbadas por la muerte de Jesús?»

¿Por qué no creer a los guardias que vigilaron la tumba?

Mientras las mujeres iban de camino, algunos de los guardias entraron en la ciudad e informaron a los jefes de los sacerdotes de todo lo que había sucedido. Después de reunirse estos jefes con los ancianos y de trazar un plan, les dieron a los soldados una fuerte suma de dinero y les encargaron: «Digan que los discípulos de Jesús vinieron por la noche y que, mientras ustedes dormían, se robaron el cuerpo. Y si el gobernador llega a enterarse de esto, nosotros responderemos por ustedes y les evitaremos cualquier problema.»

Así que los soldados tomaron el dinero e hicieron como se les había instruido. Esta es la versión de los sucesos que hasta el día de hoy ha circulado entre los judíos (Mateo 28:11-15).

Las mujeres fueron a decirles a los otros que habían visto a Jesús, y que estaba vivo.

Los guardias también dijeron a otros todo lo que había sucedido pero le precisaba al mundo secular mantener muerto a Jesús. Así que fabricaron una explicación de que, de alguna forma, mientras que los guardias dormían, vino gente, rodaron la enorme piedra que tapaba la entrada a la tumba y robaron el cadáver. ¡De verdad que debían dormir como muertos!

De nuevo, tienes que tomar una decisión. ¿Creer a las mujeres? ¿Creer a los guardias? Si Jesús resucitó de entre los muertos, tú también tienes esperanza de la vida eterna. Si Jesús aún está muerto, tu vida también termina con tu último aliento en la tierra.

Déjame ayudarte con tu decisión. Lucas 24 detalla lo siguiente:

Pero a los discípulos el relato les pareció una tontería, así que no les creyeron. Pedro, sin embargo, salió corriendo al sepulcro.

Se asomó y vio sólo las vendas de lino. Luego volvió a su casa, extrañado de lo que había sucedido (Lucas 24:11-12).

Como es de esperarse, ¡no creían a las mujeres!

En Juan 20:1-9 leemos de las acciones de Pedro y Juan cuando las mujeres les informaron de la tumba vacía. Estos dos testigos, quienes escribieron siete libros acerca del plan de salvación, vieron la tumba vacía. Ellos creían en la tumba vacía, sin embargo aún no entendieron por completo su significado.

El primer día de la semana, muy de mañana, cuando todavía estaba oscuro, María Magdalena fue al sepulcro y vio que habían quitado la piedra que cubría la entrada. Así que fue corriendo a ver a Simón Pedro y al otro discípulo, a quien Jesús amaba, y les dijo:

—¡Se han llevado del sepulcro al Señor, y no sabemos dónde lo han puesto!

Pedro y el otro discípulo se dirigieron entonces al sepulcro. Ambos fueron corriendo, pero como el otro discípulo corría más aprisa que Pedro, llegó primero al sepulcro. Inclinándose, se asomó y vio allí las vendas, pero no entró. Tras él llegó Simón Pedro, y entró en el sepulcro. Vio allí las vendas y el sudario que había cubierto la cabeza de Jesús, aunque el sudario no estaba con las vendas sino enrollado en un lugar aparte. En ese momento entró también el otro discípulo, el que había llegado primero al sepulcro; y vio y creyó (Juan 20:1-8).

Favor leer la narración de dos personas, una de las que se llamaba Cleofas, según lo escribió Lucas:

Aquel mismo día dos de ellos se dirigían a un pueblo llamado Emaús, a unos once kilómetros de Jerusalén. Iban conversando sobre todo lo que había acontecido. Sucedió que, mientras hablaban y discutían, Jesús mismo se acercó y comenzó a caminar con ellos; pero no lo reconocieron, pues sus ojos estaban velados.

—¿Qué vienen discutiendo por el camino? —les preguntó.

Se detuvieron, cabizbajos; y uno de ellos, llamado Cleofas, le dijo:

—*¿Eres tú el único peregrino en Jerusalén que no se ha enterado de todo lo que ha pasado recientemente?*

—*¿Qué es lo que ha pasado? —les preguntó.*

—*Lo de Jesús de Nazaret. Era un profeta, poderoso en obras y en palabras delante de Dios y de todo el pueblo. Los jefes de los sacerdotes y nuestros gobernantes lo entregaron para ser condenado a muerte, y lo crucificaron; pero nosotros abrigábamos la esperanza de que era él quien redimiría a Israel. Es más, ya hace tres días que sucedió todo esto. También algunas mujeres de nuestro grupo nos dejaron asombrados. Esta mañana, muy temprano, fueron al sepulcro pero no hallaron su cuerpo. Cuando volvieron, nos contaron que se les habían aparecido unos ángeles quienes les dijeron que él está vivo. Algunos de nuestros compañeros fueron después al sepulcro y lo encontraron tal como habían dicho las mujeres, pero a él no lo vieron.*

—*¡Qué torpes son ustedes —les dijo—, y qué tardos de corazón para creer todo lo que han dicho los profetas! ¿Acaso no tenía que sufrir el Cristo estas cosas antes de entrar en su gloria?*

Entonces, comenzando por Moisés y por todos los profetas, les explicó lo que se refería a él en todas las Escrituras.

Al acercarse al pueblo adonde se dirigían, Jesús hizo como que iba más lejos. Pero ellos insistieron:

—*Quédate con nosotros, que está atardeciendo; ya es casi de noche.*

Así que entró para quedarse con ellos. Luego, estando con ellos a la mesa, tomó el pan, lo bendijo, lo partió y se lo dio. Entonces se les abrieron los ojos y lo reconocieron, pero él desapareció. Se decían el uno al otro:

—¿No ardía nuestro corazón mientras conversaba con nosotros en el camino y nos explicaba las Escrituras? (Lucas 24:13-32)

Jesús les dijo que las Escrituras hablan de él, el Hijo unigénito de Dios. Sus ojos fueron abiertos y ¡vieron a Jesús! Y creyeron en Jesús —Jesús resucitado!

Estos dos fueron a decirlo a los once, «¡Es cierto! El Señor ha resucitado!»

Al instante se pusieron en camino y regresaron a Jerusalén. Allí encontraron a los once y a los que estaban reunidos con ellos. «¡Es cierto! —decían—. El Señor ha resucitado y se le ha aparecido a Simón.»

Los dos, por su parte, contaron lo que les había sucedido en el camino, y cómo habían reconocido a Jesús cuando partió el pan (Lucas 24:33-35).

¿Dónde estuvieron los once?

Al atardecer de aquel primer día de la semana, estando reunidos los discípulos a puerta cerrada por temor a los judíos (Juan 20:19).

¡Estaban aterrados! Estos once hombres, incluyendo a Pedro y a Juan, vieron crucificado a su mentor y temieron por sus vidas.

Pero dejé de citar la última parte de Juan 20:19. En su entereza, reza así:

Al atardecer de aquel primer día de la semana, estando reunidos los discípulos a puerta cerrada por temor a los judíos, entró Jesús y, poniéndose en medio de ellos, los saludó.

—¡La paz sea con ustedes! (Juan 20:19)

Jesús, el Hijo de Dios resucitado, el Cordero sacrificado, se les apareció tras puertas cerradas y bajo llave. Les dijo a los temerosos discípulos, *«La paz sea con ustedes»*. Y les presentó la evidencia de que no era ningún embaucador. Les mostró sus heridas.

Dicho esto, les mostró las manos y el costado. Al ver al Señor, los discípulos se alegraron (Juan 20:20).

Pero, por favor notar, Juan declara que uno de los discípulos no estaba en el aposento cerrado cuando Jesús se apareció. Su nombre es Tomás, apodado «Tomás el incrédulo».

Tomás, al que apodaban el Gemelo, y que era uno de los doce, no estaba con los discípulos cuando llegó Jesús. Así que los otros discípulos le dijeron:

—¡Hemos visto al Señor!

—Mientras no vea yo la marca de los clavos en sus manos, y meta mi dedo en las marcas y mi mano en su costado, no lo creeré —repuso Tomás.

Una semana más tarde estaban los discípulos de nuevo en la casa, y Tomás estaba con ellos. Aunque las puertas estaban cerradas, Jesús entró y, poniéndose en medio de ellos, los saludó.

—¡La paz sea con ustedes!

Luego le dijo a Tomás:

—Pon tu dedo aquí y mira mis manos. Acerca tu mano y métela en mi costado. Y no seas incrédulo, sino hombre de fe.

—¡Señor mío y Dios mío! —exclamó Tomás (Juan 20:24-28).

Muchos de ustedes probablemente creerían si vieran las marcas en sus manos, pusieran su dedo en las marcas de los clavos, y metieran su mano en el costado abierto de Jesús. Tomás lo hizo por ustedes. Y él dijo:

«¡Señor mío y Dios mío!» (Juan 20:28).

Y con todo mi ser espiritual, yo oro que tu digas, *«Mi Señor y mi Dios.»*

Jesús, el Hijo de Dios, te dio una declaración personal. Sí, Jesús te habló directamente hace unos 2.000 años. Le dijo a Tomás:

«Porque me has visto, has creído —le dijo Jesús—; dichosos los que no han visto y sin embargo creen» (Juan 20:29).

Si crees, tendrás la vida eterna junto a Pedro, Juan y Pablo, y millones más.

Si niegas a Jesús vas caminando rumbo a la condenación eterna. Jesús dijo:

«El que cree en él no es condenado, pero el que no cree ya está condenado por no haber creído en el nombre del Hijo unigénito de Dios» (Juan 3:18).

Juan, quien vio al Cristo resucitado, dijo:

Jesús hizo muchas otras señales milagrosas en presencia de sus discípulos, las cuales no están registradas en este libro. Pero éstas se han escrito para que ustedes crean que Jesús es el Cristo, el Hijo de Dios, y para que al creer en su nombre tengan vida (Juan 20:30-31).

Juan quiere que tú sepas que él cree y quiere que tú creas y tengas la vida eterna.

Juan 21 describe otra ocasión cuando Jesús se apareció a sus discípulos después de su resurrección.

Después de esto Jesús se apareció de nuevo a sus discípulos, junto al lago de Tiberíades. Sucedió de esta manera: Estaban juntos Simón Pedro, Tomás (al que apodaban el Gemelo), Natanael, el de Caná de Galilea, los hijos de Zebedeo, y otros dos discípulos.

—Me voy a pescar —dijo Simón Pedro.

—Nos vamos contigo —contestaron ellos.

Salieron, pues, de allí y se embarcaron, pero esa noche no pescaron nada.

Al despuntar el alba Jesús se hizo presente en la orilla, pero los discípulos no se dieron cuenta de que era él.

—Muchachos, ¿no tienen algo de comer? —les preguntó Jesús.

—No —respondieron ellos.

—Tiren la red a la derecha de la barca, y pescarán algo.

Así lo hicieron, y era tal la cantidad de pescados que ya no podían sacar la red.

—¡Es el Señor! —dijo a Pedro el discípulo a quien Jesús amaba.

Tan pronto como Simón Pedro le oyó decir: «Es el Señor», se puso la ropa, pues estaba semidesnudo, y se tiró al agua. Los otros discípulos lo siguieron en la barca, arrastrando la red llena de pescados, pues estaban a escasos cien metros de la orilla. Al desembarcar, vieron unas brasas con un pescado encima, y un pan.

—Traigan algunos de los pescados que acaban de sacar —les dijo Jesús.

Simón Pedro subió a bordo y arrastró hasta la orilla la red, la cual estaba llena de pescados de buen tamaño. Eran ciento cincuenta y tres, pero a pesar de ser tantos la red no se rompió.

—Vengan a desayunar —les dijo Jesús.

Ninguno de los discípulos se atrevía a preguntarle: «¿Quién eres tú?», porque sabían que era el Señor. Jesús se acercó, tomó el pan y se lo dio a ellos, e hizo lo mismo con el pescado. Ésta fue la tercera vez que Jesús se apareció a sus discípulos después de haber resucitado (Juan 21:1-14).

Jesús hizo un último milagro para Pedro y los otros pescadores. Juan vio y creyó. Pedro vio y creyó. Y Pablo, quien llegó a Cristo después de la resurrección, vio a Jesús en otras circunstancias.

Pablo vio a Jesús después que resucitó y ascendió de nuevo al cielo. Pablo detalla lo siguiente:

Porque ante todo les transmití a ustedes lo que yo mismo recibí: que Cristo murió por nuestros pecados según las Escrituras, que fue sepultado, que resucitó al tercer día según las Escrituras, y que se apareció a Cefas, y luego a los doce. Después se apareció a más de quinientos hermanos a la vez, la mayoría de los cuales vive todavía, aunque algunos han muerto. Luego se apareció a Jacobo, más tarde a todos los apóstoles, y por último, como a uno nacido fuera de tiempo, se me apareció también a mí (1ra Corintios 15:3-8).

Pablo, quien escribió trece libros bajo la inspiración del Espíritu Santo, dice que Jesús se apareció a más de 500 hermanos después de la resurrección. ¡Y dice que Jesús se le apareció a él!

Lucas, un médico y compañero de viajes de Pablo, escribió lo siguiente:

Estimado Teófilo, en mi primer libro me referí a todo lo que Jesús comenzó a hacer y enseñar hasta el día en que fue llevado al cielo, luego de darles instrucciones por medio del Espíritu Santo a los apóstoles que había escogido. Después de padecer la muerte, se les presentó dándoles muchas pruebas convincentes de que estaba vivo. Durante cuarenta días se les apareció y les habló acerca del reino de Dios. Una vez, mientras comía con ellos, les ordenó:

—No se alejen de Jerusalén, sino esperen la promesa del Padre, de la cual les he hablado: Juan bautizó con agua, pero dentro de pocos días ustedes serán bautizados con el Espíritu Santo.

Entonces los que estaban reunidos con él le preguntaron:

—Señor, ¿es ahora cuando vas a restablecer el reino a Israel?

—No les toca a ustedes conocer la hora ni el momento determinados por la autoridad misma del Padre —les contestó Jesús—. Pero cuando venga el Espíritu Santo sobre ustedes, recibirán poder y serán mis testigos tanto en Jerusalén como en toda Judea y Samaria, y hasta los confines de la tierra.

Habiendo dicho esto, mientras ellos lo miraban, fue llevado a las alturas hasta que una nube lo ocultó de su vista. Ellos se quedaron mirando fijamente al cielo mientras él se alejaba. De repente, se les acercaron dos hombres vestidos de blanco, que les dijeron:

—Galileos, ¿qué hacen aquí mirando al cielo? Este mismo Jesús, que ha sido llevado de entre ustedes al cielo, vendrá otra vez de la misma manera que lo han visto irse (Hechos 1:1-11).

Lucas declara que Jesús se apareció durante más de cuarenta días y presentó muchas pruebas convincentes de que estaba vivo.

El resucitado Jesús luego ascendió de nuevo al cielo y dos hombres vestidos de blanco dijeron:

—Galileos, ¿qué hacen aquí mirando al cielo? Este mismo Jesús, que ha sido llevado de entre ustedes al cielo, vendrá otra vez de la misma manera que lo han visto irse (Hechos 1:11).

Tu tienes que tomar una decisión. Todos los testigos mencionados arriba, ¿fueron todos involucrados en una gigantesca conspiración? ¿Aún está muerto Jesús? O, Jesús, resucitado, ¿está preparando un lugar para todos los que creen?

Jesús dijo:

«No se angustien. Confíen en Dios, y confíen también en mí. En el hogar de mi Padre hay muchas viviendas; si no fuera así, ya se lo habría dicho a ustedes. Voy a prepararles un lugar. Y si me voy y se lo preparo, vendré para llevármelos conmigo. Así ustedes estarán donde yo esté. Ustedes ya conocen el camino para ir a donde yo voy» (Juan 14:1-4).

Yo ruego que tu comprendas, sin lugar a dudas, a dónde fue Jesús y dónde está. Él regresó al cielo para preparar un lugar para todos los que creen.

El libro del Apocalipsis habla de un Jesús viviente. Habla de un Jesús resucitado. El libro del Apocalipsis puede resumirse en un versículo.

¡Miren que viene en las nubes! Y todos lo verán con sus propios ojos, incluso quienes lo traspasaron; y por él harán lamentación todos los pueblos de la tierra. ¡Así será! Amén (Apocalipsis 1:7).

¡No te equivoques! ¡Tú verás a Jesús! Y lo verás o como tu Salvador o como aquel que te condenará al suplicio eterno.

Sin embargo, como está escrito: «Ningún ojo ha visto, ningún oído ha escuchado, ninguna mente humana ha concebido lo que Dios ha preparado para quienes lo aman.»

Ahora bien, Dios nos ha revelado esto por medio de su Espíritu, pues el Espíritu lo examina todo, hasta las profundidades de Dios. En efecto, ¿quién conoce los pensamientos del ser humano sino su propio espíritu que está en él? Así mismo, nadie conoce los pensamientos de Dios sino el Espíritu de Dios. Nosotros no hemos recibido el espíritu del mundo sino el Espíritu que procede de Dios, para que entendamos lo que por su gracia él nos ha concedido. Esto es precisamente de lo que hablamos, no con las palabras que enseña la sabiduría humana sino con las que enseña el Espíritu, de modo que expresamos verdades espirituales en términos espirituales. El que no tiene el Espíritu no acepta lo que procede del Espíritu de Dios, pues para él es locura. No puede entenderlo, porque hay que discernirlo espiritualmente (1ra Corintios 2:9-14).

Y yo enfatizo:

El que no tiene el Espíritu no acepta lo que procede del Espíritu de Dios, pues para él es locura. No puede entenderlo, porque hay que discernirlo espiritualmente (1ra Corintios 2:14).

Es tuya la decisión si creer o no creer las declaraciones de Jesús según detalladas por Juan.

«Porque tanto amó Dios al mundo que dio a su Hijo unigénito, para que todo el que cree en él no se pierda, sino que tenga vida eterna» (Juan 3:16).

—Yo soy el camino, la verdad y la vida —le contestó Jesús—. Nadie llega al Padre sino por mí (Juan 14:6).

Es tan sencillo.

7 | El plan de salvación: una decisión de aceptar o rechazar

Sí, tienes que hacer una decisión, sea que aceptes a Jesús o que lo rechaces. ¡No hay terreno de en medio!

Tu decisión no puede hacerse en base a la sabiduría de este mundo, pues Dios es espíritu. Jesús dijo:

> *«Pero se acerca la hora, y ha llegado ya, en que los verdaderos adoradores rendirán culto al Padre en espíritu y en verdad, porque así quiere el Padre que sean los que le adoren. Dios es espíritu, y quienes lo adoran deben hacerlo en espíritu y en verdad» (Juan 4:23-24).*

La Biblia indica que sólo Jesús es «la verdad». Si él es Dios, entonces sus palabras son verdad y se han de comprender en espíritu de oración. Él dijo:

> *«Yo soy el camino, la verdad y la vida . Nadie llega al Padre sino por mí» (Juan 14:6).*

La Biblia nos dice que el Espíritu Santo es una parte igual en la Deidad, llamado la Trinidad. Jesús dijo que cuando él regresara al cielo, enviaría el Espíritu Santo a la tierra para guiarnos a toda la verdad.

He aquí algunos versículos pronunciados por Jesús con referencia al Espíritu Santo:

> *«Yo le pediré al Padre, y él les dará otro Consolador para que los acompañe siempre: el Espíritu de verdad, a quien el mundo no puede aceptar porque no lo ve ni lo conoce. Pero ustedes sí lo conocen, porque vive con ustedes y estará en ustedes»* (Juan 14:16-17).

> *«Pero el Consolador, el Espíritu Santo, a quien el Padre enviará en mi nombre, les enseñará todas las cosas y les hará recordar todo lo que les he dicho»* (Juan 14:26).

> *«Cuando venga el Consolador, que yo les enviaré de parte del Padre, el Espíritu de verdad que procede del Padre, él testificará acerca de mí»* (Juan 15:26).

El Espíritu Santo aclarará la razón porqué Jesús vino a la tierra. Él dará a entender el plan de salvación de manera sencilla. Si buscas la «verdad», ¡la hallarás!

> *A los que me aman, les correspondo; a los que me buscan, me doy a conocer (Proverbios 8:17).*

> *«Clama a mí y te responderé, y te daré a conocer cosas grandes y ocultas que tú no sabes»* (Jeremías 33:3).

> *«Me buscarán y me encontrarán, cuando me busquen de todo corazón»* (Jeremías 29:13).

Hemos visto cómo Dios Padre envió a su Hijo único a la tierra en una misión. Dios el Padre coordinó el plan de salvación. Jesús el Hijo lo llevó a cabo. Jesús el Hijo fue obediente a su Padre, ¡hasta su muerte en la cruz!

También has leído las palabras de los testigos oculares de Jesús. Juan y Pedro anduvieron y hablaron con él. Ellos le vieron morir en la cruz y vieron la tumba vacía. Ellos y otros testigos vieron a Jesús después que resucitó de entre los muertos.

Y también has leído de la milagrosa conversión de otro testigo llamado Pablo, quien vio a Jesús resucitado y quien escribió trece libros que dicen que Jesús es el único camino a la vida eterna.

Hubo también los milagros de Jesús. Él dijo:

«Créanme cuando les digo que yo estoy en el Padre y que el Padre está en mí; o al menos créanme por las obras mismas» (Juan 14:11).

Él resucitó a muertos. Él sanó a la gente de toda clase de enfermedades. Anduvo sobre el agua. Calmó los vientos. Dio de comer a 5.000 hombres, más mujeres y niños, con cinco panes y dos pescaditos. E hizo muchos otros milagros.

He recitado muchas de las palabras de Jesús que nos hablan del plan de salvación y la vida eterna. Yo ruego que tú hayas de estudiar estos versículos regular y frecuentemente.

Jesús murió, resucitó, y ascendió de nuevo al cielo como había predicho.

Habiendo dicho esto, mientras ellos lo miraban, fue llevado a las alturas hasta que una nube lo ocultó de su vista. Ellos se quedaron mirando fijamente al cielo mientras él se alejaba. De repente, se les acercaron dos hombres vestidos de blanco, que les dijeron:

—Galileos, ¿qué hacen aquí mirando al cielo? Este mismo Jesús, que ha sido llevado de entre ustedes al cielo, vendrá otra vez de la misma manera que lo han visto irse (Hechos 1:9-11).

Lo de arriba declara que Jesús volverá otra vez. Pablo dijo:

El Señor mismo descenderá del cielo con voz de mando, con voz de arcángel y con trompeta de Dios, y los muertos en Cristo resucitarán primero. Luego los que estemos vivos, los que hayamos quedado, seremos arrebatados junto con ellos en las nubes para encontrarnos con el Señor en el aire. Y así estaremos con el Señor para siempre (1ra Tesalonicenses 4:16-17).

Pablo dice que los que creen en Jesús estarán con él para siempre.

«No se angustien. Confíen en Dios, y confíen también en mí. En el hogar de mi Padre hay muchas viviendas; si no fuera así, ya se lo habría dicho a ustedes. Voy a prepararles un lugar. Y si me voy y se lo preparo, vendré para llevármelos conmigo. Así ustedes estarán donde yo esté» (Juan 14:1-3).

Tienes que tomar una decisión. Si pides al Espíritu Santo que ilumine tu entendimiento, dirás sí a Jesús. ¡De ello no hay duda!

Tienes que aceptar a Jesús con fe como la de un niño. Jesús dijo:

«Les aseguro que a menos que ustedes cambien y se vuelvan como niños, no entrarán en el reino de los cielos» (Mateo 18:3).

Jamás tendrás evidencia clara alguna de que Jesús es el Hijo de Dios. Nunca verás una foto de él. Ni verás jamás un documental en video que le muestre haciendo sus milagros. Nunca oirás sus palabras habladas.

Tienes solamente las palabras grabadas en la Biblia. Te recuerdo de lo que Jesús dijo:

«El que cree en él no es condenado, pero el que no cree ya está condenado por no haber creído en el nombre del Hijo unigénito de Dios» (Juan 3:18).

Ruego que el Espíritu Santo abra tus ojos para ver la «verdad».

Sin embargo, como está escrito: «Ningún ojo ha visto, ningún oído ha escuchado, ninguna mente humana ha concebido lo que Dios ha preparado para quienes lo aman.»

Ahora bien, Dios nos ha revelado esto por medio de su Espíritu, pues el Espíritu lo examina todo, hasta las profundidades de Dios (1ra Corintios 2:9-10).

Ruego que hayas hecho tu decisión de aceptar a Jesucristo como el Cordero de Dios que fue sacrificado por ti.

Te recuerdo:

«Porque tanto amó Dios al mundo, que dio a su Hijo unigénito, para que todo el que cree en él no se pierda, sino que tenga vida eterna» (Juan 3:16).

Cuando crees, Jesús dice:

«Mis ovejas oyen mi voz; yo las conozco y ellas me siguen. Yo les doy vida eterna, y nunca perecerán, ni nadie podrá arrebatármelas de la mano» (Juan 10:27-28).

¡Oye con cuidado estas palabras! El Hijo de Dios resucitado, quien murió por ti, dice que te ha de dar vida eterna. ¡No perecerás jamás!

¿Cómo puedes rechazar tal clase de oferta? Lo único que tienes que hacer es decir, «Amado Dios, Yo creo. Por favor, perdona mis pecados. Quiero seguir a Jesús.» Sospecho que ni la vida eterna será tiempo suficiente como para comprender a plenitud el mensaje de salvación. Por lo pronto, sólo podemos vislumbrar la vida futura.

Jesús nos dice que él está preparando un lugar para todos los que creen. Por la gracia de Dios, yo estaré con Jesús por la eternidad. No he hecho nada para merecer la salvación. Tú tampoco puedes hacer nada para ganar la vida eterna, sino creer en Jesús.

Tienes que hacer una decisión. ¿Murió Jesús por tus pecados? ¿Te ofrece la vida eterna? O, ¿es Jesús el mentiroso más grande que jamás ha engañado a este mundo?

Yo personalmente he hallado la «verdad». Yo estaré en el cielo con Pedro, Juan, Pablo, y millones más que han hallado la «verdad».

Yo ruego que te unas conmigo en adorar a nuestro Señor y Salvador por la eternidad.

Jesús dijo:

«Así que yo les digo: Pidan, y se les dará; busquen, y encontrarán; llamen, y se les abrirá la puerta. Porque todo el que pide, recibe; el que busca, encuentra; y al que llama, se le abre» (Lucas 11:9-10).

Pablo declara:

«La palabra está cerca de ti; la tienes en la boca y en el corazón.»
Ésta es la palabra de fe que predicamos: que si confesares con tu
boca que Jesús es el Señor, y crees en tu corazón que Dios lo
levantó de entre los muertos, serás salvo. Porque con el corazón
se cree para ser justificado, pero con la boca se confiesa para ser
salvo. Así dice la Escritura: «Todo el que confíe en él no será
jamás defraudado.» No hay diferencia entre judíos y gentiles,
pues el mismo Señor es Señor de todos y bendice abundantemente
a cuantos lo invocan, porque «todo el que invoque el nombre
del Señor será salvo» (Romanos 10:8-13).

Sencillamente di, «Sí, yo creo.»
¡Es tan sencillo!